宏大爆破技术丛书

混合所有制企业绩效管理

张耿城　著

北　京

冶　金　工　业　出　版　社

2021

内 容 提 要

本书分理论篇和实践篇。第 1~8 章为理论篇,探讨混合所有制企业绩效管理理论。第 9~17 章为实践篇,叙述混合所有制企业绩效管理实践及效果。将员工绩效指标划分为基础性绩效指标、奖励性绩效指标和发展性指标三大考核体系,应用于实践显示,通过对员工基本要求、奖励与惩罚、发展等指标的区分,有助于提升全员绩效管理的科学性和实效性。

本书可供混合所有制企业绩效管理、爆破企业绩效管理领域的实践和研究人员阅读,也可供大专院校相关专业师生参考。

图书在版编目(CIP)数据

混合所有制企业绩效管理/张耿城著 . —北京:
冶金工业出版社,2021.3
(宏大爆破技术丛书)
ISBN 978-7-5024-8612-9

Ⅰ.①混…　Ⅱ.①张…　Ⅲ.①混合所有制—企业绩效
—企业管理—研究—中国　Ⅳ.①F279.23

中国版本图书馆 CIP 数据核字(2020)第 264594 号

出 版 人　苏长永
地　　址　北京市东城区嵩祝院北巷 39 号　邮编　100009　电话　(010)64027926
网　　址　www.cnmip.com.cn　电子信箱　yjcbs@cnmip.com.cn
责任编辑　郭雅欣　美术编辑　彭子赫　版式设计　禹蕊
责任校对　郭惠兰　责任印制　禹蕊
ISBN 978-7-5024-8612-9
冶金工业出版社出版发行;各地新华书店经销;北京捷迅佳彩印刷有限公司印刷
2021 年 3 月第 1 版,2021 年 3 月第 1 次印刷
169mm×239mm;18.75 印张;364 千字;284 页
99.00 元
冶金工业出版社　投稿电话　(010)64027932　投稿信箱　tougao@cnmip.com.cn
冶金工业出版社营销中心　电话　(010)64044283　传真　(010)64027893
冶金工业出版社天猫旗舰店　yjgycbs.tmall.com
(本书如有印装质量问题,本社营销中心负责退换)

前　言

党的十八届三中全会提出发展混合所有制经济，并指出混合所有制经济是"基本经济制度的重要实现形式，有利于国有资本放大功能、保值增值、提高竞争力，有利于各种所有制资本取长补短、相互促进、共同发展"。党的十九大报告提出"深化国有企业改革，发展混合所有制经济，培育具有全球竞争力的世界一流企业"。之后，党中央、国务院、国资委以及地方各级政府出台了一系列文件加快推进国有企业混合所有制改革。混合所有制改革成为当前深化国有企业改革的重要方向。随着政府这一轮混合所有制改革深入推进，大批的国有企业将从纯国有企业转变成混合所有制企业。不难理解，混合所有制企业将成为我国经济的重要组成部分。

国有企业在向混合所有制企业改革的过程中，确保混合所有制企业能够实现最初改革的目的，不仅在于治理层面的混合所有制企业改革模式选择，还在于管理模式、管理制度等管理机制市场化改革。绩效管理作为管理制度、管理模式的具体体现，关乎混合所有制改革的成败，是有效激励企业各有关方面及员工积极性、营造企业内部公平公正、形成企业任人唯贤的良好文化氛围、推动企业改革深层次发展的有效途径。现阶段，混合所有制企业面临着战略、理念、价值取向、文化、工作方式存在差异，市场化用人和薪酬制度有待完善，激励约束机制需要转换等一系列问题。因此，在当前混合所有制改革大背景下，研究混合所有制企业绩效管理具有重要的理论意义和实践意义。

鞍钢矿业爆破有限公司（简称鞍钢爆破）是鞍钢矿业有限公司与广东宏大爆破股份有限公司共同组建具有独立法人资格的混合所有制企业。鞍钢爆破的成立，标志着新经济形势下鞍钢矿业集团公司响应国家深化国企改革要求的开始，也是鞍钢矿业在推进深化改革打造新经营模式的一个混合所有制"试验田"，先行先试担起多项改革试点任务。鞍钢矿业有限公司将涉爆业务均划归鞍钢爆破后，形成了合作共赢的经营共同体，实现了炸药的生产、储存、运输、使用等环节的一体化专业管理，为人员、业务、资本、技术和管理等资源的整合创造了条件，对矿山和爆破行业的发展起到了示范和引领作用。

经过多年理念、观念、体制及模式的磨合运营，逐渐形成了具有鞍钢爆破特色的企业文化。但是从整体来看，高效运营模式尚未完全成熟，体制和机制优势没有充分发挥出来，企业文化没有做到深度融合，特别在激励机制和用人模式方面突破不大。由于双方的优势、好的机制体制得不到有效发挥，出现部分员工工作热情不高、懈怠消极等现象。因此，企业亟须通过先进的绩效管理方案的实施，解决薪酬问题以及人力资源管理、企业创新与发展等问题。

从2017年开始，鞍钢爆破加大了企业管理工作力度，先后提出来"管理提升年"和"管理创新年"管理目标，并且采用"校、企"结合的方式，立项开展混合所有制绩效考核研究工作。本书是在该项目的基础上，通过对理论研究和成果应用的归纳总结而形成的。故全书分为理论篇和实践篇。第1~8章为理论篇，探讨混合所有制企业绩效管理理论。第9~17章为实践篇，叙述混合所有制企业绩效管理实践及效果。

绩效管理的重要性在理论界和实践界被广为认可，已经涌现出大量的绩效管理研究成果，但是，还鲜有针对混合所有制企业的绩效管理研究成果。本书研究了混合所有制企业绩效管理体系和实践，是对绩效管理理论的重要补充，在员工绩效指标评价指标体系、混合所有制企业员工绩效评价构建、混合所有制企业员工绩效评价等方面有一定的创新之处。

员工绩效评价，涉及能力、行为、态度、结果等多种类型的指标，为此，从企业对员工基本要求、奖惩以及个人和企业发展等视角出发，我们将员工绩效指标划分为基础性绩效指标、奖励性绩效指标和发展性指标三大考核体系。实践表明，这有力地促进了企业更好地利用绩效管理全方位对员工进行激励、约束和提升，通过对员工基本要求、奖励与惩罚、发展等指标的区分，有助于提升全员绩效管理的科学性、实效性。

对于混合所有制企业员工绩效评价构建来说，相关理论与方法众多，各有优缺点和适用范围。为保证混合所有制企业绩效管理指标体系的适用性，本书融合了战略管理、目标管理、关键绩效指标法、积分制、胜任力模型等多种绩效管理理论与方法，提出了针对性和可操作性较强的绩效考核运作方法。在指标选取上，从战略目标出发，层层分解到部门、个人，基于胜任力模型、关键绩效指标法确定绩效指标；在绩效评价时引入积分制理念，在工作结果评价时应用目标管理进行相应奖惩积分，将员工身份特征作为工作量积分设计时的考虑因素等。

　　个人认为对于混合所有制企业员工绩效评价来说，需要综合考虑原国有企业员工和非国有企业员工的情绪和利益，绩效评价应有详细的、客观的、科学的评价标准。在积分设计时应对被考核人员工作性质、岗位的重要程度以及身份特征、情绪和利益来综合确定积分标准，切忌一刀切的方式实施绩效管理。积分指标要在实践中不断完善，最终制定出公平、科学、合理、能被各方接受的积分标准、评价标准，如此才能够顺利推进绩效管理，促进混合所有制企业高质量发展。

张耿城

2021 年 2 月

目　录

理 论 篇

实 践 篇

理论篇

LILUN PIAN

1 混合所有制企业

混合所有制企业的发展主要受到我国经济制度和政策的影响。当前，混合所有制企业对完善经济制度、深化国有企业改革、提升国有经济实现效率等方面具有重要的意义。混合所有制企业的组建有多种方式，如改制上市、资本并购、产业链重置、管理层或全员持股、与各类资本共同设立新公司等，各有利弊。由于混合所有制企业资本混合、人员混合，面临着企业定位与经营方式转变、人力资源转型、文化冲突等诸多问题。

1.1 我国混合所有制企业发展的历史进程

混合所有制企业与混合所有制相伴相生，混合所有制企业的发展与国家经济制度政策紧密相连。新中国成立之初，我国采用计划经济模式，国家对农业、手工业、资本主义工商业实行社会主义改造，混合所有制主要体现为"国家资本主义经济"形式，是国家和私人合作的过渡经济形式，随着三大改造的完成，混合所有制走向消亡。

1978 年，国家实行改革开放，实行"以计划经济为主、商品经济为辅"的经济政策，社会主义市场经济体制改革，国家承认和允许非公有制经济成分的发展，主要有个体户、私营企业、外资企业、合资企业，这一阶段，公有制经济和非公有经济基本没有交叉。1993 年之后，按照党的十四大思想，国有企业、集体企业与其他非公有制企业共同参与市场竞争。国有企业和集体企业在进入市场后出现了治理结构不科学、国资管理机制难适应等一系列问题。为解决这些问题，全面实施"抓大放小"策略，将一批中小规模的国有企业改制。此外，国家推进国有企业开展股份制改革，建立现代企业制度，推动了混合所有制经济发展。1997 年在中国共产党十五大报告中第一次提出混合所有制这一概念，报告指出："公有制经济不仅包括国有经济和集体经济，还包括混合所有制经济中的国有成分和集体成分"。在此之前，政府已经提出了"联营企业""联合经营"等相关的概念。1999 年，在党的十五届四中全会通过的《中共中央关于国有企业改革和发展若干重大问题的决定》提出："国有大中型企业尤其是优势企业，宜于实行股份制的，要通过规范上市、中外合资和企业相互参股等形式，改为股份制企业，发展混合制经济"。这是我国政府第一次在文件中提出发展混合所有制经济。2002 年，党的十六大报告再次提出要发展混合制经济："除极少数必须国有独资的企业外，积极推行股份制，发展混合所有制经济"。这一阶段，以股份制为代表的偏国营模式的混合所有制是国有经济的发展方向。

2003 年党的十六届三中全会提出："进一步增强公有制经济的活力，大力发展国有资本、集体资本和非公有资本等参股的混合所有制经济"。明确界定了混合所有制经济。2007 年，党的十七大报告指出："以现代产权制度为基础，发展混合所有制经济"。虽然政府多次在政府报告中提到要混合所有制改革，但是长期以来混合所有制改革都处于尝试阶段，进展缓慢。

直到 2013 年党的十八届三中全会通过的《关于全面深化改革若干重大问题的决定》提出："积极发展混合所有制经济"，混合所有制改革节奏才明显加快，特别是 2016 年末中央经济工作会议提出"混合所有制改革是国企改革的重要突破口"之后，国企混改进展显著。2016 年，李克强总理在《政府工作报告》中指出："要以改革促发展，坚决打好国有企业提质增效攻坚战。推动国有企业特别是中央企业结构调整，创新发展一批，重组整合一批，清理退出一批。推进股权多元化改革，开展落实企业董事会职权、市场化选聘经营者、职业经理人制度、混合所有制、员工持股等试点"。国务院决定在电力、石油、天然气、铁路、民航、电信、军工等七大领域加快推进混合所有制改革，选择一批国有企业开展混合所有制改革试点示范。国家发改委召开专题会研究部署国企混合所有制改革试点工作，将东航集团、联通集团、南方电网、哈电集团、中国核建、中国船舶等中央企业纳入七大领域中的试点企业。2016 年 12 月，中央经济工作会议强调，混合所有制改革是国企改革的重要突破口，要求在电力、石油、天然气、铁路、民航、电信、军工等领域迈出实质性步伐。我国大部分省市自治区都制订颁布有关国有企业改革的方案和政策，对混合所有制改革提出具体要求。如上海、云南、新疆、吉林等地提出积极推进市属企业上市及资产证券化；福建、北京、青海等力推员工持股试点；四川、天津等将推动员工持股年内落地等。混合所有制改革已成为我国国企改革重点突破的方向，多省市自治区相继公布混合所有制改革、员工持股实施细则甚至明确试点企业名单，混合所有制改革试点范围会进一步扩大。混合所有制企业成为我国经济的重要组成部分。

1.2 混合所有制企业在我国经济中的重要地位

混合所有制企业在我国经济成分中占有重要地位。国有企业混合所有制改革的价值体现在完善经济制度、深化国有企业改革、提升国有经济实现效率、国民共进等方面。

国有企业向混合所有制企业改革，构建和完善了社会主义市场经济制度。以改革开放为时间点，我国经济划分为计划经济时代和社会主义市场经济时代。计划经济时代，我国经济主体是国有经济，通过国有企业实现。社会主义市场经济时代，我们经济主体包括国有经济、私有经济，企业类型包括国有企业、私营企业、混合所有制企业。国有经济的实现形式不再仅仅是国有企业，还有混合所有制企业。国有资本、集体资本、非公有资本等交叉持股、相互融合的混合所有制经济，是基本经济制度的重要实现形式。

从资源配置和利用效率来看，国有企业是以国家调控为主的资源配置方式，私营企业和混合所有制企业是以市场配置资源。对于竞争性领域，国有企业存在资源配置不合理、利用效率低的情况，而市场化的资源配置方式更有效率。另外，相比于国有企业的"参照执行"管理模式和各种优惠政策，混合所有制企业进行市场化运作，与民企、外企同台竞技，地位相等，不享受优惠政策，使企业更有活力和效率。

混合所有制企业是国有企业深化改革的一个重点突破方向。混合所有制企业通过引入社会资本可以促进国有企业产权多元化改革；有利于推动现代企业制度的建立和规范制度的建设，完善企业法人治理体系，有利于政企分开；混合所有制企业中的非国有经济、高管持股、员工持股等，解决了国有企业所有者缺位的问题，有利于职业经理人队伍建设。

混合所有制企业有利于实现国民共赢。混合所有制企业通过国有和民营交叉持股相互融合构建了一个国民融合的经济体系，共进共赢，解决了长期以来由于国民分开导致的关于国进民退、国退民进的纷争。另外，混合所有制企业还解决了社会资本进入国有企业部分特定业务的途径问题，使市场更加公平公开。

1.3 混合所有制和混合所有制企业的定义

1.3.1 混合所有制

从现有史料文献来看，薛暮桥先生最早提出了混合所有制的概念。在 1987 年，他基于现代产权制度和当代经济意义下明确提出，所有制结构的多元化和其性质的复杂化促使国有经济改革，股份制的存在有利于国有经济的改革。他认为不同性质的产权融合形成合资企业，而这就是所谓的混合所有制企业。

对混合所有制这一概念，在学术界存在很多争议。有学者认为混合所有制是一个伪命题，有些学者认为混合所有制是一种模糊性概念，很难将其界定得清楚明晰。还有学者将混合所有制和混合经济等同看待，有些则认为需要区分混合所有制和混合经济。例如，何伟[1]认为，所有制结构上的混合经济和企业资本结构上的混合经济共同组成了我国的混合所有制经济。相反，晓亮[2]认为，需要明确区分混合经济和混合所有制。混合经济是宏观层面上不同所有制形式混合；而混合所有制则是微观层面上不同资本形式的企业的组合。

从现有研究来看，有学者们从宏观经济学、企业两种不同的研究视角对混合所有制展开研究。从宏观经济研究视角来看，学者认为混合所有制经济是社会的混合所有制，是社会所有制结构中并存的多种所有制，是公有制与非公有制经济协调发展的经济形式[3,4]。从企业研究视角来看，认为混合所有制是企业的混合所有制，指相对企业内部的产权结构来说，不同经济成分在企业内部结合的所有制形式（中央党校邓小平研究中心）。综合两种视角，学者们认为混合所有制在整个社会层面上是不同所有制形式的并存，在企业层面上是不同产权主体的融合。实际上，这些观点体现了混合所有制的两个层面，即微观层面和宏观层面，国有资本、集体资本等公有资本与非公有资本融合形成了微观层面的混合所有制企业，而混合所有制企业的整体加合构成了宏观层面混合所有制经济。

也有学者从广义和狭义视角对混合所有制进行了界定。王永年[5]将广义的混合所有制界定为一种规则系统，它是源于社会上不同属性生产资料所有制成分的相互融合与共同发展。广义的混合所有制是不同的所有制结构在社会上的并存。狭义的混合所有制指的是公有资本和非公有资本在企业层面上的交叉融合，是一种由不同属性所有制成分组成的企业组织形态。广义和狭义的混合所有制分别反映了宏观的社会经济结构和微观的企业资本结构。

然而，郭飞[6]认为混合所有制同股份制一样，是中性的经济学概念，混合所有制并不是与某一个社会性质或是某种社会所有制结构直接相关联，即不存在姓资姓社的问题，混合所有制社会主义可以用，资本主义也可以用。

本书所讨论的混合所有制企业是从国有企业混合所有制改革的视角展开的，因此，所讨论的混合所有制企业含有国有经济成分。

1.3.2　混合所有制企业

混合所有制企业是微观层面的混合所有制，是由不同所有制性质的投资主体共同出资组建的企业。混合所有制企业内部各种主体之间生产要素共同占有、剩余价值按份额共享的一种企业组合形式，体现企业内部各所有制主体之间的经济关系。王竹泉、权锡鉴[7]甚至认为混合所有制是所有企业共有的特征，各种形态资本的所有者共同分享企业的所有权才是真正的混合所有制。

李亚光[8]表明混合所有制企业涵盖各种各样的组成形式，例如合伙企业和股份制合资企业，另外还有各种投资基金，这种经济体制具有多元化的资本构成形式，各种产权之间有着更加明显的区别，各资本持有人都有权对企业的重要经营事项进行表决，制订企业的战略目标，并分享企业的经营成果。

常修泽[9]认为混合所有制经济中，公有制经济与非公有制经济的互相竞争、渗透、交融，有利于发挥各自的优势。

混合所有制有不同的类型，具体包括国有股份与非公有股份组成的混合所有制企业、国有股份与集体股份组成的混合所有制企业、集体股份与非公有股份组成的混合所有制企业[10]。其中，非公有股份包括外资持股和员工持股。

马连福等人[11]给出了一个混合所有制企业的判断方法，即考察前十大股东的性质，既有国有股东，又有非国有股东的企业为混合所有制企业。

1.3.3 混合所有制企业本质

通过引入非国有资本，混合所有制企业解决了国有企业所有者缺位的问题。混合所有制企业通过不同所有制交叉持股和相互融合，做到优势互补和劣势消融，发挥了更大效率。宋志平提出了一个混合所有制企业的公式：国企的实力+民企的活力=企业的竞争力，经济学家厉以宁很赞同这个公式。

混合所有制企业的资本混合性质要求改掉国有企业"参照执行"的管理办法，按照市场化的要求和国家有关法律法规去管理和运作。混合所有制企业的市场化运作意味着其在市场中与民企、外企具有同等地位，同台竞技，公平竞争，不再享有特殊优惠政策。完全市场化运作需要国资委做出重大调整，这显然是一个重大的难题。实际上，混合所有制企业是一种财产组织模式和经营模式，其管理与决策方式既不同于国企、也不同于私企，是一种新型模式，涉及市场的自发调节和政府的行政指令。混合所有制企业能够同时运用社会主义市场经济中的"两只手"，而只有市场与政府对经济的调节作用有效结合在一起，企业价值提升才能更加有效[12]。

混合所有制不仅是现代企业财产构成的一种方式，也是企业的一种组织管理模式、经营方式[13]。这是一种适应当前中国社会主义市场经济发展的形式，符合当前的所有制结构要求，是实现所有制改革的一种形式，是推进国有企业改革的重要途径。

混合所有制企业作为混合所有制经济的具体体现，体现了多种经济主体在市场活动中的和谐共存，体现了社会主义市场经济制度的包容性特征和根本性特点[14]。

吴广津[15]认为混合所有制是顺应时代发展和市场需求而发生的新的形式，它的产生更加有利于现代企业制度的发展与完善，要不断推动企业改革，以带动整个社会的稳步向前发展。

1.4 混合所有制企业组建方式

混合所有制企业组建方式多种多样，主要包括改制上市、资本并购、产业链重置、管理层或全员持股、与各类资本共同设立新公司等[16,17]。

1.4.1 改制上市

改制上市是国有企业混合所有制改革的基本方式之一。通过将企业的纯国有性质进行股份制改制，发行股票上市，吸纳社会资本，规范化治理国有化企业。

通过公司上市，可以规范国有企业的运作和管理，完善企业治理结构，从而为企业的长远发展奠定制度基础。上市后，企业可以从资本市场上进行融资，获得稳定且长期的融资，解决国企发展所用的资金问题。企业上市后需要接受社会公众的关注和质询，促进了企业管理的规范化。根据企业上市规模和上市方式，改制上市分为整体改制、分立改制、分拆改制和联合改制等。从改制上市的基本流程来看，改制上市需要经历股份有限公司设立、上市辅导、发行申报与审核、股票发行与挂牌上市等几个阶段。

1.4.2　资本并购

通过融入市场优质资本，实现国有企业资源的优化配置。当国有企业发展到一定规模就会出现瓶颈。突破发展瓶颈可以通过引进外部的技术、管理、产品等资源来实现。资本并购是一种有效的途径。国有企业通过并购将外部的优质资源整合到企业内部，可以有效地实现资源的优化配置。陈晓珊[18]从福利经济学中社会福利最大化的视角展开研究，研究指出国有企业并购民营企业是当前最优的混合所有制企业组建方式。

国有企业通过资本并购成立混合所有制企业存在着一定风险。主要体现在三个方面：(1)如果无法辨识对方并购的目的，可能导致国有资产被掏空；(2)如果资本并购引入的资源并不完全适用于本企业，将导致并购打了水漂；(3)如果双方无法有效融合，将导致资本并购的失败。

1.4.3　产业链重组

通过产业链重组，国有企业与上下游产业企业进行整合，业务和产品进行互补，有利于发挥协同效应，提高企业效益。随着技术更新换代加快，一些行业的传统产业链和价值链很可能将被新的产业结构链所取代，面对产业的调整和变革，产业链重组是一种应对变化的方式。然而，鉴于技术迭代加快、经营环境的复杂多变性，尤其是行业变化、市场变化、国际经济形势变化，产业链重组必然面临着较大不确定性和风险性。

1.4.4　管理层持股或员工持股

员工持股是实现股权多元化的一种方式，可以增强员工积极性。员工持股可分为团队持股、骨干持股、全员持股等。员工持股，使员工成为企业的股东和主人，将员工的利益与企业的生产和发展紧密的绑定在一起，因此，可以激发员工的积极性和责任心，有助于企业的成长和发展。但是，一些专家和学者也对全员持股进行了批判，他们认为员工与股东的双重身份会带来难以协调的矛盾，在分配中容易出现新的大锅饭。

1.4.5　与各类资本共同设立新公司

国有资本通过与非国有资本共同投资新设公司已经成为混合所有制企业的重要方式之一。从操作方式来看，如若不以股权出资，则不涉及国有资产产权交易，不需要进场交易，因此落地速度较快。中央和地方政府都出台文件鼓励国有企业通过联合投资共同设立新公司的方式进行混改。北京市政府出台文件支持国有企业同各类资本设立新公司，并加大在节能环保、基础设施、公共服务等领域的投入。

1.4.6　其他方式

国有企业向混合所有制企业进行改革的方式还包括发行优先股、可转换债券、投资入股、联合投资等创新融资方式。

从国有企业向混合所有制企业改革的主导方来说，国有企业混改又分为国有企业主导、民营企业主导和外资企业主导[14]。国有企业向混合所有制企业改革的方式多种多样，这些途径各有利弊。选择何种方式，需要分析企业自身存在的问题，清楚界定混合所有制改革的目标，识别潜在可行的混合所有制改革方式，评估各种改革方式的风险和收益，选择最合适的改革路径。

1.5　混合所有制企业面临的问题

混合所有制企业包括国有成分和非国有成分，与国有企业、民营企业相比，不仅企业性质不同，在经营理念、战略、管理模式、员工文化、价值观等方面，也存在显著差异，使得混合过程中不可避免地面临冲突与协调等问题。混合所有制企业面临的突出问题包括企业定位与经营方式转变、人力资源管理转型、文化冲突与融合等问题。

1.5.1　企业定位与经营方式转变问题

混合所有制企业组建之后，应当根据企业国有成分和非国有成分的优势和劣势不断调整市场定位与发展方向。然而，国有企业和非国有企业的性质不同。国企绝大多数具有盈利性质，但又不是以盈利为唯一目的，还要承担社会责任，所以国企更加注重社会利益和长远利益。而非国有资本的所有权明确，且拥有企业管理权和决策权，以追求利润最大化为根本目的，从而导致两者的发展目标并不完全一致。

国有企业混合所有制改革需要结合国有企业企业的功能定位、发展方向，以及非国有企业的经营范围和业务项目，重新定位混合所有制企业的功能及其发展方向，这不仅对企业来说是一个挑战，对政府和国家来说也是一个挑战。

国企混合所有制改革之后需要调整经营方式，转向市场化经营管理模式，然而这并非易事，有相当难度。混合所有制企业中的国有成分和非国有成分在其社会责任、利益诉求、战略目标上存在一定差异。通常来说非国有成分更关注自身利益实现和短期目标，对国有管控体系的防范与抵触，容易放弃眼前利益而放弃长远利益，影响长期战略目标的实现。这需要加强沟通和协商，在经营管理体系中平衡公有制和非公有制的关系，融合利益诉求、社会责任承担，就企业的短期目标、远期战略达成一致，否则将影响企业发展，影响混合所有制改革目标的最终实现。

1.5.2　人力资源管理转型问题

混合所有制企业要实现不同所有制的优势，以及资源互补，最终需要通过人来实现。相应的，人力资源管理模式也必然需要相应的转变[19]。混合所有制企业需要转变国企人力资源管理模式，更新管理观念，以适应企业向市场主体的转变，尤其是在用人上，转变国企铁饭碗身份以及能上不能下的用人方式，构建能上能下、竞聘上岗的制度。在员工考核方面，要转向以企业战略目标为出发点的绩效管理。然而，国有企业员工从国有企业铁饭碗身份向市场化企业合同制工人身份的转变，给国有企业员工带来巨大的心理落差，产生消极和抵制情绪。如何从绩效管理、薪酬结构、个人发展等角度进行人力资源管理转型，使其符合企业战略，使员工能切实感受到混合所有制改革的实惠，调动员工积极性和创造力，对于人力资源管理转型至关重要，对于混合所有制改革效果至关重要[20,21]。

1.5.3　文化冲突与融合问题

国企混改涉及不同资本和人员的混合，混合所有制企业涉及企业战略、人力资源、财务、组织、制度等方面的系统整合。混合所有制企业整合涉及不同的所有制成分、行业、区域、人员、管理方式等，在观念、行为、文化、价值取向上存在差异[22]。由于企业都有着不同的实践经营历程，加上历史传统、行业特点、体制模式、管理模式等方面的差异，形成了特有的文化价值观，因此经营理念、员工意识、行为规范都存在差异[23]。企业文化上的价值冲突制约了企业整合的效率[24]。国有企业混合所有制改革失败大多直接或间接与企业文化冲突有关。

国有企业的文化相对保守，而民营企业、外资企业等企业文化相对激进。在国有资产管控机制和国有资产保值增值的根本要求下，国有企业在经营理念偏向于保守，在高风险业务中决策困难，只有开展中低风险的业务，导致收益较低。而私有资本则追求高收益承担与之相关的高风险。在管理模式上，国有企业接受国家的直接领导和行政指挥，享受国家各方面的支持，国家对国有企业具有绝对的控制权和主导权，管理决策采用"参照执行"模式，而私营企业则采用市场化运作。将国有企业经营理念转变为私有化是混合所有制企业需要解决的一个重要问题[24]。

在员工层面上，混合所有制企业原国有企业的"大锅饭"思想短时间内难以消除，虽然国有企业这些年也开展了绩效管理研究，然而老好人的思想，使得绩效考核出现居中趋势，并不能有效区分绩效和薪酬待遇的差异，还存在着干多干少都一样的现象[25]。民营等非国有企业在市场化运作下基于"多劳多得、少劳少得、不劳不得"的按劳分配的原则进行绩效考核与薪酬发放。国有企业通过混合所有制改革实行市场化管理模式，改变过去干多干少都一样的局面，通过绩效考核实行按劳分配。在这一过程中，原国有企业员工"身份"丢失带来心理落差，与市场化员工同等条件下进行绩效考核，将产生消极情绪，如果无法看到真正的收入增加，甚至会对绩效管理产生敌对情绪。有效的文化融合是混合所有制企业绩效管理面临的一个重要课题。对于人员混合的混合所有制企业，在向市场化管理机制改革的过程中，要让原国有企业员工能够接受，需要构建一个相对公平合理的绩效管理体系，融合两种文化，激发员工的活力和积极性。

1.5.4 考核与激励问题

考核和激励是绩效管理的重要内容。考核是激励的前提，有效的激励能够调动员工的积极性、主动性和创造性，提高生产效率。混合所有制企业在推行绩效管理、管理机制改革的过程中，需要对员工绩效进行科学、合理、准确考核的基础上，给予相应激励。然而，原国有企业在传统的管理模式下，吃大锅饭、平均主义思想严重，即使实施了绩效管理，绩效考核也呈现居中趋势，没有体现"多劳多得、少劳少得、不劳不得"的按劳分配原则，从而无法形成有效的激励机制。混合所有制企业的非国有成分讲究量化考核、按劳分配，但是，在国有企业文化、价值观的影响下，原国有企业员工并不能快速的转变和接受这些市场化理念。对于混合所有制企业来说，短时间内很难改变用人机制上能上不能下的局面。要想真正激励员工，需要转变薪酬机制、用人机制，需要首先做到科学有效的绩效考核。

2 混合所有制企业绩效管理

混合所有制企业开展绩效管理不仅有利于激发员工活力、指导和约束员工行为，实现企业目标，还有助于推进混合所有制改革目标的落地。绩效管理系统包括了考评对象、考评工作、考评依据、考评主体以及相关的激励体系。由于混合所有制企业资本混合，使其绩效管理与国有企业、民营企业相比有着独有的特征，诸如战略融合、人员混合、多种文化的冲突与融合等，这必然导致了混合所有制企业的绩效管理面临诸多挑战。混合所有制企业绩效管理是否能够顺利实施，文化的整合至关重要，此外，推行绩效管理也塑造了混合所有制企业文化。

2.1 混合所有制企业绩效管理的重要意义

混合所有制是当前国有企业改革的重点方向，混合所有制企业在国民经济、完善经济制度、提升国有经济实现效率、国民共进等方面具有重要的地位。国有企业混合所有制改革的有效落地不仅在于治理层面的混合所有制改革模式选择，还在于管理模式、管理制度等管理机制市场化改革。绩效管理作为管理制度、管理模式的具体体现，关乎混合所有制改革成败，是有效激励企业各有关方面及员工积极性、营造企业内部公平公正、形成企业任人唯贤良好文化氛围、推动企业改革、开发员工、促进员工和企业共同发展的有效途径。

（1）推进市场化机制改革，有利于实现混合所有制企业改革目标。推行绩效管理制度，将薪酬、岗位晋升与绩效挂钩，改变原国有企业在分配上的"大锅饭"现象，用人机制上的能上不能下现象，促进组织公平，激发员工活力，这也是混合所有制企业推行市场化管理机制改革的重要内容和目标之一。此外，通过绩效管理分解企业目标到部门、个人，对部门和个人形成约束机制，有利于混合所有制企业目标的实现，有利于混合所有制企业改革目标的实现。

（2）激励和约束员工。绩效管理需要组织全员参与，组织战略目标与员工需求目标互相联系、导向一致。因此，绩效管理对员工的表现起到了重要的作用。员工在日常工作中，为了追求自身生存和发展的需要，努力提高工作效率和效果。然而传统的绩效考评可能存在部门整体限制或是岗位偏见，导致努力不被发现和认可。实行绩效管理后，通过将绩效考核结果应用到绩效工资发放、岗位晋升和培训等，发挥了激励作用，使员工在物质和精神上得到满足，使员工有了学习、成长和发展的动力，从而提高了员工工作的积极性和主动性。

面对绩效管理的各项规定，员工在日常实践中会有意识地规避错误行为和决策。绩效管理引导了员工向组织提倡和支持的方向发展，使其在绩效考核中能够取得企业预期的绩效结果，对员工行为起到约束作用。

（3）指导管理人员和员工，促进员工发展。绩效管理将组织战略目标具体化，利用科学方法层层分解到员工，并能够在员工绩效评价和反馈过程中及时获取必要信息，指导管理者去发现问题、解决问题，规避风险。此外，绩效指标及考核标准还可以指导员工去判断自己的行为是否有助于目标的完成、行为是否有效、是否需要改进工作方法、应当如何改进等问题，有利于员工发现自身不足并予以改进，绩效管理通过设置发展性绩效指标，激励员工突破自我，为企业的发展努力献计，促进了能力提升和个人发展。

（4）塑造企业文化。绩效管理通过绩效指标及其评价标准向员工传递信息，即哪些是企业希望看到的行为和结果，哪些是企业不希望看到的行为和结果，对于这些行为和结果，都有什么奖惩措施，并将这些行为、结果与薪酬、评优、岗位晋升等联系起来。因此，绩效管理可以有效引导和约束员工的行为，塑造企业价值观与文化，可以改变原国有企业员工分配上存在的"大锅饭"现象，以及用人机制上能上不能下的局面，形成"多劳多得、少劳少得、不劳不得"、任人唯贤的企业文化。

（5）促进企业发展。企业的发展不仅在于短期目标的实现，还在于长期的战略目标的实现。长期战略目标的实现关键在于承担任务的部门和个人，在于部门和个人的不断发展。通过绩效管理及其配套激励措施，激发员工的活力，提升个人能力，为企业的发展储备人才，通过奖励措施激励员工为企业生产、企业发展献计献策，从而不断提升企业的生产效率，促进企业的长足发展。

2.2　企业绩效管理系统

2.2.1　考评对象

企业绩效管理系统包含企业层级、中间层级、员工层级的绩效管理，企业绩效管理需要衡量和提高不同层级下的考评对象的绩效水平，从而使各个对象之间能够协同工作，层层向上传递来共同经营和维护企业生存和发展的正常运行，服务和实现企业战略目标。根据绩效层级结构，绩效考评对象可划分为企业层级、部门（或团队）和员工。

2.2.1.1　企业层级

企业层级绩效考核主要考虑的是一定时期内整个企业经营活动所取得的价值。在长期的绩效衡量实践中，已经形成了一套以企业战略目标为导向的系统评估体系，该体系综合考虑了财务指标与非财务指标、短期指标与长期指标。企业层级绩效考核需要针对企业特点和发展现状，找到企业战略目标的关键支撑点，如市场领先、品牌优势等，并分析和确定出企业整体短板，然后通过各种手段和方法，从客户、市场、财务、内部流程、技术、人力等多个绩效维度进行考评以有效驱动战略目标的实现。当前，在供给侧改革、利益相关者、可持续发展、社会责任等外部宏观政策或理念的影响下，企业整体进行考核时考评内容在不断地延伸和扩展。

2.2.1.2　部门或团队

部门或团队作为企业实现战略目标的基本业务单位，是根据企业所需要履行的业务职能、管理职能、任务等设置和运行。部门或团队绩效目标的实现是企业战略目标实现的基础和前提。部门或团队的绩效考核核心指标为企业战略目标分解后的任务目标，包括完成任务的数量、质量、费用以及经营收入等；部门或团队的绩效考核还可能涉及企业业务流程效率、客户维度等。由于部门职责不同和战略层次目标结构等的影响，通常部门或团队方面绩效的设计无法直接承接企业整体考评的指标内容，需要根据企业战略目标细化分解到相应的部门或团队中，从而支撑组织目标的实现。

2.2.1.3　员工

员工是企业、部门、团队的基本构成要素，任何工作都是由员工来承担完成的。对员工绩效考评的主要指标包括个人的行为、态度、能力以及完成的工作任务完成目标的情况，大致可分为密切相关的任务绩效和与周边、关系等关联的非任务绩效两部分。在部门或团队分解的任务目标基础上，根据岗位职责和要求具体分解到日常工作中来进行考评。如，工作量、态度积极性、安全意识等这些都可以纳入生产部门的员工考评的内容中。

2.2.2　考评工具

考评工具的正确选择和合理应用是有效开展企业绩效管理的关键之一。科学、合理、有效的绩效考评工具能够客观的分析和判断出绩效水平，减少考评过程中可能遇到的误解、错误和不满等情况发生，避免员工出现不良情绪。

从企业绩效考评工具的发展和应用来看，考评工具在不断发展、丰富和完善。对于不同企业，其采用绩效考评工具的差异性也比较大。传统的考评工具有以个性特质导向的图解评估法、文字叙述法和强制分步法等，有以行为导向的比较法、行为锚定等级评级法、混合标准量表法等，有以结果导向的目标管理法等。还有主要考核财务绩效的经济增加值（EVA）、沃尔评分法，主要以企业战略为导向的关键绩效指标法（KPI）、平衡计分卡（BSC）等，考虑所有利益相关者的绩效棱柱模型，以员工素质和能力为着眼点的胜任力模型。除此以外，还有360考核法、积分制等考评工具。

每种考评工具都有其优缺点和适用性条件，基本上不存在适用于任何情况的工具，应根据具体情境来选择恰当的绩效管理考评工具。从绩效考评的对象来看，大多数的考评工具可以同时应用于企业整体绩效、部门（或团队）绩效和员工绩效的绩效评价，极个别的只适用于某一层次绩效考核，如考核财务绩效的经济增加值（EVA）、沃尔评分法不太能适用于员工绩效考核，胜任力模型仅适用于员工绩效考评。值得注意的是，一些考评工具尽管能够同时应用于企业层次、中间层次和员工层次各层次绩效评价，但是在不同的情境下，其适用性和效果上确有所不同。如果追求短期目标实现和关注结果，目标管理法较为适合。如果注重长期稳定、末尾惩罚，则强制分布法比较适用。对于具有复杂组织结构的大型企业来说，平衡计分卡和关键绩效指标法比较适用，而对于一些重视创新增强市场开发和活力的扁平化、简单的中小型企业，目标管理法就比前两种工具更为实用和有效。在考察主管胜任力、管理能力、要求全员参与的情况下，360考核法是一种十分有效的考核工具。不过，受到中国本土文化的影响导致出现"老好人"等现象严重的企业，采用360考核容易流于形式，效果不佳。除此以外，绩效考核工具选择还需要考虑考核成本、信息失真程度等因素。

2.2.3 考评依据和考核主体

企业绩效管理系统中，针对不同的绩效考评对象，选用不同的绩效考评工具，涉及不同的考核主体，考核主体涉及管理者、同事、客户、小组成员、下属、员工自己等。绩效考核依据数据分为主观数据（通过观察法、记录法、访谈法、反馈法等获得）和客观数据（通过提交的真实业绩报告等）。以员工绩效考评为例，绩效考核需要从各考核主体分别收集不同的绩效信息，采用360度考评法的话，则涉及上级、平级、下级和自己等多方评价信息。因此，有必要对各考核主体的绩效信息作用进行简要的说明，否则很难进行全面考评。

直接管理者的绩效考评信息是最传统的信息来源和依据。绩效考评需要通过对员工具体业绩、行为、能力、态度等进行记录、评价，直接管理者处于最佳的观察位置，其可以借助可靠的、正确的方法开展考评工作。由于管理者没有足够的时间来全面观察下属，这就需要用其他人的意见来补充绩效考评。由于同事、小组成员与被考评者一起工作，相处时间远大于直接管理者，更了解被考核人员，绩效考评意见能更准确反映员工日常工作绩效，有助于一致性意见的形成。因此同事、小组成员的意见常作为绩效考评的补充。下属对上司的评价是特别有价值的绩效考评依据，其有助于审视上司的管理行为和公平性，明确潜在的问题。客户的满意度反馈等相关内容对企业整体、部门或团队和员工绩效都至关重要，毕竟很多情况下企业努力为客户的需求提供各种服务，通过服务满意度来作为衡量绩效的标准，更容易做出客观的绩效评价。员工自身的考评意见能够对未来发展目标和计划进行一次分析，大多数情况下该主体通过填写考评表的方式进行自身绩效的衡量。

2.2.4　与绩效管理相关的激励等配套体系

绩效考评如果不与部门、员工的切实利益捆绑在一起，绩效管理就无法发挥真正作用。绩效管理的有效性不仅在于客观评价部门、员工的绩效水平，还在于将绩效考评结果与激励体系相联系，包括薪酬体系、岗位调整、评优评先、员工培训与开发等。通过激励体系与绩效考核挂钩，传递企业希望看到的行为和结果，引导员工的行为，以实现企业的目标。除此之外，通过绩效考核，可以发现企业、部门、员工存在的绩效问题，可以有针对性加以改进。例如，可以根据员工绩效考核及发现的主要问题设计相应的培训计划，根据企业发展需要设计员工开发方案等。绩效管理的有效性在于激励体系设计的科学合理性。在薪酬体系设计时要注重绩效薪酬设计，注重薪酬差距，薪酬体系只有切实体现按劳分配，才能真正发挥出激励效益；对于岗位晋升制度，既考虑岗位对能力和素质的要求，也要考虑管理工作的结果和效果，注重员工的发展潜力。只有如此，才能合理引导员工的行为实现企业预期的目标，才能实现员工和企业的共同受益和发展。

2.3　混合所有制企业绩效管理对象特征

2.3.1　混合所有制企业战略融合特征

混合所有制企业的组建本身就是国有企业的战略性举措，混合所有制企业的战略一方面要符合原国有企业的战略定位，也要符合市场需求，符合国企的产业布局。战略调整具有长期性、动态性特点，在实现国企改革以发挥国有经济主导作用、推进国有资本放大功能、保值增值、提高企业竞争力的过程中，需要动态调整企业战略。混合所有制企业战略在符合国有资本战略性布局的同时，要注重企业自身的行业聚焦。要充分利用非国有资本战略资源，包括资金、管理经验、渠道和技术等，以引领需求式的供给侧结构性改革，推动企业高质量发展。值得注意的是，混合所有制企业中的国有成分和非国有成分在其社会责任、利益诉求存在差异，战略目标也有所不同。非国有成分更关注自身利益实现和短期目标，影响长期战略目标的实现。这需要加强沟通和协商，进行战略融合，否则将影响企业发展。

2.3.2　混合所有制企业人员混合特征

在国有企业和私营企业中员工身份相对单一。对于混合所有制企业来说，员工复杂多样，既有原国有企业员工、也有原民营企业员工，还有新招合同工等。国有企业员工有着"身份"上的优势感，国有企业员工编制具有铁饭碗特征，在薪酬发放上没有差距，存在着干多干少都一样的思想，注重薪酬的一致性。国有企业改制成混合所有制企业，原国有企业员工编制身份的丢失造成心理落差，短时间内情感上难以接受。对于市场化运作的企业员工在薪酬分配上是按劳分配原则，多劳多得，少劳少得，不劳不得，注重薪酬的差距性。对于管理人员来说，既有原国有企业代表，又有非国有企业的代表，他们代表着不同的利益群体，有着不同的思想和观念。

2.3.3 混合所有制企业文化冲突与融合

混合所有制企业资本混合、人员混合，涉及不同所有制、不同管理模式，必然存在观念上的冲突、价值取向上的差异和文化上的摩擦。混合所有制企业文化涉及原国有企业文化、大股东文化、民族文化，还可能涉及国外企业文化。企业文化在企业创建以运行过程中逐渐形成，混合所有制企业文化有着原国有企业文化的深深烙印。国有企业早期创业、改革开放二次创业的历程中，形成了企业具有的精神风貌，成为企业文化的闪亮之处，比如具有代表性的有我国企业民主管理之先河的鞍钢宪法（两参一改三结合）、国有企业普遍推行的"三老四严"等。随着国有企业混合所有制改革，融入非国有成分和企业文化。不同所有制企业生存发展环境不同，形成了不同的价值取向和企业文化。公有制企业受到政府行政干预较多，企业文化要保守一些，而民营等非公有制企业在竞争市场中谋生存和发展，企业文化更激进一些。非国有资本、人员与国有资本、人员共同组成混合所有制企业，不同的价值观、管理模式相互碰撞。不同所有制企业组建混合所有制企业时不可避免地会面临着价值观冲突。混合所有制企业在文化融合过程中需要顾及各方利益，否则将影响混合所有制企业的运行。体现国有企业优秀文化，也要彰显非公有制企业优秀文化。文化整合需要将公有制企业和非公有制企业的文化精华保留下来，文化整合是混合所有制企业改革的"润滑剂"和"助推器"。不能有效解决文化冲突问题，将会影响企业的运行甚至是混合所有制改革的失败。

2.4 混合所有制绩效管理与企业文化

从实践来看，国有企业已经开展了绩效管理，但是由于企业文化中"老好人"思想的影响下，使得绩效评价呈现居中特点[25]。虽然国有企业通过混合所有制改革推进市场化管理模式，但是依然存在许多问题，如人力资源管理机制老旧，观念落后；人力资源体系不合理，员工素质偏低；忽视员工培训学习；人力资源开发力度不够；考核评测标准不规范，员工激励机制不完善；忽视相关企业文化建设等[26]。混合所有制企业因其资本混合、人员混合特点注定其与国有企业、民营企业的绩效管理有所不同，它需要考虑员工多样化特征，从文化融合的角度展开绩效管理，一方面，从国有企业管理方式向市场化管理转变，注重激励，注重营造和谐人力资源管理环境，在用人机制上，要打破能上不能下的局面；另一方面还要考虑原国有企业员工的情绪、利益、文化，不能采取一刀切的模式。混合所有制企业绩效管理的有效实施在于企业中众多文化的有效融合。首先，原国有企业在分配上干多干少都一样的"大锅饭"文化阻碍了绩效管理的实施，原国有企业员工改制后与新招合同工同工同酬的管理方式也带来了身份落差，对绩效管理根据绩效定薪酬的分配方式有一定的抵触。此外，干多干少不一样、能者上、能者多得、以能力说话的市场文化会让员工更加有公平感，能够真正激发员工积极性和活力，这是混合所有制企业管理机制改革的重要方向。价值观、文化的内在冲突必然对混合所有制企业绩效管理产生影响，顺利开展绩效管理需要有效融合企业文化。

企业文化影响绩效管理的实施，绩效管理对企业文化也有塑造作用。绩效管理对员工的素质、能力、工作结果进行客观考核，薪酬发放、岗位的晋升与调整、评优评先都将依据绩效考核结果而展开。薪酬发放不再是干多干少都一样，而是按劳分配，多劳多得、少劳少得、不劳不得，评优评先更加客观，从而形成了一种公平的文化，也形成了员工间、小组间、部门间你追我赶的竞争氛围。在用人机制上，员工根据能力定岗，素质和能力、绩效不能胜任相关岗位将会调岗或降级，改变了国有企业能上不能下的局面，有助于形成任人唯贤的文化氛围。通过绩效管理将绩效与薪酬联系起来，可以激励员工献计献策，注重自身发展和企业发展，将员工的利益和企业的利益切实地联系在一起，形成良好的企业文化。

3 企业绩效、绩效管理及其理论与方法

3.1 企业绩效内涵

3.1.1 绩效的定义

绩效是管理学的一个基本概念。被誉为现代管理学之父的彼得·德鲁克曾指出，所有的组织都应该认真考虑"绩效到底是什么"这一问题。从不同的角度出发，绩效有着不同的含义。例如，从经济学角度来看，绩效同薪酬一样，作为组织和员工之间的对等承诺关系，体现了市场经济运行的等价交换的规则；从社会学角度来看，绩效是与每个社会成员所担任的社会分工职责相匹配的。

从绩效的字面意思来讲，"绩"指的是业绩，表示的是企业或个人预先设定的需要完成的阶段性目标，"效"指的是效率和效果两方面。效率表示组织或个人单位投入内完成的目标回报值，要求正确地做事，而效果表示组织或个人对于设定目标的实现程度，要求做正确的事情。在管理学中，根据研究对象的不同，绩效可划分为个人、群体（团队）和组织三个层次，各层次绩效目标和测度标准也各不相同。位于低层次的绩效达成情况是其高层次绩效实现的基础，但这并不意味着一定能促使高层次绩效的实现。只有运用科学合理的方法，从整体将高层次的绩效目标逐层具体的分解到个人层次，通过个人的行为和环境共同作用，提高个人的投入-产出绩效，进而再逐级反馈实现最高层次的组织绩效，如图 3-1 所示。

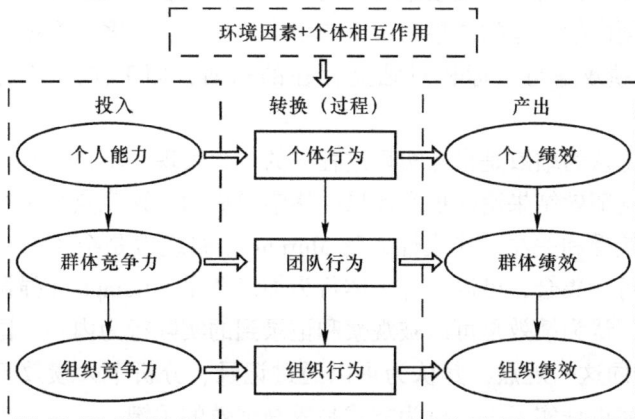

图 3-1 绩效的层次关系

大多数学者在绩效研究中将群体（团队）看作是一个小型的组织，因此，本书主要从个人和组织两个层面探究绩效。

3.1.1.1　组织绩效

早期的学者从组织内部来研究组织绩效，主要用组织生产效率等术语来描述绩效。Campell 和 Guzzo 等在理论和实践研究中赞同并应用生产率去定义组织绩效，强调提高生产率来保证组织绩效的实现。Lebas 认为绩效是组织目标完成程度，其使用组织有效性来衡量绩效水平，引导组织决策和运营方向。随后众多学者借鉴现代管理理论进行更深入的研究，Flood 和 Olian 等指出组织人力资源对于组织绩效的重要性，要求改善员工状况来提升组织绩效。Bounds 引入全面质量管理思想来改善组织绩效水平。Peppard 和 Bredrup 等强调组织目标实现的过程管理，提出了过程优化以提升组织绩效水平的观点。

从组织内部去描述绩效虽然具有合理性，但显得相对缺乏广度。因此，部分学者从组织外部因素（环境、客户等）角度扩展组织绩效的内涵。Anderson 提出生产率并不是组织唯一的绩效范畴，存在且不限于单个同等重要的绩效指标。Bredrup 指出除有效性和效率性外，组织绩效还应包括可变性这一特性，三者共同体现组织的竞争力水平。Kaplan 和 Nordon 从企业战略角度提出并设计了平衡记分卡，较为全面地对组织绩效进行了定义和衡量。

3.1.1.2　个人绩效

研究显示，更多的学者选择从直观的个人层面对绩效进行定义和衡量。目前，有三种主流观点，即绩效结果论、绩效行为论和绩效综合论。

绩效结果论认为绩效是特定工作过程中的产出或工作结果。这种观点出现的相对较早，是以员工的产出或结果为导向。代表性人物 Bemadin 和 Beatty 等提出绩效是一定时期内的工作的结果记录，与工作的目标、顾客满意度和活动内容有关。Kane 认为绩效是与目标相对独立存在的东西，即工作产出或结果的业绩集合。

绩效行为论认为绩效是目标实现过程中的行为表现，不再只是工作结果。这一观点是在质疑绩效结果论的现实效果中逐渐形成的，该观点强调行为导向，目前被人们广为接受和关注。代表性人物 Murphy 主张绩效是个体与其所在组织单元目标相关的行为集合，可以通过个体行为加以衡量。Campbell 强调绩效与行为是同义词关系，认为绩效是可以被观察和记录到的实际行为内容。国内学者仲理峰等人[27]也赞同这一观点，其认为可以通过记录、分析个人绩效行为来提升绩效。大量的研究也证实了工作行为方式是提高绩效的关键。

绩效综合论认为绩效应该被看作结果和行为的综合体。前两种观点均有其局限性，如果只关注结果，容易导致个体急功近利行为，即为创造更多的短期利益而与组织长期的战略目标不相容，这样不利于引导、整合和优化组织资源，严重情况下甚至导致组织原定目标流产；如果只关注行为，容易使工作内容僵化，拘泥于特定工作行为而导致形式主义，同时行为界定困难，且大多过于主观而缺乏说服力。绩效综合论则对两种观点进行整合，既考虑工作结果，也注重行为。绩效综合论的出现是逻辑上的必然结果。代表性人物 Rynes 等人提出行为和结果都是绩效的组成部分，二者从理论上是互相联系的。Armstrong 等人强调绩效是行为和结果的综合，二者互相联系且可以分开判断。国内有学者认为绩效是个人或组织行为特征及其产生的结果。

除此以外，部分学者研究发现员工能力和态度与绩效高度正相关。Spencer 认为能力和态度是影响绩效的重要因素，可以通过建立胜任力素质模型来判断绩效实现的可能性。有学者将绩效看作是为了实现组织目标，基于个人胜任力所表现的行为和结果。

借鉴已有的学术观点，本书将绩效定义为：个人或组织在一定的时期内，为了取得既定的工作任务以及组织期望的目标，在其过程中所表现出的态度、行为等以及最终产生的结果。具体来讲，绩效的定义包括个人和组织两个层面，可以单独研究某一特定层面，也可以结合两个层面共同研究；从绩效结构上看，主要包含能力、态度、行为和结果等因素，并且在实际运作中不能只关注某一因素，应当将它们看作互相联系的整体，进行综合权衡的考虑。其中，能力是从任务完成角度看员工具备的相关素质与技能，态度是个人对于特定工作的专心程度，或者是对所在组织的认可程度，一定程度影响个体的思想状态和行为表现；行为是个体为实现某一目标所表现的可被观察和记录的实际操作活动；结果是组织或个人期望取得的工作业绩或已经获得的成绩。通常情况下，组织结果是在个人结果基础上积累完成的，但不一定是个人的迫切需求。

3.1.2　绩效的特征

根据绩效的定义可以看出，绩效一般具有四个主要特征：层次性、多因性、多维度性和动态性。

（1）层次性。研究者对这一绩效特征已达成共识，即绩效划分为员工绩效（个人或岗位）、部门或团队绩效、组织绩效。每个层次关注的内容互不相同但又联系密切，体现了绩效的纵向脉络，覆盖了组织的各个方面，如图 3-2 所示。组织整体效益是建立在三个层面平稳有序的基础上实现的，忽视绩效的任何一个层面都有可能导致绩效结果不理想，这也是管理实践中常遇到的问题。

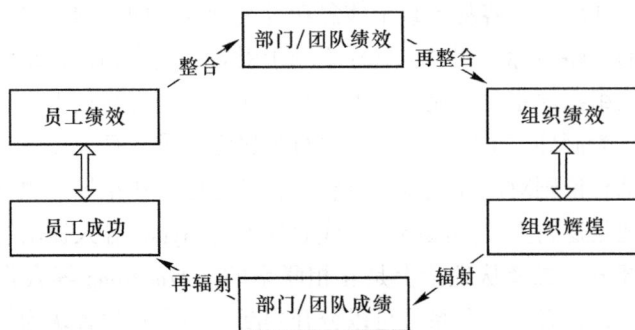

图 3-2　绩效层次关系

（2）多因性。研究显示导致绩效差异化不仅仅取决于某个单一因素，而是受到主客观或是内外部多种因素的共同作用。Holland 提出绩效是个人能力和工作动机的输出函数。Campbell 在绩效模型中提及环境因素的影响，但未过多考虑。之后 Cardy、Waldman 等学者在其研究中纷纷支持并论证外部环境的影响，提出影响绩效的关键因素应当涉及外部环境。总之，绩效的重要影响因素包括但不限于激励条件、内外部环境、工作技能、机会和挑战等。

（3）多维性。绩效具有多个维度，绩效分析的侧重角度不同，其结果存在较大的差异。不同层次的绩效，同一层次绩效情况不同，其绩效维度存在差异。Campbell 提出将绩效划分为包括特定工作效率等在内的 8 个维度内容。Borman 等人提出了绩效的"任务-周边"两大核心维度。Conway 将管理者的绩效划分为领导管理绩效和技术工作绩效两大方面。

（4）动态性。绩效的测量一直是研究中的重点和难点，原因之一就是其具有动态变化性。由于绩效的层次性、多因性和多维性共同决定了一定时期内的绩效情况是在不断变化的，可能由好变差，也可能采取措施后由差变好，甚至不起作用。因此，绩效测量并不是一劳永逸，而是需要不断地、持续地进行。

3.2　企业绩效考评与绩效管理

早期关于绩效研究主要围绕绩效考评（又称绩效考核、绩效评价）展开，绩效考评主要回答的是"一定时期内参照某种标准对某对象按照一定方式进行评价"的问题。Longsner 等人指出绩效考核的目的是对员工资质、态度和能力等进行相对客观真实的反映；Anderson 认为绩效考核的内容应包含员工的行为和未来潜力两个方面；Fred 认为传统绩效考核的不足，其强调绩效考核应将重点放到员工未来发展上，实现员工自我发展。经历长时间的实践探索，学者们逐步认识到单一绩效指标考核方式存在绩效评价方式主观臆断、反馈不及时等问题，在总结绩效考评局限性的基础上，20 世纪 70 年代美国学者提出了绩效管理的概念，绩效考评研究进一步拓展深化。所以说，绩效管理始于绩效考评。

3.2.1 绩效管理的概念

绩效管理相比于绩效考核，具有更加丰富的内涵。关于绩效管理，目前学术界存在三种经典的观点，即绩效管理组织观、绩效管理员工观和绩效管理综合观。

第一种观点认为绩效管理是用于管理组织绩效的体系。这种观点描述的角度是基于组织进行的，强调通过各种有效手段实施组织战略或计划的核心作用，员工个体不认为是主要对象。代表性人物 Rogers 和 Bredrup 先后将多种管理理念与绩效实践相结合，提出绩效管理过程应当由 3 个环节构成：绩效计划、改进以及考察。其中，绩效计划指代规划制定的企业战略目标等内容；改进指代日常过程中优化流程、革新工艺等提高绩效的手段活动；考察指代常规的绩效考评工作。

第二种观点认为绩效管理是用于管理员工个体绩效的体系。这种观点站在员工角度描述绩效，强调岗位员工个体之间共同投入和参与到工作业绩的提高，未直接涉及组织层面，同时其绩效管理过程是周期性循环的。代表性人物有 Quin、Ainsworth、Smith 和 Torrington 等。其中，Ainsworth 和 Smith 指出循环的过程可分为绩效计划、考评以及反馈三个步骤。

第三种观点认为绩效管理是结合组织和员工个体两个层面的综合绩效体系。这种观点综合考虑了前两种观点，认为绩效管理需要将员工个人目标与组织战略目标紧密联系起来，强调组织和个体的共同持续性改进绩效，根据研究具体问题稍有侧重的全面进行绩效管理。其出现是理论发展的必然结果。代表性人物 Costello 提出绩效管理应当将各岗位各层级的员工与整个组织的绩效发展连接在一起，共同支持企业整体提高。Walters 提出绩效管理应当在组织整体战略要求下，给予员工适当的指导和支持来促进工作业绩的高效改善。

总体来看，第三种观点相对更加完整，学术界比较认可。Armstrong 认为绩效管理是通过引导和提高员工个人绩效促使企业取得长久辉煌的过程。赫尔曼·阿吉斯定义绩效管理为从预先设定的目标和计划出发，对绩效结果进行测度和评估，再将绩效结果给予必要反馈和绩效提升指导的管理过程，并且在此期间的个人和组织目标是相互联系和一致的。本书支持和赞同第三种观点，将绩效管理看作组织和员工的整体系统，定义绩效管理为以组织战略目标为导向，通过与各层级成员就绩效目标进行有效的沟通和交流，达成具有目标一致性的整合计划，实施过程中再通过引导和帮助以提高绩效，从而顺利实现组织目标的过程。

从上述定义可看出，绩效管理具有以下特点：

（1）绩效管理是一个动态循环过程，包括绩效计划、绩效实施、绩效考评、绩效反馈、绩效结果应用、绩效考核方案修正等循环往复的过程。绩效管理并不只是管理者的事情，需要组织内的全体人员参与和合作才能有效完成。此外，绩效目标是经过多次沟通交流、实践、修正等过程最终确定的，必要和持续有效的沟通是紧密联系组织和个人绩效的重要纽带。

（2）绩效考评只是绩效管理的一个环节。在实践中，绩效管理要注重实用性和可操作性，考核员工时应根据员工从事的具体工作，结合部门目标分解确定恰当的任务目标，避免目标脱离实际。同时，绩效考评方法选择上应结合考评内容采用定量或定性方法进行科学评估。

（3）绩效管理的最终目的是通过管理过程发现和解决组织发展问题，因此在得到考评结果后，需要采取必要的措施将绩效结果、建议和改进方案层层传达反馈下去，进而引导员工的行为，转变员工的态度，提升员工的能力，进而提升员工个人工作绩效，最终实现组织目标。

3.2.2 绩效考评与绩效管理的区别

绩效考评是人们日常工作生活中所熟知和常用的词语，绩效管理不等同于绩效考评，是绩效考评的拓展和延伸。很多员工对两者存在误解，将它们等同视之。实际上，绩效考评与绩效管理既关系紧密又区别显著。

两者之间最直接的联系是前者是后者的重要环节之一。单独绩效考评存在局限性，需要其他绩效管理环节才能实现考评成功。反过来说，绩效考评的结果能够为绩效管理其他环节的有效实践提供支撑。

绩效考评和绩效管理的不同之处体现在目的、对象层次、过程范围、着眼点、时间频率和实施效果等方面，见表3-1。

表3-1　绩效考评与绩效管理的比较

内容	绩效考核	绩效管理
目的	对绩效效果进行评价	提高组织的整体绩效
对象层次	以员工为主	组织、部门（团队）、员工
过程范围	绩效管理中的一项活动	完整的 PDCA 循环
着眼点	事后的评价为主	事前的策划和沟通 事中的实施和评估 事后的反馈和改进
时间频率	特定的时间段	系统管理全过程
效果	员工的被动接受	员工的认可和激励 组织绩效的提升

（1）目的不同。绩效考评结果的好坏意味着工作效果的成败，实际中常常被用作员工薪酬奖罚、岗位升职等的依据。而组织实行绩效管理的目的是提高组

织的整体绩效，即指导、引导和改善员工的行为来满足自身需要，从而提高绩效水平，同时进一步保证组织目标的达成，形成双赢局面。

（2）对象层次不同。在实际应用中，绩效考评是以结果为导向对被评价对象（主要是员工）进行奖惩，考核对象处于较低的层次。而绩效管理则涉及组织和员工两个层次及其综合。

（3）过程范围不同。绩效考评是绩效管理系统中的一个环节，从系统角度看，二者是整体与局部的关系。

（4）着眼点不同。绩效考评着眼于对过去已经发生的工作业绩的总结和评估，是事后的管理。相比较而言，绩效管理关注于未来，对各岗位事前工作通过前瞻性的沟通和交流，制订和实施计划，评估结果，事后及时反馈问题，应用绩效结果，进一步调整目标。

（5）时间频率不同。绩效考评一般是针对特定的时期内的工作绩效水平进行评估，以结果为导向。而绩效管理旨在改进组织和员工绩效，绩效管理的各个环节会一直循环往复。

（6）基本假设与实施效果不同。无论采取何种方法或手段对员工或组织实施绩效考评，其思想基础是认为人是"经济人"，即追求利益的最大化。个体在无人监管的情况下不会自发的努力去增加工作量或提升工作质量，考评成为约束员工保证绩效目标完成的工具，员工处于一种被动接受的状态。绩效管理则认为人是"社会人"，为了追求自我需要的实现而具有主动性和积极性，强调"以人为本"。员工能够认可绩效和进行自我激励，保证组织绩效的提升。

综上，明确绩效考评和绩效管理的联系和区别，能够正确理解绩效管理的含义，科学对待两者的作用，帮助和支持绩效活动环节的开展，最大限度地提高组织和个人的绩效水平，也为企业指明了从绩效考核到绩效管理的转化条件。

3.3　企业绩效管理模式

中国古代自先秦时期就出现了重视绩效管理的思想，而正式提出绩效管理概念的却最早出现在西方。时至今日，企业绩效管理理论顺利地渡过了从萌芽到成熟的过程，并且全球研究者开始从多领域交叉、发散式应用等方向去研究和完善企业绩效管理。从整体上看，企业绩效管理的发展大致经历了从被动重视结果向重视行为过程控制的模式转变，最终发展成将利益相关者、企业战略等融为一体的全面绩效管理。绩效管理实践发展过程中主要形成了六种绩效管理模式，即基于成本的绩效管理模式、基于财务的绩效管理模式、基于质量的绩效管理模式、基于经济增加值的绩效管理模式、基于相关利益者的绩效管理模式、基于战略的绩效管理模式。

3.3.1　基于成本的绩效管理模式

　　基于成本的绩效管理模式最先出现于 19 世纪。第一次工业革命大大提升了生产力，企业的规模扩大，当时的自由贸易使得管理者只需要关注生产率。随着管理会计领域的引入，基于成本的绩效管理模式先后经历了简单成本计算、较复杂成本计算以及标准成本制度三个阶段。简单成本计算主要体现的是一种降本求利的思想，该阶段的绩效统计、计算和分析等操作，仅仅是单纯的考评生产成本，如每吨炼铁成本，每千米运输成本等。在此基础上，随着企业管理者关注如何提高生产效率，企业经营数据需求的增多，管理会计提供和分析的成本越发复杂，迫使企业不断实践并出现了较为复杂成本计算。当泰勒的科学管理理论提出以后，基于成本的绩效管理模式也相应地得到了前所未有的深入探索，出现了标准成本制度。该阶段的成本控制主要是通过标准成本及差异分析来实现，这也意味着标准成本的执行情况和差异分析成为该时期绩效管理模式的主要指标，反映过程和结果两方面的成本控制。

　　基于成本的绩效管理模式出现最早，操作简单。由于受到当时贸易环境的影响，仅从成本角度来实行绩效管理，这种模式并不能满足从事多种经营活动的企业实施绩效管理需要，存在很大的局限性。

3.3.2　基于财务的绩效管理模式

　　20 世纪初，市场经济过渡到垄断竞争时期，过去以成本实行绩效管理的弊端越来越明显。杜邦公司提出了杜邦分析法，这是一种基于财务绩效管理模式，并受到企业家的关注和实践。基于财务的绩效管理模式重视企业内部经营管理，解决了如何实现企业活动的资本利润最大化，并且较好地协调企业多种经营活动的发展问题。

　　杜邦分析法是基于财务的绩效管理模式的标志性工具，该方法关注的企业经营绩效指标是投资报酬率（ROI），并按层级分解为销售利润率和资产周转率，通过层层分解到企业基本生产因素，最终反映企业财务绩效。之后，基于财务的绩效管理模式又出现了以流动比率、存货周转率、应收账款周转率等 7 项财务指标为依据的沃尔比重法，以及通过收益性、安全性、流动性、生产性和成长性这 5 项财务指标为依据进行可视化企业财务经营绩效的雷达图法。目前，这些财务绩效指标被广为使用。

　　基于财务的绩效管理模式尽管拓展了企业绩效管理的内容，但是，仅从财务方面的信息是无法反映企业整体绩效的。另外，该模式过分强调和重视财务绩效，忽略了企业长期价值的形成和维持。对于无形知识资产、顾客、技术等对财务绩效的影响也无法加以分析。

3.3.3　基于质量的绩效管理模式

20世纪60年代美国研究者提出了全面质量管理（QTM），即通过控制影响企业产品或服务的全过程因素，达到经济的满足客户需求、维持质量、提高质量的一系列管理活动过程。后来，该理论被引入日本，日本的企业家充分认识到质量管理的重要性，质量管理在日本被广为实践并得到迅速发展，在20世纪80年代前后形成了基于质量的绩效管理模式，质量管理被企业绩效研究者推向了新的高度。日本企业也因此在国际企业竞争中取得了优势地位。

基于质量的绩效管理模式曾一度被企业重点关注，并被作为企业生产的唯一重心，许多企业提出"质量决定一切"的口号。在全面质量管理的基础上，进一步发展出了卓越绩效管理标准，为广大企业衡量质量绩效提供了标杆，使得企业能够根据标准完善自身质量管理，提升企业经营活动的绩效水平。基于质量的绩效管理模式能够有效地提升企业产品或服务的质量和工作效率，满足客户的需要。但是，由于该模式的理论基础只是一套质量管理体系，具体绩效标准还需要实践中形成。该模式还忽视了员工等要素，并不能全面地反映企业整体的绩效情况。

3.3.4　基于经济增加值的绩效管理模式

进入20世纪80年代，企业家纷纷意识到过分重视短期财务将导致不利境地，许多企业提出要从企业长远经营发展来考虑绩效问题，出现了基于经济增加值的绩效管理模式。经济增加值（EVA），具体是指用来衡量企业资本收益和成本之间的差额，它是着眼于企业长期发展的综合性财务指标。而基于经济增加值的绩效管理模式的出发点是为了真正实现股东角度的企业价值最大化，能够充分考虑企业经营投入的全部资本成本。同时，EVA还尽量克服和调整了传统狭义会计基础中的信息失真的影响，还创新性地将权益成本计入会计利润的减项、将战略性的支出作为投资计入加项，从而真正客观地综合反映企业长短期经营业绩。

基于经济增加值的绩效管理模式仍没有摆脱传统会计基础中烦琐的计算调整，过分依赖于纯财务指标，具有一定的局限性。EVA纯粹的关注和反映当期财务的指标，如果忽略产品开发、市场份额等超前指标，仍无法准确修正未来创造的经济收益，只能有效防止短期行为。同时，不重视非财务指标，如人员、顾客等，可能会导致企业管理效率降低、客户满意度日趋下降等后果。

3.3.5　基于利益相关者的绩效管理模式

Ansoff所著的《公司战略》一书中提出了利益相关者的概念，但直到20世纪 80 年代，基于利益相关者的绩效管理模式才得以形成，并受到企业家们关注。该模式强调要以利益相关者为重，其不仅关注表面上具有影响力的主要利益相关者，如股东、客户和员工，还要考虑并满足供应商、政府、监管者等所有相关利益者的需求。

该绩效管理模式中最具有代表性的工具是绩效棱柱模型，又称三维绩效框架模型。以棱柱的五个角分别考虑企业绩效互相关联的特殊关键因素，即利益相关者的满意程度、利益相关者的贡献、企业战略、企业内部流程和企业能力。绩效棱柱模型最大特点和创新之处在于能够对每一个利益相关者的主体满意度和企业贡献进行测评，可以从利益相关者角度匹配企业战略、内容流程和能力，提升企业利益相关者的管理，对企业经营服务进行较为综合的绩效管理。除此以外，还有学者从利益相关者影响企业财务、社会等绩效的角度构建绩效模型，如 RDAP 模型。

基于利益相关者的绩效管理模式较为全面且易于理解，但是在实践应用中仍存在一些应用局限，如非财务指标难以计量或搭配困难、容易衍生指标过度导致成本过大、分散注意力。

3.3.6　基于战略的绩效管理模式

20 世纪 90 年代以后，全球市场环境巨变，行业企业之间竞争越发激烈。企业为了长期的生存和发展，需要在日益激烈的竞争中建立和保持核心竞争优势，企业将着眼点从企业内部的财务等资源转向了外部市场，努力满足客户需求、提高满意度以及扩大市场份额成为企业的焦点，形成了从企业战略管理的角度进行企业绩效管理的模式，从而使企业战略目标与部门、员工的活动目标整体上一致，进而层层的保证企业战略目标的实现。基于战略的绩效管理模式以绩效金字塔模型和平衡计分卡为代表的工具。

绩效金字塔模型将企业战略与财务指标、非财务指标进行综合考虑，并建立因果关系。其主要是通过多级瀑布式的传递方式将企业战略目标层层下发到事业部、经营系统、部门和基本工作面，进而相应层面产生各种绩效指标，反映出战略目标与各绩效指标的互动性。除了强调企业战略在绩效管理中所处的重要性地位，绩效金字塔模型还揭示了企业战略目标自上而下的分解以及绩效信息自下而上逐级反馈运动的等级结构。这种基于战略的绩效管理工具在理论上是成功的，突破性的引入了客户满意度等相关利益者协同指标、沿用并创造了生产效率指标以及财务等效益指标。绩效金字塔模型的缺点在于忽视学习与创新维度，不适于激烈的竞争，由于没有明确的实施操作系统，在应用时常常会失败，因此，应用率较低。

与之相反，平衡计分卡目前是国际上广泛应用的一种企业绩效管理工具。平衡计分卡是以企业战略为核心，从财务、客户、内部流程和学习与成长四个维度来建立因果关系进行企业绩效管理，克服了绩效金字塔模型维度缺失和以单一财务指标为核心的缺陷，充分体现静态结果与动态行为、财务指标与非财务指标、短期目标与长期目标的有机结合。从指标选择上来看，平衡计分卡引入股东价值最大化的财务指标，关注质量、性能、成本、时间等客户需求相关指标，涉及企业获取竞争优势的关键技术、经营、流程相关指标，以及革命性的提出学习与成长指标。不过，平衡计分卡存在实施难度大、成本较高、具体指标的修订和分配困难等缺点。

3.4　企业绩效管理相关理论

3.4.1　计划层次论

计划是管理的首要职能，通过计划明确管理的目标、标准，为管理指明方向。从某种意义上讲，绩效管理是围绕企业计划而展开的管理工作。计划具有层次性，哈罗德·孔茨和海因茨·维里克从抽象到具体，把组织计划划分为一个层次体系，从抽象到具体依次表现为愿景与使命、目标、战略、政策、程序、规则、方案和预算。

基于不同层次的计划视角，绩效管理着眼点不同。通常来说，绩效管理被看作是实施组织战略的重要工具。而从计划的层次角度来看，战略的更高层次是企业愿景和使命，决定了管理的其他方面。故做好绩效管理，还需要深刻理解企业愿景和使命。愿景和使命作为战略的出发点，是企业战略的基础体现，代表着企业目标的基本内涵。愿景和使命描述具有抽象特征，很多企业在描述时常常把它们合二为一。

企业愿景是企业最高管理者对企业未来的设想，展现了企业的长期愿望及未来状况，也是组织发展的蓝图，体现了企业的发展方向及战略定位、组织永恒的追求。企业愿景回答了企业"到哪去"的重要问题，如省市区域第一、世界百强等。对于混合所有制企业来说，企业愿景是在原国有企业和非国有企业的混合部分优势基础上共同确定的。企业使命指明了企业机构在社会上应起到的作用和所处的地位，能够界定企业的存在价值诉求及其独特秉性，如树立什么样的宗旨，决定组织的什么样的性质，回答了企业"我是谁"的重要问题，标志着企业存在的理由，区别于别的企业，阐述对自身发展的详细定位。

企业目标是在宗旨指导下，组织在一定时期要达成的具体成果，进一步具体化为组织一定时期的目标和各部门的目标。

企业战略就是关于企业作为整体该如何运行的根本指导思想，它是对处于动态变化的内外部环境之中企业的当前及未来将如何行动的一种总体表述。混合所有制企业组建本身就是母公司的战略，混合所有制企业战略体现了国有成分和非国有成分企业战略的融合。企业战略所要回答的核心问题就是企业存在的理由是什么，也就是企业为什么能够从外部得到回报并生存下去。也就是说，企业存在理由是企业战略的核心问题，做战略首先要回答三个问题：企业的业务是什么？企业的业务应该是什么？为什么？

3.4.2　企业文化理论

组织文化是组织在长期的实践活动中所形成的，并且为组织成员普遍认可和遵循的，具有本组织特色的，价值观念、团体意识、思维模式和行为规范的总和。企业要通过绩效管理建立长远的竞争力，企业文化起到重要的作用。对于混合所有制企业来说，面临混合企业组织文化的碰撞与融合问题。因此，要进行绩效管理，需要正确认识和处理混合所有制企业不同企业文化、企业文化与绩效管理的关系。

美国埃德加·沙因把企业文化划分为三个层次，第一层是外显的人为事物，第二次是表层的价值观，第三层是核心的基本假设。企业文化三层次中的理念层，即价值观，是企业文化本质的表现。企业文化可以弱化或消除企业运行中的障碍，减少管理中的不可预知性，即可以预测组织或个体行为，以及这些行为导致的后果。企业文化是影响个体、组织行为的重要因素。什么样的企业文化，员工在行为过程中体现出企业所倡导的价值观。如果企业价值观没有转化为员工内心深处的基本假设，员工的行为将偏离企业价值观。企业文化对绩效管理体系的实施、运行有一种无形的引导和影响。反过来，企业文化最终要通过企业的绩效管理体系所反映出的价值评价体系、价值分配体系来发挥其功能。绩效管理有助于实现从企业价值观到企业所有员工相对统一的基本假设的转变过程，可以说，企业文化与绩效管理相辅相成。混合所有制企业在向市场化改革的过程中，在保持国有企业优秀文化传统的同时，要改变国有企业的"大锅饭"文化，就要体现在绩效管理的各个方面，如薪酬发放、岗位晋升等，体现出向市场文化的转变，通过绩效管理重塑企业文化。

企业文化有三个层次，企业理念、企业核心价值观、企业的形象与标志。企业理念是企业文化的第一层次，是最核心的层次。企业核心价值观是企业文化的第二层次，是指企业对待员工、客户、工作的准则，包含企业所规定的员工价值趋向、员工的行为太多等内容。企业文化的第三层次是企业的形象与标志，主要包括企业对外形象、员工着装、员工用语等行为形象。

价值观是企业员工对企业存在的意义、经营目的、经营宗旨的价值评价和为之追求的整体化、个异化的群体意识，是企业全体员工共同的价值准则。要产生企业正确的价值目标需要有共同的价值准则，目标决定了行为。因此，企业价值观决定了员工的态度、行为取向。进行绩效管理，需要有企业所有员工共同的企业价值准则为基础，否则，绩效管理无从谈起。此外，绩效管理也对企业价值观具有塑造作用。

　　绩效管理的顺利实施，需要建立在一种绩效导向的企业文化之中，需要将薪酬、岗位安排、晋升降级和解雇等与人相关的决策看作是组织的控制手段。传达给员工管理层所需要的、奖励的、重视的内容。对于混合所有制企业来说，就要改变"大锅饭"现象，在向市场化改革的过程中需要进行文化整合。

3.4.3　目标管理理论

　　目标管理是绩效管理的一个重要理论基础。1954 年，彼得·德鲁克（Peter Drucker）在《管理的实践》中提出了目标管理理论。德鲁克认为企业的目的和任务必须化为具体的、各层次的目标，企业的各级主管必须通过这些目标，对下级进行领导，对目标的实施及完成情况的检查、奖惩。

　　目标管理基本思想是在员工的积极参与下，自上而下地确定工作目标，并在工作中实行自我控制，自下而上地保证目标实现。任务必须转化为目标，管理人员通过目标对下级进行领导，并保证总目标的实现。目标管理是一种程序，使组织中的上下各级管理人员一起来制订共同的目标，确定彼此的成果责任，并以此来指导业务和衡量各自的贡献。每个成员的分目标就是总目标对他的要求，是他们对总目标的贡献。组织中每个人靠分目标来管理，以各自目标为依据，进行自我指挥、自我控制，而不是由他的上级来指挥和控制。管理人员依据这些分目标对下级进行考核和奖惩。

3.4.4　激励理论

　　激励理论是绩效管理的基础理论，激励理论通过特定的方法、管理体系，能够满足员工的各种需求，调动员工的积极性，最终使员工对组织及其工作的承诺最大化。管理学家、心理学家和社会学家从激励的内容、行为动机、行为后续激励、认知等不同的角度展开研究，提出了许多激励理论，具有代表性的有马斯洛的需求层次理论、赫茨伯格的双因素理论、弗鲁姆的期望理论、亚当斯的公平理论等。

3.4.4.1　需求层次理论

　　需求层次理论是美国心理学家马斯洛于 1943 年提出的。该理论认为，人类有五个层次的需要，即生理需要、安全需要、归属需要、尊重需要和自我实现需要。生理需要是最基层的需要；安全需要是指对安全的环境、恒定的秩序、避免伤害和威胁的需要；归属需要也称社交需要，就是指个体需要获得别人爱和爱别人的需要；尊重需要是指个体获得并维护个人自尊心的需要；自我实现的需要是指个体希望最大限度地发掘自己潜能的需要。马斯洛的需求层次理论认为，这五种需求层次按层次逐层递升，但是次序也并不是完全固定，也存在例外情况；一般来说，低层次需求得到满足之后，才产生高层次需求，相应地，基本需求得到满足之后，该层次的相关激励便不再有效；一个人在同一个时期可以有不同层次的需求，但是有一个主要需求；人的需求层次结构与国家经济发展水平、受教育程度等密切相关，在不发达国家和地区，大多数人的需求以生理需求和安全需求为主，高层次需求主导的人数相对较少，而在发达国家情况则刚好相反。

马斯洛的需求层次理论从某种程度上反映了人类行为和心理活动的基本规律。从人的需求出发研究人的行为和激励，抓住了绩效管理的关键，可以帮助企业管理者根据员工的需求层次来设计激励措施，能够有效地调动人的积极性，对绩效管理有深远影响。

目前，有大量的研究利用需求层次理论设计员工激励措施，为了达到激励的效果，需要结合员工不同层次的需求设计相应的激励措施。对于处于生理需求层次的员工，可以制定增加工人工资、改善工人工作条件、给予更多的工间休息和假期、提高福利待遇等激励措施。对于处于安全需求层次的员工，可以制定的激励措施包括强调福利待遇，给予职业保障使其没有失业之忧，提供医疗保险、失业保险、退休福利，尽量避免多头指令给员工带来的困扰等。对于处于社交需求层次的员工，可以增加同事间的交往机会，赞许员工间的良好人际关系，组织各种团队活动或聚会等管理措施。对于尊重需求，可以通过公开表扬和奖励、颁发荣誉证书、分享成功经验报告、各种评优和评先进等激励措施。对于处于自我实现需求的员工，可以结合员工特点委派任务，给有特长的人委派特别任务，在设计工作时要为下级留有一定余地。

3.4.4.2　双因素理论

双因素理论是美国的行为学家赫茨伯格 1959 年提出的。双因素理论又称激励保健理论或双因素激励理论。赫茨伯格把企业有关因素分为满意因素和不满意因素两种。满意因素指的是那些可以使人得到满足和激励的因素，而不满意因素指的是那些容易产生意见和消极行为的因素，也就是所谓的保健因素。赫茨伯格认为这两种因素主要影响了员工的绩效。

保健因素包括工作条件、工资、同事关系、监督、公司的政策与管理等。这些因素都属于工作以外的因素，满足这些因素只能消除不满，但不会起到激励员工的作用。激励因素则与工作内容或工作本身有关，包括工作的意义、工作的挑战性、工作带来的成就感、获得赞赏、责任感、个人发展、晋升等，这些因素如果得到满足，则会发挥很大的激励，如果不能得到满足，也不会像保健因素那样引发不满情绪。

双因素理论的核心观点是：激励因素能够带来满意感，而保健因素只能消除不满，但不会满意。双因素理论在企业绩效管理应用时，首先需要对企业各相关因素进行质的分析，明确或创造出激励因素和保健因素；其次是要进行量的分析，既要保证保健因素的满足，又要最大可能的加大激励因素的成分，从而能够最大程度地激发员工的积极性和主动性。

根据赫茨伯格的双因素理论，可以通过直接满足和间接满足来调动员工的积极性。直接满足是从工作任务以内获得满足，这种满足来自工作本身以及工作过程，比如责任心、成就感、工作产生的兴趣和热情、习得新的知识和技能等，这种内在激励产生的激励效果大，时间持久，管理者应重视；间接满足是从工作任务以外获得满足，不是工作本身，而是工作以后根据工作效果获得，比如说奖金、福利、晋升等。间接满足可能由于员工不在乎而使其激励效果有限，虽然也能够激励员工提高效率，但是不会持久，处理不好的话还会产生负面作用。

对于不同的职业、不同阶层的人来说，对激励因素和保健因素有着不同的反应，高度的工作满足不一定带来高度的激励效果。不论是工作环境还是工作内容，都可能产生激励作用，而不仅仅是满足，这要取决于环境以及员工心理等多种条件。双因素理论促使管理人员对工作内容的重视，特别是工作丰富化。物质需求的满足，激励作用有限，且不能持久。需要注重工作的安排、量才选用，注意精神鼓励，给予认可表扬，注意给人成长、发展、晋升的机会。

双因素激励理论对企业绩效管理有很多启示：（1）激发员工的积极性，首先要从保健因素入手，在保健因素方面消除员工的不满意，这是调动员工积极性的必要非充分条件，其次，在从激励因素方面激发员工的工作积极性以及工作效率，没有激励因素，难以达到激励效果，员工在保健因素得不到满足，激励将会无效；（2）将奖金设计成激励因素需要将奖金与员工的工作绩效联系起来，绩效的平均主义会使奖金成为保健因素，达不到激励效果；此外，利用绩效工资、奖金来改革薪酬制度激励员工积极性，既需要考虑公平，还要考虑差别；（3）对于不同的员工，保健因素和激励因素会随着时间的变化而变化，需要因人而异、适时调整，防止薪酬制度的僵化。

双因素激励理论也存在理论缺陷，首先，该理论假设了满意必然提高员工的生产效率，而实际上并非如此，两者并不存在必然的联系；其次，将保健因素与激励因素区分开来对待也不太现实，他们之间相互联系，很难区分，而且可以相互转化；不同的行为主体都有各自的目标，企业管理既涉及可控因素，也包含激励因素，既需要约束也需要激励，双因素理论对约束因素考虑不足；最后，与需求层次理论一样，双因素激励理论没有把个人需求的满足同组织目标的达成联系起来。

3.4.4.3　期望理论

期望理论是北美著名心理学家和行为科学家维克托·弗鲁姆于1964年在著作《工作与激励》中提出的，该理论又称为效价—手段—期望理论。期望理论认为，激励效果是行动结果的价值评价（即效价）与行为主体的期望值的乘积。

效价指的是达到目标对于满足个人需求的价值。目标价值因个人需求及其所处环境不同而不同，即使是同一目标对不同的人来说，也有不同的效价。结果是希望得到的为正效价，不希望得到的为负效价，结果对于个人来说无所谓为零效价。效价越高，则激励效用就越大。效价受到多方面的影响，如个性特征、主观态度、价值取向等。

期望值是判断达到某种目标或是满足某种需求的可能性，是一种主观概率，反映了实现需求的信心强弱。管理者设计的目标过高，员工的期望概率就低，这会使员工没有信心完成任务，使其不努力工作。如果目标设置太低，很容易实现，员工也不需要努力，也不会努力工作，另外，太容易的工作目标也会影响员工的成就感，这就失去了目标的内在价值。因此，管理者在制定员工目标、生产定额时，需要考虑员工完成目标获得奖励的可能性，只有难度适中的目标才能真正激发员工的积极性。

效价与期望值具有负相关性，难度大的目标不仅对企业有重要意义，还能够满足个人的成就感等，具有高效价；难度小的目标不能为企业发展做出较大贡献，对个人来说，目标容易实现而缺乏调整下，导致总效价降低。因此，适当的目标设计，既要对企业目标实现、发展具有意义，又要给员工以成功的希望，真正起到激励员工的效果。

奖励是综合的，既包括物质上的奖励，如奖金、奖品，也包括精神上的奖励，如荣誉证书等。合理的奖励才能激发员工工作热情，否则就起不到积极性。奖励需要根据员工的需求有针对性地设计，甚至可以有选择性的奖励。

相比于需求层次理论、双因素理论，期望理论将企业目标设置与员工个人需求统一起来，是理论发展的一个重大进步。另外，期望理论还是一个量化分析理论，这使得管理者在实践应用中更具有操作性。不过，期望理论也存在缺陷。期望理论对主体行为意志缺乏考虑，诸如责权意识、义务意识、道德意识等，这些因素都对员工的工作积极主动性有重要影响。期望理论是目标明确下的激励理论，事实上，很多需求和目标是难以确定的，因此，其使用范围存在一定局限性。

3.4.4.4　公平理论

公平理论是美国心理学家斯塔西·亚当斯于1967年提出的。公平理论是研究人的动机与知觉关系的一种激励理论，该理论认为人的工作积极性不仅取决于个人的实际报酬，还与其感知的报酬分配公平有关。人们会自觉或是不自觉地将资产的付出和收获与其他人进行横向比较，并做出公平判断。这种公平感将影响员工的工作积极性。员工的积极性取决于其所感知的分配公正程度，也就是所说的公平感。这种公平比较，不仅包括自己与他人的比较，还包括自己现在与过去的某一个时期进行比较。与他人的比较主要从金钱、福利、受重视程度、表彰等报酬与受教育程度、资历、经验、工作时间、工作付出的精力等投入两个方面进行比较。公平感会使员工心情舒畅，工作努力，如果员工感知到遭受了不公平待遇，则会产生怨恨情绪，影响工作的积极性。

公平是一个相当复杂的概念。多种因素会导致不公平感知。公平是一种主观判断，常常出现对自己投入估计过高，对别人投入估计过低的现象。公平与人的公平标准有关，不同的个体都对公平有着不同的标准；公平与绩效的评定有关，按照绩效支付报酬，但是绩效度量本身就是一个非常复杂的问题，涉及工作的努力程度、付出的劳动量、工作成果的数量、质量、工作复杂性、工作困难程度、员工的工作能力、工作技能、资历、学历等；公平与评定人有关，不同的评定人会得出不同的评价结果，组织内评价有不同的人进行评价，会出现松紧不一、抱有成见、姑息迁就等现象。

公平理论给企业绩效管理带来了许多启示，如，影响激励效果的不仅在于员工报酬的绝对值，还在于同事间的报酬相对值；激励只有在公平时才能发挥作用，要尽量避免主观评价的误差，防止出现严重的不公平感；领导者的管理行为必须要公平公正；报酬分配要体现"多劳多得、质优多得、责重多得"。

3.5 绩效考评方法

绩效考评的方法根据指标的内容可以区分为特征法、行为法、结果法和综合法。目前，应该广泛的绩效考评方法包括关键绩效指标、平衡计分卡、特征法、目标管理法、关键事件法、行为锚定法、360 度绩效考评法、积分制、胜任力模型等，下面针对这些主要绩效考评方法进行简要介绍。

3.5.1 关键绩效指标

关键绩效指标（key performance indicator, KPI）考核是通过对（个人、中间单元、企业整体）绩效特征分析，提炼出最具有代表性的若干关键绩效评价指标体系，是企业绩效管理的基础。KPI 是一种目标式的衡量企业绩效实施效果的量化管理指标，其目的是建立一种管理机制，通过对企业战略目标的分解，使之成为一个能够对企业内部活动和过程进行量化管理的工具，以提高企业核心竞争力和盈利能力。

　　KPI 综合了财务指标和非财务指标，不仅体现对短期效益的关注，还考虑企业长期发展，指标传达了企业关注的结果，也传递了结果产生的过程。通过关键绩效指标，员工和管理人员对工作表现、工作期望、未来发展等方面进行沟通。因此，关键绩效指标是绩效沟通的基石，它是绩效管理中的重要环节，且必不可少。

　　关键绩效指标分为定性指标和定量指标。定性指标难以用数字进行量化，需要通过绩效考核人员根据自身的知识和经验对员工进行定性评价，如很好、好、一般、差等。定量指标是可以用数字量化的指标，指标数据可以在统计数据基础上，通过数学建模的方式进行计算，如财务指标、工作量定额、成本效率等。

　　关键绩效指标对能够量化的指标进行管理，可以做到有效管理。而且是 KPI 的关键并抓住了绩效的根本特征，做到了指标少而精，指标与战略流程、企业愿景相联系，部门和个人可以有效操作和控制。

　　KPI 的建立，首先对企业战略目标进行分析，找到业务重点、部门重点、个人重点、行为重点；然后找到关键业务的关键绩效指标。部门级 KPI 依据企业级 KPI 构建，个人 KPI 依据部门级 KPI 构建，进行层次分解，有效落实企业战马目标。KPI 法符合管理的"二八原理"，绩效考核要把主要精力放在关键结果和关键过程上，即抓住能够衡量绩效的关键指标。

　　KPI 法有四个主要特点。（1）KPI 是对公司战略目标的分解和发展，是对公司各部门、职位工作绩效要求的具体体现，服务于战略目标的实现；（2）KIP 具有可量性特征；（3）KPI 对关键结果和过程的衡量，不是所有绩效和过程的反映，指标是基于企业战略目标、竞争要素的增值性工作产出，指标数量少，有代表性；（4）KPI 确定的过程是由上级和员工共同完成的，体现了组织上下一致的意见，KPI 得到组织上下的认同。

　　KPI 不足之处：（1）KPI 指标界定比较困难；（2）KPI 过分依赖于绩效考核指标，对绩效的外因考虑不足会引发考核争端与异议；（3）KPI 是可量化指标，并不适用于所有岗位。

3.5.2　平衡计分卡

　　平衡计分卡法是由哈佛商学院著名教授罗伯特·卡普兰和著名咨询专家大卫·诺顿于 1992 提出的，是最常用的绩效考评方法之一。平衡计分卡是一套综合平衡财务指标和非财务指标的绩效考评体系。平衡计分卡是一种战略导向的绩效管理工具，其从财务、客户、内部运营、学习与成长四个角度将企业战略目标分解为可操作的指标和目标值。平衡记分卡方法改变了企业以往只关注企业财务指标的考核体系的缺陷，仅关注财务指标会使企业过分关注一些短期行为而牺牲一些长期利益，比如员工的培养和开发，客户关系的开拓和维护等。

平衡计分卡具有层次性，包括企业平衡计分卡、部门平衡计分卡和员工平衡计分卡。它们各成体系，并不存在严格的总分关系。尽管它们自成体系，但是它们都与企业的关键绩效相关联，关键绩效将企业平衡计分卡、部门平衡计分卡和员工平衡计分卡联系起来，它们的设计思路既有区别也有联系。

平衡计分卡的实施主要包括五个步骤：定义企业战略、就战略目标取得一致意见、选择和设计考评指标、制定考评实施计划、考评过程的监测和反馈。

相比于传统绩效考评方法，平衡计分卡具有多方面的优点。平衡计分卡是基于战略的绩效考评方法，有利于企业战略目标的实现；平衡计分卡既包括营业收入、利润等财务指标，也包括员工满意度、产品合格率等非财务指标，是一套综合平衡指标体系；平衡计分卡不仅平衡了财务指标和非财务指标，还平衡了结果性指标和动因性指标、短期目标指标和长期目标指标、内部指标和外部指标。平衡计分卡虽然有多种优点，并被广为应用，但是也存在一些缺点。实施平衡计分卡的难度大，平衡计分卡是基于企业战略的绩效管理，其实施需要有明确的企业战略。平衡计分卡需要将企业战略分解到部门、员工，并能找到恰当的绩效考核指标，因此，该方法的使用不仅难度大而且实施的工作量极大。平衡计分卡中的绩效考核指标是从上到下逐层分解的，员工参与少，员工被动接受考核目标，不利于调动员工的积极性和主动性。

3.5.3 特征法

特征法是通过评估与绩效实现有关的员工知识、技能和能力进行评估的方法。评估内容根据不同工作对员工特征要求有所差异，基本特征包括员工的基本能力、业务能力、工作态度等。这一方法可以细分为描述法、图解评估法、强制分布法等。其中，图解评估法和描述法较为常用。

3.5.4 目标管理法

目标管理法是对员工的工作绩效进行评价的方法，是一种有效的员工绩效评价方法。重视员工对组织的贡献时常采用此方法，该方法比较适用于专业人员、管理人员的考核。

目标管理法的实施基本步骤包括组织目标确定、讨论部门目标确定个人目标、员工绩效评价与信息反馈。成功利用目标管理法进行绩效管理需要满足三个基本要求：（1）目标管理法的指标应该是可量化指标，无法量化的指标难以考核，且指标应具有一定的挑战性，并能够达到；（2）员工要参与到目标的制定过程，能够让员工接受目标，获得满足感；（3）目标和行动计划必须是员工绩效评价的基础。

目标管理的优点：（1）目标管理法通过设定目标、对行为和过程进行监控和指导，可以有效提高工作绩效，是一种具有较高的绩效管理有效性的绩效考核工具；（2）目标管理的绩效标准是量化数据，绩效评价的依据客观，规避了主观偏见，因此，该方法较为公平；（3）目标管理为薪酬发放提供了依据，使员工关注目标，也有利于员工与管理人员的沟通。此外，目标管理法还具有实用性强、实施成本不高的优点。

目标管理也有缺点：（1）目标管理将员工的注意力转移到目标上来，虽然有利于目标的实现，但是对实现目标的行为过程并未考虑；（2）目标管理适用于短期目标管理，对于远期的长期目标管理不利，当远期目标和长期目标发生冲突时，员工可能会注重短期目标的实现而牺牲长期目标；（3）绩效标准因员工不同而存在差异，目标管理并未为不同员工绩效相互比较提供一个共同的基础；（4）目标管理给员工带来了绩效考核压力，并产生紧张情绪，不易被接受。

3.5.5　关键事件法

关键事件法是美国福莱·诺格和伯恩斯于 1954 年提出的一种客观评价方法，该方法通过对一线管理人员或是员工工作中特别好或是特别差的事件进行分析，对造成事件的工作行为进行认定以此做出绩效评价。

应用关键事件分析法的主要步骤包括：（1）识别岗位关键事件；（2）记录关键事件发生的前提条件、直接与间接原因、发生过程和背景、员工行为表现、后果、员工控制和把握关键事件的能力等；（3）对数据进行分析，归纳总结岗位主要特征、控制要求以及员工的表现等。采用关键事件法进行绩效考评，关键事件应具有代表性，关键事件的表述应清晰、准确，并且做到言简意赅。

关键事件法的优点是在认定员工良好和劣等表现方面十分有效，有利于制定不良绩效的改进计划。不过，对于关键事件分析、认定可能存在偏差；费时，需要花大量的时间搜集关键事件；此外，关键事件法对于员工比较、以及相关薪酬提升决策提供不了充分的信息，并不能单独作为考核工具，需要与其他方法配合使用。

3.5.6　行为锚定法

行为锚定法是根据特定工作行为进行等级确定，以此对员工绩效水平进行评估的方法。行为锚定法是量表法与关键事件法的一种结合，其对行为进行等级性量化。

行为锚定法考核的重点放在了工作表现出的职能性行为，而不是绩效结果，该方法认为特定职能性行为将产生对应的工作绩效。

行为锚定法常用工作维度来表达工作任务及职责。每种工作有几个维度，每个维度都有相应的评分表。绩效考评人员根据员工的工作表现去匹配最符合的量表项以确定评分。对员工所有的工作维度进行行为锚定后便得到一个完整的绩效评价。

应用行为锚定法的主要步骤包括：确定工作维度、对每个工作维度编写行为锚定、对锚定行为设置分值。这些步骤都要在管理人员和相关员工的参与下完成。

行为锚定法的优点：管理人员和工作承担者共同参与制定行为锚定评价量表，有利于该方法被广泛接受；能够为员工绩效提供具体的反馈。

行为锚定法的缺点：行为锚定法涉及大量的评分表设计，需要对不用的岗位制定不同的量表，开发难度较大，需要企业投入较多的人力、物力，费时费力，而且使用起来也比较复杂。

3.5.7　360度绩效评估法

360度绩效评估法是爱德华和埃文等于20世纪80年代提出的，又称为全方位考评，是依据信息来源划分的一种绩效考评方法。传统的绩效考核大多是上级主管对下级进行的单向评定，360度绩效考评涉及的考评人员不仅包括被考核人的上级主管，还包括同事、下属、客户、支持者以及本人。360度绩效考核从多个方面搜集考评信息，使得绩效评价评价客观，目前被广为应用。

相比于传统单向考察面临的诸如上司个人好恶影响对下属的客观评价、无法对难以业绩量化的职能部门进行有效评价等缺点，360度绩效评估法从多个层面来反映员工的工作，使得绩效评价更加客观、全面、可靠。360度绩效考核结果可以作为升职、加薪的参考。

360度考核从多个层面搜集到员工工作的反馈信息，包括被考核者的优点、缺点以及需要改进的地方。通过信息反馈和沟通，可以有效发挥绩效考核的导向作用，引导员工不断改进工作方式、提升工作绩效，这是与其他考核方法最大的区别。

360度考核为了保证评价结果的可靠性、减少考核人员的顾虑，采用匿名考核能够使考核人员更加客观的进行评价。针对不同的被考核人员，如中层领导、技术人员、操作工等，都需要使用不同的考核量表进行考核，考核具有针对性。

目前，随着互联网的发展，已经形成了基于互联网的360度绩效测评反馈。对于这种绩效测评方式，管理人员和员工可以根据账号和密码登录网站，根据网站上存在人员列表库、不同类型人员评价量表以及需要评价的被考核人员进行绩效评价，也能查看别人对自己的评价。基于互联网的360度绩效评价在网络环境下完成测评，不再需要书面操作，使得绩效评价更加简便和快捷；简明的绩效评价量表、高效的网络环境，可以减少考评人员的工作量，大大提高绩效评价的效率；绩效评价系统可以设置超出默认评分范围时为绩效评价人员提出友好的提醒，使其评分更加客观公正，提高绩效评价结果的准确性；此外，利用互联网、计算机软件可以有效节约绩效考核人员的工作时间，可以大大降低绩效考核成本。

3.5.8　积分制

积分制是一种绩效考核方式，通过将员工资历与日常工作表现纳入积分考核范围，根据通过奖分和扣分计分标准获得积分，以此作为员工绩效评价的依据。积分制绩效管理是利用积分对企业员工的能力和综合表现进行全方位量化考核，并将积分与福利、待遇等进行挂钩的管理方式[28]。

积分制绩效管理作为一种新的模式，是以企业绩效目标为导向，结合员工的个人期望，把积分和薪酬等奖励挂钩，通过奖分和扣分的计分方式强化员工的行为。积分制管理有许多优点，主要包括：（1）解决组织公平问题；（2）为管理者和员工提供及时信息；（3）激发员工的组织公民行为；（4）兼顾长期和短期的激励作用；（5）有效解决员工优胜劣汰问题；（6）组织目标和个人目标协调统一等。积分制也有缺点：（1）初期落地实施困难，成本增加，见效缓慢；（2）评分标准体系制定困难；（3）员工行为导向问题；（4）企业积分制管理的适用范围存在局限性[28]。

积分制已经在电力公司、铁路公司、高校等进行了较为广泛的应用。从目前的实践来看，积分制不能过细，否则适得其反；积分设置需要有充分的依据，否则会对中下层员工的劳动积极性产生消极影响；部分员工为了得到更好的劳动机会，会跟领导套关系，对老实人不利[29]。

3.5.9　胜任力模型

胜任力模型是完成企业或是组织中的某个职位的职责要求所需要的能力支持要素的集中表示。胜任力模型已经成为绩效管理的新思路和新方法。胜任力（competency）是与高绩效密切关联的一个概念，在中文中还有不同的翻译，如能力、胜利素质、素质、才能等。胜任力是指能将某一工作（或组织、文化）中表现优异者与表现平平者区分开来的个人的潜在的、深层次特征，它可以是动机、特质、自我形象、态度或价值观、某领域的知识、认知或行为技能，任何可以被可靠测量或计数的，并且能显著区分优秀绩效和普通绩效的个体特征。

美国劳工部提出了一般胜利力模型，具有一定的通用性。除此之外，还有学者针对行业、岗位提出相应的胜任力模型，如经理人胜利力模型。1989年，麦克利兰在对全球各类组织的200多项工作岗位的胜利素质进行研究后提炼出了21项适用于管理人员的通用胜任素质要素，这些胜任素质要素涵盖了知识与技能、自我概念、动机等日常生活和行为表现特征。在此基础上，出版了胜任力词典，包括了6个基本胜任要素族和21项胜任素质要素。

胜任力模型应用广泛，如招聘、培训、绩效等。胜任力模型在应用时存在一些问题，如选人、用人所依据的标准并不明确；从高绩效对员工素质的要求上分析问题，对于企业所需要的核心能力却并不清楚；将优秀的专业人员提拔到并不适合的管理岗位，造成人力资源的浪费。

4 混合所有制企业绩效管理相关研究

对于企业绩效管理研究来说，主要围绕企业级、部门级、员工级三层次的绩效管理分别展开，包括三个层次的绩效评价指标体系和评价方法。专门针对混合所有制企业的绩效管理研究相对较少，主要从绩效管理问题、人力资源管理、绩效评价体系等方面展开。

4.1 企业级绩效评价指标体系研究

随着经济全球化和信息时代的到来，越来越多的企业重视绩效管理，期望通过绩效管理以适应自身转型和发展，来提升企业核心竞争力。企业绩效评价指标体系的设计，应遵循系统性、典型性、简明性、科学性、可行性、可量化以及综合性等原则，能够成为衡量企业绩效水平的重要依据和实践基础。结合企业现实问题制定的绩效指标评价体系，能够有效地指导企业战略目标的方向确认和过程落实，发挥绩效评价的真正功能，是企业绩效管理的重要前提和保障。目前，国内企业界和学术界对于绩效评价体系展开积极的探索和应用，在不同行业、不同企业时期，提出了不同的理论和构建方法和理论。大体来说，企业级绩效评价指标体系的构建方法主要可划分三大类，即依据国外先进绩效考评方法、利用数学和统计等分析方法以及引入新理论视角的模型拓展。

4.1.1 国外先进绩效考评方法的引入与应用

随着对绩效管理的重视，国内学者和企业开始将国外先进的绩效考评方法引入到我国展开实践。各类企业在吸收和沿袭国外方法框架的基础上，结合自身企业特征，努力尝试将国外成熟方法进行本土化。众多学者针对不同类型的企业构建了适用的绩效评价指标体系。

绩效评价体系的发展类似绩效管理理论的演变，起初的企业大多重视财务绩效的提升，绩效考评是一种基于财务的绩效评价体系。之后提出经济增加值法（EVA），为衡量企业价值提供了一种新的财务绩效评价指标，并备受追捧。蔡艳萍等人[30]以中小型企业转型和发展的价值创造为绩效管理目的，采用经济增加值的方法从价值创造能力、经营运作能力和潜在发展能力三个维度构建了中小型企业的绩效评价体系。随后，非财务绩效指标纳入绩效评价指标体系，其中关键绩效指标法（KPI）利用二八原则将企业的战略转化为内部经营活动的关键指标，从而使战略目标与绩效活动保持一致，并且不局限于原有的财务指标，可以做到财务与非财务指标的结合。许金叶等人[31]以 F 公司在中国经济转型大背景下的绩效管理实践经历，详细地表达和分析了利用关键绩效指标法分解和设计企业级绩效评价指标体系的过程，并形成 F 公司 KPI 体系。

平衡计分卡（BSC）作为基于企业战略的绩效评价工具，突破了传统绩效评价方法以财务为唯一绩效衡量指标。由于该方法独特的优势满足了企业在当代经济环境中的绩效管理需求，自提出以来就被广为认可和实践。王竹[32]基于平衡记分卡，从财务、客户与市场、内部运营和学习与成长四个维度构建了房地产企业的绩效评价指标体系。孙艳兵[33]以新时代的高新技术企业为研究对象，重点分析了传统绩效评价指标体系在该领域企业的局限性，基于平衡记分卡构建了高新技术企业绩效评价体系。刘建岭[34]以我国文化产业领域中重要的出版企业为研究对象，利用平衡计分卡方法构建了出版企业绩效评价指标体系。

以绩效棱柱模型为代表的考虑所有利益相关者的绩效评价方法的提出，解决了传统方法忽视股东、客户和员工以外利益相关者的问题。李升泽[35]以成长型企业为研究对象，从利益相关者和绩效棱柱模型两个视角出发，构建了包含绩效五棱维度、利益相关方、各绩效指标三层次的多相关方成长型绩效棱柱评价指标体系。企业身处低碳经济热潮，杨依如[36]利用重点关注利益相关者需求的绩效棱柱模型来探索物流企业绩效衡量问题，构建了包含财务、业务流程、利益相关者、创新和成长、环境以及社会责任六个维度的物流企业绩效评价模型。

针对各种绩效考评方法指标选取的局限性问题，众多研究者们逐步尝试将两种或多种方法进行整合，提出了 BSC+KPI 的绩效指标体系构建方法、EVA+BSC 绩效指标体系构建方法、EVA+绩效棱柱+挣值法绩效指标体系构建方法等。如面对绩效评价体系在经济、社会等环境影响下日益凸显的缺陷问题，刘国斌等人[37]以平衡计分卡为"面"和关键绩效指标法为"点"，这两种绩效评价方法优势的结合、互补和完善，从财务、内部流程、客户和学习与创新四个维度构建了适用于高校的预算绩效评价指标体系。修海涛[38]深入探讨和剖析了单一 EVA 法和 BSC 法的优缺点，以及有效结合使用的可行性和必要性，其以 EVA 法的核心财务指标为导向，以 BSC 法为战略框架载体构建了 G 盐业集团现绩效评价指标体系。该体系既能反映企业战略目标的实现过程，又能弥补 EVA 法的指标维度缺失、BSC 法的标准不明确以及过程复杂等弊端。

4.1.2　数学和统计方法相结合的指标筛选

为了更好地筛选、甄别绩效评价指标，有些学者利用数学和统计分析等方法来约简指标的数量，减少指标之间的信息冗余和重复，从而使企业绩效评价指标体系更加简明和合理。常见的方法有多轮德尔菲法、主成分分析、粗糙集理论、扎根理论等。

多轮德尔菲法是在常规德尔菲法的基础上，利用线性回归方程等相关性分析手段，计算专家权威系数，使筛选出的绩效指标更加科学、有效。彭蓉等人[39]按照"结构—过程—结果"的绩效维度，利用德尔菲法经过两轮专家咨询、统计分析和指标筛选，构建了三层乡镇卫生院精神卫生服务绩效评价指标体系。主成分分析法是对有限的、高关联的多绩效指标进行简化，其实质是降低多绩效指标的维度和关联性，最大限度地保存数据信息。扎根理论是对数据通过自上而下的持续比较、提炼的定性归纳方法。利用扎根理论对绩效指标的相关性、重要性进行统计分析，形成了"建立指标全集—关键指标三重筛选—体系构建"的绩效指标体系构建方法。梁永康等人[40]针对制造企业服务化转型中的绩效评价问题，基于扎根理论的定性分析与数理统计的定量分析相结合的方式，按照"建立指标全集—关键指标三重筛选—体系构建"的思路，从产品、顾客、财务、市场四个绩效维度构建了制造企业服务化绩效的评价指标体系。

4.1.3　新理论视角的模型拓展

面对不同行业市场竞争环境的日益变化，以及大数据时代、国家供给侧改革政策等多重影响下，仅仅依靠引入的国外绩效考评方法并不能满足企业在复杂环境中转型和发展过程中对绩效管理的要求。众多学者纷纷引入新的理论，从新的视角发展现有的绩效指标模型以适应企业时代发展的需要。

其中拓展最多的是平衡计分卡，原有的四维绩效评价拓展到五维，甚至更多维度。针对企业如何在循环经济、生态文明建设政策环境下提升企业整体绩效水平问题，秦捷等人[41]以传统 BSC 为理论分析框架，融合了价值增值、平衡性分析和价值生成，创新性地提出了循环经济能力（包含最终有效转化率、最终有效转化深度、AVL 有效转化深度）和 EVA 占比等指标，构建了一套具有生态文明指标的企业绩效评价指标体系，并实证了其有效性。颜冠鹏等人[42]系统分析了国有企业绩效体系的发展以及供给侧改革、混合所有制改革的内涵和理念，从产权效益、财务效益、管理效益和社会效益四个维度提出了一套切实可行的国有混合制企业综合绩效评价指标体系，并与《中央企业综合评价实施细则》等文件相比较，证实了该体系的合理性。针对国有煤炭企业绩效评价体系与企业战略相脱节等问题，晁坤等人[43]基于企业和谐发展视角将国有煤炭企业的行业特色融入 BSC 框架中，新增了和谐发展指标，构建了国有煤炭企业绩效评价指标体系。刘伯恩[44]研究我国矿业企业的社会责任（CSR）绩效问题，基于企业社会责任理论、矿产资源可持续发展实践模型，构建了包括安全生产责任、市场效益责任、资源效率责任、环境保护责任、社区发展责任、员工权益责任六个维度的矿业企业社会责任绩效评价指标体系。汪榜江等人[45]整合了传统 BSC 和企业社会责任（CSR），提出了包括财务、客户、内部流程、学习与成长、企业社会责任五个维度的制造企业评价指标体系，在一定程度上解决了社会贡献等企业责任方面的指标缺失，以及企业可持续和创新能力衡量方面的不足等问题。

基于 BSC 的指标体系构建方法，只重视股东、顾客和员工三个关键利益相关者，绩效棱柱模型在理论层面考虑了所有利益相关者，但是在实际操作中因为指标过多、精度不够等局限性，极大地限制了应用。有些研究者从实际应用方面进行了深入研究。针对传统的以股东价值最大化为导向的评级体系存在财富反映可能失真、仅关注股东单方利益、不利于企业可持续发展等局限性，张琦等人[46]基于利益相关者理论构建了企业绩效评价指标体系。张茹清[47]针对现有石油石化企业普适性绩效评价体系仅侧重经济效益问题，提出了基于利益相关者协同理论构建石油石化企业绩效评价指标体系的新思路。其根据政府部门、投资人、债权人、企业管理层、公众五个不同的利益相关者主体，分别从战略地位、经济指标、技术指标、社会效益、生态效益、未来前景六个维度构建企业级不同主体视角的绩效评级指标体系，从而兼顾了不同利益主体经济效益和非经济效益诉求。

大多数企业已经将可持续发展理念纳入企业战略，相应的研究者们也开始将可持续发展相关指标纳入绩效管理。刘振华等人[48]基于可持续发展理论的经济效益、社会效益和环境效益三大维度视角，分别按照"指标频率统计—专家调查—指标筛选"的流程选取各维度的子属性指标，进而构建了重污染企业绩效评价指标体系。王爱国等人[49]基于企业绿色发展的理念，从经济、社会和环境三个绩效维度构建了企业绿色发展的绩效评价指标体系。

针对现有绩效评价体系不具备行业普适性或无法反映该行业企业特点的问题，研究者们开始研究特定行业的企业绩效评价指标体系。针对常规绩效评价体系无法反映矿产资源型企业对资源利用和环境保护情况，高丹秋等人[50]从财务和非财务两个绩效指标方向出发，构建了包括盈利能力、资产管理能力、偿债能力、发展能力、现金流量分析、社会贡献能力，环境资源利用能力、污染控制状况和科技创新发展能力九个一级指标的三层矿产资源型企业绩效评价指标体系。

除此以外，还有学者在绩效评价中加入企业创新投入与产出驱动等指标，欧阳峰等人[51]分析了技术创新、环境创新和外部创新环境与企业绩效的关系，并以此构建出了三个维度的新兴产业上市企业的绩效评价指标体系。基于 PSR 概念模型视角，董昕[52]从"压力—状态—响应"（PSR）概念模型的三个维度出发，针对水环境绩效审计的效果构建了评价指标体系。不仅逻辑清晰，强调效果，而且概念模型中融入自然和社会两门科学的内容范畴，使得客观反映环境规律，具备避免指标交叉和可塑性强等优势。

4.2　企业中间层级绩效评价指标体系研究

企业各中间层级负责承担和维护各类经营活动的正常运作。中间层级的绩效管理作为企业绩效管理的中间层次，具有承上启下的重要作用。首先，中间层级绩效目标与企业战略目标紧密相连，绩效目标以企业战略目标为核心，根据部门的业务功能来逐步分解和分配确定的，中间层级绩效目标的成功实现是保证企业整体战略发展的基础。其次，中间层级绩效目标又与员工绩效目标紧密相连，员工绩效目标是在中间层级绩效目标的基础上分解确定的，是落实企业绩效的关键。中间层级绩效评价研究分为部门整体绩效评价指标体系和团队绩效评价指标体系。

4.2.1　部门整体绩效评价指标体系

目前，企业已经普遍实施部门绩效考核。但是，由于部门工作内容、工作特点、领导主观认识等影响，造成部门（如管理职能部门、生产经营部门等）的绩效指标选取、指标量化难易程度不同。此外，部门工作效果有些是直观表现，有些则具有间接、模糊、延后表现等特性。因此，部门级绩效评价体系的构建是一个十分困难的事情，需要针对企业实践特点、部门业务性质，利用各种绩效管理工具，提炼和制定不同部门的绩效评价指标体系。

在吸收和借鉴西方绩效评价方法 EVA、KPI、BSC 等框架基础上，国内学者根据本土企业特点构建了不同部门的绩效评价指标体系。沈小庆[53]利用经济增加值（EVA）的方法，结合工程设计企业生产部门的特点，构建了基于 EVA 的绩效评价体系，来直观反映生产部门对企业利润的贡献程度。郑德枢[54]强调部门 KPI 制定应体现部门职责，在企业目标分解的基础上，将传统的 6S 管理、质量管理等内容纳入企业部门的 KPI 指标。张颖[55]以 ZJ 公司储运部门为研究对象，基于平衡计分卡，从工作业绩、顾客服务、内部管理以及学习创新四个维度出发，以目标责任书的形式构建了部门绩效评价指标体系。林琳[56]针对国有企业职能部门绩效体系存在的问题，借鉴平衡计分卡的思想，从战略、客户、内部流程和学习与成长四个绩效维度构建了国有企业职能部门绩效评价指标体系。崔健等人[57]深入研究了 ZX 公司现行的部门绩效方案，借鉴平衡计分卡的思想，从财务、客户、业务流程和学习与成长四个绩效维度出发，对民营科技企业的生产、销售、服务和研发部门的绩效考核指标体系进行优化，构建了相应的部门绩效评价指标体系。

针对绩效考评方法的局限性，学者将两种或多种绩效考评方法组合应用，弥补缺点，实现优势互补，提出了诸如 KPI+BSC、KPI+BSC+因果图等部门绩效评价体系设计方法。徐晴等人[58]从企业战略出发，利用关键绩效指标法（KPI）分解和提取出保障企业正常经营运作的各职能部门的关键绩效指标，同时借鉴平衡计分卡（BSC）的思想，从财务、客户、业务流程、学习与成长四个维度构建了企业职能部门级的绩效评级指标体系。衡文睿[59]以安坤达大型物流运输企业为研究对象，通过关键性因素分析、因果图分析、部门重点 KPI 确定、BSC 维度与部门时间–质量–成本联系建立、SMART 原则等多个过程设计、筛选和优化构建了部门级绩效评价指标体系。

随着统计学和信息挖掘手段的发展，因子分析等方法被应用到部门绩效指标体系构建。在因子分析方面，孙田江等人[60]以高新技术医药企业的研发部门为研究对象，基于多家优秀企业的绩效经验和历史数据，利用多元统计分析中的因子分析法对若干重要指标进行计算、处理和分析，构建了以时间因子、质量因子和经济因子为三大关键维度的高新技术医药企业研发部门的绩效评价指标体系。

还有一些研究者着眼于企业部门的特色，引入新的理论视角构建部门绩效评价指标体系。在部门特色方面，王晋霞[61]考虑到煤炭企业机关职能部门业务差异大、投入与产出关系不明确以及绩效指标难以量化等问题，基于企业战略和部门价值，从主要业务、通用要求与精神文明、处室评议等多角度和多主体参与的方式设计和构建了具有长效、否决性的部门绩效评价考核内容。在新理论引入方面，李鑫等人[62]引入"卓越绩效模式"的流程管理思想，以 WH 国有企业为研究对象，从数量、时间、质量、成本和风险五个方面构建了基于工作流程的职能部门绩效评价指标体系。基于利益相关者理论思想，郑二维等人[63]以公立医院临床科室为研究对象，从政府、医院管理层、科室员工、医保管理机构和患者等决定型利益相关者方向出发研究其诉求，构建了新型临床科室绩效评价指标体系。

4.2.2 团队绩效评价指标体系

在全球经济一体化的激烈市场竞争环境、信息技术的迅速发展和普及等多种因素的影响下，组织团队观念越来越受到提倡和深入人心，成为企业转型和发展的重要文化内容。众多企业以团队的形式参与到激烈的市场竞争中，并且取得显著的成效和发挥重要的作用，甚至在一定程度上团队成为组织运作的基本模式。因此，很多研究者缩小绩效中间层级的范围，重点研究部门内部团队如何影响企业绩效，构建、评价和提升团队绩效，为企业提供强有力的活力。毫无疑问的是，团队绩效目标的确定也是要基于企业战略。

从目前的研究来看，借鉴 KPI、BSC 等较为成熟的绩效理论框架进行本土化研究的成果丰富。张升飞等人[64]以制造企业 K 公司团队绩效为研究对象，以 BSC 的 4 个绩效维度为基础，通过文献梳理、公司愿景、使命等文件梳理、指标重要性问卷调查构建了内部团队绩效评价指标体系。

学者们对不同职能团队进行研究，构建相应的团队绩效评价指标体系，如销售团队、运营团队、研发团队、创新团队等。在运营团队绩效方面，何辉等人[65]在深入分析国有供热公司岗位一体化团队理念构成的基础上，利用 KPI 法提炼和选择关键成功指标，从雷区指标、生产经营指标两个方面构建了供热运营团队的绩效评价指标体系。在重视知识、信息、创新等新经济时代背景下，企业家和研究者对研发团队和创新团队尤为关注和重视，将它们看作是获取核心竞争力和创造更大企业价值的关键。在创新团队绩效研究方面，胡泽民等人[66]在借鉴多位不同侧重点的研究者成果和系统工程理论的基础上，从整体的角度构建了包含团队业绩、团队能力以及团队协作三个绩效维度的科技创新团队绩效评价指标体系。涂振洲等人[67]从系统动力学视角来研究了企业研发团队绩效衡量问题，从人员绩效、产品绩效以及团队综合研发实力三个维度构建研发团队绩效评价指标体系。

4.3　员工绩效影响因素及评价指标体系研究

4.3.1　员工绩效影响因素

根据企业绩效的内涵，员工绩效与团队或部门绩效、组织绩效之间关系紧密，层层传递，缺一不可。从企业发展的角度来看，员工绩效主要表现为日常经营工作中产品或服务的数量、质量以及效率等，是组织目标经过层层分解后对员工日常工作的要求。员工是组织绩效实现的基础，尽管员工绩效的实现不能保证组织绩效一定能够有效，但是员工绩效很大程度上影响到组织绩效实现，影响了企业未来经营发展、改进的方向，其重要性不言而喻。因此，关于如何有效提高企业员工绩效的研究一直备受学者或企业实践者的关注。

研究表明，许多的员工绩效管理研究者将研究重点放在员工绩效影响因素，努力寻找和探究不同因素对绩效的作用关系，试图通过理解这些作用机理来干预、控制相关因素，从而改善员工的行为、态度和能力等，以提高企业员工绩效。从现有研究来看，主要从个人层面、组织层面以及双重综合层面三个角度研究员工绩效的关键影响因素。

4.3.1.1　个体层面影响因素

员工绩效个人层面影响因素研究大多集中于员工工作行为、工作态度、工作能力及其相关拓展因素。

工作能力对员工绩效具有关键作用，这是毋庸置疑的。由于分析角度不同，工作能力所表现的类型呈现出差异。从特点来看，能力分为与身体素质和健康程度相关的体能、与理解分析事物相关的智能以及与掌握实际专业技术相关的技能。从企业需求角度来看，能力分为专业技术能力、创造能力以及人际关系能力等多个方面。不难想象，一名员工的优秀绩效表现背后是工作能力的支持，从研究来看，工作能力包括知识、经历、经验等基本能力，营销能力、人际交往能力、专业胜任能力等业务能力，以及体能、智力等素质能力。赵曙明[68]基于人力资本、社会资本和心理资本整合的视角，构建了人力资源与绩效的关系模型，发现员工素质、协作性、积极性对绩效的高度正向关系。郭名等人[69]利用层次回归分析法研究了高速铁路司机的胜任素质、工作经验与岗位安全绩效之间的关系，研究显示胜任素质与岗位安全绩效并不存在显著关系，只有专业胜任素质才对岗位安全绩效有正向作用，工作经验起调节作用。朋震[70]基于胜任力理论研究了客户服务人员，研究实证胜任力中的任务完成能力与人际关系能力对客户服务绩效具有显著的正向作用。张丽和王艳平[71]利用层次回归模型，证实员工创造力对创新绩效具有重要的推动作用，创新氛围起调节作用。

工作态度是员工内在心理的个性表现，受员工的兴趣、性格、人格等因素影响，主要表现为责任心、敬业度、个人价值观、服从意识等。工作能力一定的情况下，员工的工作态度能够决定工作绩效水平。马海燕等人[72]基于心理学理论和核心能力理论分析了员工特质、营销能力与绩效的关系，并证实了营销人员性格对绩效具有显著影响，工作经验与绩效呈现正相关性。宋靖等人[73]利用210份匹配数据探讨并实证了主动性人格对员工绩效具有显著正相关关系，组织社会化起到中介作用，组织认同起到调节作用。

在工作态度的内容研究方面，刘金波等人[74]从组织支持感入手，研究了其与绩效考核公平感、员工敬业度三者之间的关系，研究发现绩效考核公平感对员工敬业度具有显著的影响作用。马述杰[75]从员工敬业精神的角度入手，建立了涉及认知、情感、行为三个层面的敬业模型来解释员工高敬业度对个人工作绩效的逐级正向提升作用。黄泽群等人[76]基于人—工作匹配理论设计问卷，调查研究了员工资质过高感对员工带来消极影响的作用机制，实证结论发现资质过高感影响敬业度，进而对员工绩效产生负向影响。周小曼等人[77]基于师徒的视角研究了酒店员工配对心理资本、敬业程度这两个因素对新员工绩效的影响。通过纵断调研法研究显示两因素对酒店员工绩效起到显著的正向作用，并且对师徒双方绩效的影响程度不一。戚玉觉等人[78]研究了高绩效工作系统与员工绩效之间的关系，实证研究显示前者对员工工作任务和情境绩效均有显著的积极作用，价值观一致起中介效用。

员工工作行为是工作能力与工作态度共同作用的外在表现。根据马斯洛的需求层次理论、赫兹伯格的双因素理论以及弗鲁姆的期望理论，员工的行为背后有其内在动机，如个人成就感、目标导向、前瞻性自我实现、工资强度等。李伟等人[79]将心理学理论和行为学理论引入到员工绩效管理，探索内在动机、工作投入对员工绩效的影响，实证研究显示员工内在动机与员工绩效具有明显的正相关。张兰霞等人[80]基于特质激活理论和成就动机理论，利用跨层次分析法研究了目标导向对员工绩效的影响机理，实证研究表明员工建言行为起到中介传导作用，并且不同的目标导向对员工绩效产生了不同的影响，精熟目标导向与表现趋近目标导向呈现正向关系，而与表现回避目标导向却呈现负向关系。彭小玲等人[81]通过加入非任务绩效变量完善了员工绩效结构，基于社会交换理论研究了员工绩效工资强度对绩效结构的影响关系，实证显示员工绩效工资强度与任务绩效有正向关系，与非任务绩效呈现负向关系。

4.3.1.2 组织层面影响因素

根据组织层面的大小，组织可分为团队、部门、事业部和总公司等。无论哪一种组织，其影响员工绩效的组织层面因素可以分为组织内部因素和组织外部因素。

组织的外部因素主要指组织所处的外部市场、竞争对手、政府政策等社会环境方面。比如市场中产品或服务的地位、对手的员工福利政策、政府的支持程度、当地交通条件、当地医疗卫生情况、市场供需程度等，都会影响员工的认识、感知和判断。如果员工的企业受到政府支持、市场订单不断、福利高于对手，相信很多员工都会自然而然的有一种自豪感和幸福感，员工更希望扎根在企业中，并通过安心工作来实现自我价值，员工就会更加积极的工作、提高工作效率或质量。与之相反，如果企业的外部环境很差，那么员工可能出现工作散漫、应付等不良行为，造成员工绩效低下，企业盈利会更加不好。

组织的内部因素可分为硬环境和软环境。硬环境指的是员工工作地选择、设备设施、工作场所布局等。硬环境同样会影响员工的态度和行为，一个人性化和舒适的工作环境会一定程度上调节员工工作的效率，好的设备设施也会加快工作进度。软环境指的是企业在日常经营中所表现的经营理念、薪酬奖励、晋升培训、组织激励、组织氛围、公平观念以及企业社会责任等。组织层面的外部因素、硬环境对员工绩效的影响研究已较为成熟，并得到普遍的认可。目前大量的研究大多围绕企业内部的软环境因素对员工绩效作用关系，主要包括关系、公平、薪酬、组织氛围、企业社会责任、各种组间主动行为等。

A 关系因素

关系主要指组织内的上下级关系、同级关系，大量的研究围绕关系强度、关系实践等展开。王淑红等人[82]基于中国传承的"关系"文化的独特视角，研究了内部关系实践、设计标准的可衡量性、考核公平性与员工绩效改进动机的相互作用关系，实证研究表明员工绩效改进动机与关系实践呈负相关性，与设计标准的可衡量性呈正相关性。王小予等人[83]基于文献研究法研究了员工绩效与企业内人际伤害行为的相互作用机制，指出人与人的情绪关系对员工绩效有显著影响。付博等人[84]研究了中国企业管理情境下的上下级关系实践对员工工作绩效的影响机制，基于12家企业信息构建了多层次数据模型，研究发现上下级关系实践是把"双刃剑"，即单层在工作满意度的中介作用下对员工绩效呈现正向关系，多层在程序公平感的中介作用下对员工绩效呈现负向关系。

B 公平因素

公平是指员工对组织内与个人利益相关的制度政策等实施所感知的公平程度，包括组织制度等的客观公平和组织内成员公平的主观感受。公平常划分为分配公平、程序公平和互动公平三个类型。邓益民等人[85]以商业银行为研究对象，实证研究发现组织公平对员工结构内的绩效均具有显著的积极影响，分配、程序、互动三维度的公平对绩效的积极影响效果相差不大。马君等人[86]基于认知理论实证分析了差额格局情境下的绩效评估公平感知对员工工作绩效的影响机理，通过线性阶层模型对收集的中国企业员工数据从组织和个体两个层面进行跨层次交互验证，发现中国化绩效实践存在公平悖论，只有在低差序氛围下的绩效公平感知才对员工绩效产生显著正向影响。何会涛等人[87]以绩效考核目的导向为切入点，研究了绩效考核对知识型员工创造性的影响。他们将绩效考核导向划分成管理型绩效考核导向和发展型绩效考核导向，实证研究发现管理型绩效考核导向对知识型员工创造性产生负向影响，发展型绩效考核导向对知识型员工创造性产生正向影响，考核公平感起调节作用。朱仁崎等人[88]实证研究了组织公平的四个维度对员工绩效的影响机理，研究表明组织分配、程序、领导和信息四个维度的公平与任务、情境两个方面的绩效有显著相关性，但并不完全相同，组织支持感在不同公平维度的中介程度也不同。张永军[89]研究了绩效考评公平感对员工的工作态度和行为的影响机理，实证研究显示考评公平感对反生产行为具有显著的负向作用。高俊山等人[90]运用结构方程模型实证研究了绩效考核公平感对员工组织认同感有显著影响。余璇等人[91]从公平标准的角度分析了认知差异对员工工作绩效的影响关系。实证研究显示如果工作要求、个体贡献、岗位条件、个体特征这四类公平标准出现认知差异，会导致员工绩效呈现明显的负向变化。刘涛和杨慧瀛[92]基于问卷数据建立了一个具有调节效用的模型来研究组织公平、劳动关系氛围、员工倦怠感对员工绩效影响关系，研究显示前两者通过第三者显著负向影响员工工作绩效，而模型的调节效用则是通过劳动关系氛围强化前者来消除第三者的方式提升员工工作绩效。高俊山等人[93]运用结构方程模型，建立了以考核公平感为中间变量的多层次绩效关系路径模型，验证了发展性考核所具备的正向影响。

C 薪酬因素

绩效薪酬是企业设立的旨在激励和鼓励员工提高工作业绩和效率的奖励性报酬。员工通过自我控制来改变所能获得的总体薪酬，薪酬差距影响员工对自己潜力的挖掘。企业通过绩效薪酬激励员工达到、超越工作目标，从而实现对员工绩效管理的目的。针对薪酬对员工绩效的影响，学者们做了大量的实证研究。吴婷等人[94]对企业奖励和员工创新绩效之间的关系进行了元分析，研究发现二者整体上呈现显著的正向关系，绩效考核方式和文化差异起调节作用。杨涛等人[95]从经济学、认知心理学、行为心理学、认知精神科学多个角度剖析和解读了绩效薪酬与员工创造力的影响关系，为整合和发展企业员工激励理论提供参考。陈胜军等人[96]从企业文化的视角研究了团队内部薪酬差距对员工工作绩效的影响机制。实证数据显示个人薪酬低于团队平均水平时，差距与员工绩效呈反向关系，高于团队平均水平时，差距与员工绩效呈正向关系。张山虎等人[97]基于总体报酬理论和人力资本理论分析了全国 26 个省市的上千份数据，研究数据显示员工总体报酬对创新绩效呈现显著正向关系，薪酬与员工绩效的关系呈现 U 型，人力资本起中介作用。王红芳等人[98]基于社会交换理论研究了 150 家企业的数据，深入挖掘了员工总体报酬对员工各维度绩效的影响作用，研究数据表明员工的总体报酬感知有助于员工积极投入工作，对员工绩效包括任务绩效、创新绩效在内的多维绩效呈现显著的正相关性，其中工作特征匹配具有正向调节作用。

D　组织氛围因素

组织氛围是企业成员对企业内部环境的主观感知或理解，风气、士气都是氛围的表现，组织氛围是可以被操纵的。组织氛围也是影响员工绩效的重要因素。研究者们从不同的角度研究了组织氛围对员工绩效的影响，诸如和谐氛围、目标调节定向氛围、组织支持氛围等。胡新平等人[99]选取重庆、广西、广东和上海四地若干企业员工，基于管理学的原理分析了具有本土化特色的中庸思维、组织和谐对企业员工绩效的影响关系，实证数据显示二者都对员工绩效产生显著的正向影响。王晨曦等人[100]研究了不同目标设计下的调节定向对企业员工绩效的定性影响。通过对来自中国企业的 120 份数据实证，发现促进调节定向和预防调节定向这两种类型对员工绩效均具有显著的正相关。詹小慧和李群[101]基于社会交换理论和情境力量理论，利用 400 多份配对样本数据构建了多层次中介模型，验证了组织支持感对员工创新绩效的定性影响关系，研究表明组织支持感通过员工建言行为的中介作用和领导者政治技能的跨层次调节效应，最终对员工创新绩效呈现正向影响。李敏等人[102]考虑到我国所有制企业类型差异导致的工会差异性现状，在角色理论、认知理论以及交换理论的综合指导下，基于来自多家企业的709 份配对数据建立以不同所有制企业为调节效应的中介模型，研究表明组织承诺通过中介作用影响员工绩效，其中公有制企业的中介作用最强。

E　企业社会责任因素

企业社会责任强调生产服务过程中除了创造利润，还要对股东、员工、环境、消费者等多方承担相应的责任。企业在承担社会责任时会赢得社会声誉，得到员工的认可,也能更好地使员工认识到所在企业的文化价值。张倩等人[103]基于组织认同理论研究了组织承诺、离职意愿、感知的社会责任与员工绩效的关系。颜爱民等人[104]利用多层线性模型实证研究发现企业社会责任对员工行为产生积极影响,外部荣誉、组织支持感起中介作用。针对学者关于社会责任与员工绩效之间关系结论的不一致性问题,刘俊等人[105]整理了35篇实证文献并进行元分析,结果显示企业社会责任的履行对员工绩效,总体或是下属的任务、关系绩效等绩效结构层次上,都只具有中度的正向关系。

　　F　组间主动行为因素

　　主动行为是指企业内部成员在达成目标过程中所表现出的一种自发的或自觉的行为,具有自发性、前瞻性和变革性特征。研究者们大多基于特征探究组织间各种主动行为对员工绩效的作用,例如建言行为、领导行为等。张若勇等人[106]实证研究了职场中常见的同事建言行为对员工工作绩效的影响机制,实证数据显示同事建言对员工绩效呈现正向作用,能够促进员工积极完成工作任务,同时还发现员工的个人主义和任务时间压力能够削弱同事建言对绩效的促进作用。苏晓艳等人[107]综合利用多项式回归法以及二次响应面技术研究管理者和下属员工两层面的进言动机归因一致性对员工绩效的影响关系,基于259份企业问卷数据分析发现两个层面的进言利他动机水平保持一致时对员工绩效呈正向关系。郭云等人[108]基于内在动机和社会交换理论研究了上级发展性反馈对员工绩效的影响机理,运用层次回归分析实证发现前者对后者的影响呈现积极的正向作用,工作满意度和学习目标导向分别起到中介作用和调节作用。

4.3.1.3　个体与组织综合影响因素

　　企业生存和发展中,需要将适合的员工安排到合适的职位中,与组织达成某种契合。从匹配的角度来看,员工要想更好地胜任岗位,需要有与之相匹配的能力才能最大限度地发挥员工能力,保证绩效。很多学者从人—组织与人—职位角度探讨其对员工绩效的影响。陈卫旗[109]针对以往部分实证研究对人—组织匹配与员工绩效关系解释不佳的问题,提出了一种非线性模型来表达和分析二者之间的关系,实证显示员工任务特征在二者影响关系中起调节作用,任务非常规性能够强化负关联,任务依存性能够弱化负关联。张宗贺等人[110]以公共部门工作人员为研究对象,利用多元回归分析方法研究了职位匹配与员工绩效之间影响关系,实证分析发现人—职位匹配对员工绩效能够产生显著的积极作用,并且组织支持感起调节作用。柳文轩等人[111]构建了员工组织认同的团队生产模型,研究发现组织员工认同度对员工绩效呈现同方向的增减。刘宗华等人[112]利用多元回归的方法证实了员工—企业认同与员工绩效之间存在显著的正向相关性。

　　除了以上三个方面的研究,研究者对人力资源管理实践进行归纳总结,发现了提高员工和组织绩效的最佳实践组合，即高绩效工作系统。高绩效工作系统不是某一项人力资源管理职能或活动程序，而是人力资源管理各种实践活动的集成化体系。作为一种战略性人力资源管理实践，高绩效工作系统能够提高人力资源对企业的经济性产出价值。因此，研究者们积极研究如何建立员工的高绩效工作系统。王虹[113]综合运用结构方程模型中的探索性因素分析法和验证性因素分析法这两种手段，对文献、访谈、问卷等基础数据进行分析，找到了包括沟通风险在内的员工高绩效工作系统的 8 个结构维度，同时还验证出高绩效工作系统对企业内部员工具有更明显的正向预测作用。金星彤[114]基于 765 份问卷数据实证检验了组织支持、保险福利等对员工行为起到正向作用，进而间接性的对员工绩效产生正向作用。阎亮和白少军[115]实证出员工感知组织投入对员工创新行为产生积极影响。王宏蕾和孙健敏[116]基于自我决定理论构建了高绩效工作系统与创新行为的跨层次分析模型，数据显示呈正向相关关系。曹曼等人[117]结合积极心理学中的"幸福感"、自我决定理论研究了员工高绩效工作系统与员工幸福感的相互影响作用，通过对不同岗位层级的上千份员工数据配对分析发现，二者呈高度正相关，即员工幸福感越高，越能产生高绩效，基本心理需求担当起中介作用。郭朝晖等人[118]以恒大集团为研究对象，研究了员工高绩效工作系统、战略柔性以及企业成长三者之间的相互影响机理，研究显示企业战略柔性能够对员工高绩效工作系统产生明显的影响。针对以往研究视角的单一性和学科局限性问题，戚玉觉等人[78]创新性的综合了动机、机会和风险多个视角，组织行为学、人力资源管理等多个学科交叉分析了高绩效工作系统与员工建言之间的互相正向影响关系，通过阶层线性模型进一步发现价值观匹配具有中介作用，领导成员具有调节效应。

4.3.2　员工绩效评价指标体系

员工是企业、部门、团队的基本组成因素，任何的经营工作都是借由员工来实现的，是绩效的主要创造者。而正如界定的绩效概念所言，员工绩效是指个人的能力、态度、行为以及工作结果。员工绩效与企业绩效、部门或团队绩效的关系密切，不可分割，其绩效能够通过层级关系影响到企业目标的实现、利益的获取以及未来发展的方向。员工绩效结果可成为员工个体的岗位变动、薪酬发放及调整、培训等多方面的依据，切实关系到员工的利益。因此，一套科学、合理、清晰的员工绩效评价指标体系对员工绩效评价至关重要，能够帮助员工理解考评目的和调解矛盾，达成共识，提高员工积极性和满足感，营造良好的工作氛围，从而保障企业整体目标的实现，使企业在复杂的市场环境中做大做好做强。

员工绩效的实现是多种影响因素互相联系和作用的整体过程，需要综合权衡的考虑。大量的个人层面研究表明，态度、行为和结果是员工绩效的关键结构维度：态度是个人对于特定工作专心程度，或者是对所在组织的认可程度，一定程度影响个体的思想状态和行为表现；行为是个体为实现某一目标所表现的可被观察和记录的实际操作活动；结果是个人期望取得的工作业绩或已经获得的成绩。研究者以此为基础对不同行业领域、不同管理层级、不同评价目的等的绩效评价指标体系展开探索，员工绩效评价指标体系的构建更加的科学和完善。大体来说，针对员工个人的绩效评价指标体系主要可划分为基于 KPI、BSC 等绩效考评方法的构建、基于数学和统计等分析方法的构建以及基于新视角的模型拓展构建。

4.3.2.1　基于 MBO、KPI、BSC 等绩效考评方法的构建

2000 年以后，以 MBO、KPI、BSC 等为代表的绩效考评方法引入我国，并开始在国内外咨询机构的帮助下传播和应用，众多研究者在吸收和借鉴的基础上，结合中国早期文化思想和本土企业内部特点，探索和设计适用于各种各样岗位员工的绩效评价指标体系。

目标管理理论（MBO）是员工绩效目标设置的重要理论。葛江徽[119]利用目标管理理论，从工作能力、工作态度、工作业绩和个人品德四个维度建立了某公司的员工绩效评价指标体系。余顺坤等人[120]基于目标管理理论，针对电力企业员工构建了包括工作业绩、工作能力和工作态度三个维度的绩效评价指标体系。尹来华[121]结合目标管理的思想，从工作业绩、工作能力和工作态度三个方面构建了石油企业员工绩效评价指标体系。

关键绩效指标法（KPI）利用二八原则，将企业目标层层分解到员工日常生产经营工作中，并提炼关键绩效指标。许敏等人[122]以方正集团为研究对象，利用关键绩效指标法，从工作业绩、工作能力、工作表现三个绩效维度构建了知识型员工绩效指标体系。李博[123]结合企业自身情况和物流企业员工特点，利用关键绩效指标法，从财务业绩指标、经营效率指标、竞争能力指标、服务质量指标、社会贡献以及能力指标六个方面构建了适用于物流企业的员工绩效评价指标体系。刘太良等人[124]利用关键绩效指标法，结合鱼骨图的指标因果分析，从工作态度、工作能力和工作业绩三个维度构建了烟草公司基层员工的绩效评价指标体系。

平衡计分卡（BSC）从企业战略层次出发，确定的员工评价指标体系，适应企业发展需求。段磊[125]利用平衡计分卡的思想框架，结合中国企业的特点，构建了适用于企业中基层员工的绩效评价指标体系，包含任务绩效、关联绩效和战略绩效三个维度。崔健等人[57]基于战略绩效管理角度，利用平衡计分卡的思想，对 ZX 公司的所有部门、职位的员工构建了二维坐标员工绩效评价指标体系，其中 X 轴为工作过程维，包含职业精神、能力、创新指标，Y 轴为工作结果维，业

绩指标。项利华[126]在充分考虑 M 集团战略目标以及营销员工工作特性、考核重点的基础上，利用平衡计分卡，从财务、客户、内部流程与学习成长四个维度构建了营销员工绩效评价指标体系，并将 13 个二级指标绘制成员工战略地图。

单一绩效考评方法的都有其局限性，研究者们尝试组合利用两种或多种方法实现优势互补，克服缺点。出现了 BSC+KPI、BSC+MBO、BSC+MBO+KPI 等多种方法组合应用以构建绩效评价指标体系。如陈佳庆[127]结合平衡计分卡和关键绩效指标法，从工作业绩、工作态度和工作能力 3 个维度制定了适用不同员工的绩效评价指标体系。李飞霞等人[128]组合利用平衡计分卡和目标管理，针对从财务、客户、内部管理和学习成长四个维度构建了不同部门的员工绩效评价指标体系，其中销售部门在财务方面包含销售量、净利润以及销售费用等绩效评价指标。蔡红等人[129]综合利用目标管理法、关键绩效指标、平衡记分卡，从工作业绩、工作态度、工作能力三个维度构建了适用于建筑师事务所设计人员的绩效评价指标体系。

4.3.2.2　基于数学和统计等分析方法的构建

根据员工工作特点和流程等不同，以及具体指标选取的原则不同，往往会得到大量绩效指标，过多的绩效指标评价不仅需要花费大量财力、物力和时间成本等，还降低了员工绩效考评的有效性和合理性。为了更好地筛选绩效评价指标，部分学者利用数学和统计分析的方法来约简指标的数量，减少指标之间的信息冗余和重复，从而使员工绩效评价指标体系更加简明和合理。常见的利用数学和统计分析方法有多轮德尔菲法、主成分分析、粗糙集理论等。

德尔菲法通过对专家观点数据统计、离散系数保证了主观结论的可信性和有效性，如张倩颖等人[130]在传统德、能、勤、绩方面初步拟定绩效指标的基础上利用两轮德尔菲法构建了高校图书馆员工的绩效评价指标体系，利用 SPSS 软件统计和计算专家积极程度、权威程度。

主成分分析法通过降低多绩效指标的维度和关联性，最大限度地保存数据信息，通过公因子反映绝大多数绩效指标信息。乔凤珠[131]利用主成分分析法，对调查和访谈的多个绩效指标进行简化和综合，最终从团队指标、纪律指标、创新指标、学习指标四个维度构建了适用于中小型民营企业的员工绩效评价指标体系。吴钢[132]在文献梳理、焦点小组访谈和一线员工问卷调查的基础上，利用主成分分析法约简指标，最终从能力、态度、业绩三个维度构建了适用于知识型员工的绩效评价指标体系。

粗糙集理论的属性约简功能对不完整信息进行表达、分析和挖掘，从而去除不必要的绩效指标，达到简化绩效指标体系的目的。周黎莎等人[133]利用粗糙集理论的约简功能，从工作能力、工作业绩、低碳行为、工作态度四个维度优化绩效评价指标，构建了适用于电网企业低碳管理型员工的绩效评价指标体系。黄绍平[134]以旅游企业员工为研究对象，利用粗糙集理论的约简计算和相关绩效成果得到核心指标，从工作业绩、工作态度、个人能力和其他方面四个维度构建了员工绩效评价指标体系。

4.3.2.3 基于新理论视角的模型拓展构建

随着经济全球化导致的行业市场竞争环境的变化、大数据时代、国家供给侧改革等多重影响，以及多学科交叉研究的倡导，众多研究者纷纷引入新视角来拓展和丰富员工绩效评价指标体系的内容范畴，来适应当下企业对员工绩效评价的要求。

结合中国传统文化的内涵，张勇等人[135]以港口企业管理员工为研究对象，从传统的德、能、勤、绩四个方面，即个人素质、工作业绩、工作态度、工作能力，构建了雇员绩效评价指标体系。基于企业社会责任担当的需要，王斌[136]在事件访谈法和人力部门协商的基础上，从人格素质、岗位特征、任务完成、可缺失性以及学习创新能力五个方面建立了员工可观测的绩效评价指标体系。基于"钻石模型"理论，徐建中等人[137]认为员工绩效的影响因素需要从内因和外因两个角度综合考虑，构建了包括知识基础、意愿与态度、能力、业绩、岗位、知识环境等维度的绩效评价指标体系。针对传统绩效方法忽略同一层次各指标存在内在关系的缺陷，熊正德等人[138]基于数学三维结构模型从目标任务、客观条件以及个人特征三个维度构建了企业员工绩效的评价指标体系。基于刚柔思想，李磊等人[139]以高校教师这类高知识型的公共事业单位员工为研究对象，在以往刚性指标的基础上引入了柔性机制，从思想素质结构、业务素质结构、绩效结构和特殊贡献四个方面综合建立了一种刚柔并济的绩效评价指标体系。基于创新价值链协同思想，喻汇[140]以服装企业的知识型员工为研究对象，从显性知识与隐性知识两个要素维度构建了员工绩效评价指标体系。基于综合集成思想，谭静[141]从基于可见工作产出的成果性指标、组织氛围的行为性指标和未来绩效能力的积累性指标三个维度构建了知识型员工绩效评价指标体系。基于绿色供应链的经营思想，范丽君等人[142]从制造型企业的业务流程入手，从绿色采购、绿色生产、绿色分销、绿色回收四个维度构建了制造业员工绿色绩效评价指标体系。基于定量与定性相结合的思想，行金玲[143]在文献研究、研发人员特征分析、专家访谈的基础上，从工作业绩、工作能力和工作态度三个维度综合构建了一套定性与定量相结合的研发人员绩效评价指标体系。基于员工主体创新的需要，吴际等人[144]从加权平均创新绩效、努力指数、潜力指数、优秀程度、不良程度五个方面构建了 R&D 员工创新绩效评价指标体系。

胜任力是研究者在探索影响员工绩效根本原因过程中提出的概念，其定义众多。胜任力核心特征与员工工作绩效密切相关，能够预测未来绩效水平和区分员工绩效的优劣水平，具有动态性。胜任力模型为员工绩效评价指标体系的构建提供了一种新的思路和方法，基于胜任力角度的员工绩效管理是研究的热点之一。胡海梅等人[145]利用关键词频法和专家访谈法筛选和确定出影响职业经理人员绩效的胜任力因素，从业务技能、专业知识、个人特质、领导特质、职业素养五个维度构建了保险职业经理人的绩效评价指标体系。刘晓英[146]将企业高管胜任力特征导入绩效体系中，利用 EVA 综合平衡计分卡从财务、客户、业务流程和学习与成长四个维度构建了高层管理人员绩效评价指标体系。刘荣等人[147]基于三级医院临床医师胜任力特征模型，通过两轮德尔菲法，从职业精神与素养、学习与发展能力、工作业绩、个人基本素质及沟通协作能力五个维度构建了三级医院临床医师绩效评价指标体系。

积分制作为本土绩效管理的新方法，整合优化了 KPI、360 度考核法等多种考核工具的优点。积分制在中国一系列公司取得了显著效果，引起了企业界和学术界的广泛关注和认可。刘琳等人[148]利用积分制的思想，从基础管理分、通用考核分、专业考核分和绩效加分项四个方面构建了电力企业员工个人的积分绩效指标体系。吴春鸿[149]考虑港口企业员工的个人素质、工作态度、参与企业管理热情三个方面，构建了由基础分、工作绩效分和个人贡献分三个组成部分的员工绩效积分指标体系。李长军等人[150]将员工积分划分为基础积分、绩效考核积分和奖惩积分三个部分，其中绩效考核部分又具体分为员工工作业绩、能力、态度三方面。李琳琳[151]针对图书馆员工的绩效量化问题，利用积分制思想从思想道德、基本工作、能力资历和学术科研四个维度构建了多角度的图书馆员绩效评价指标体系。熊海韬等人[152]以烟草公司为研究对象，利用积分制的思想分别构建了专业技术人员和职业技能人员的积分指标体系，专业技术人员积分指标包括履职能力、创新能力和成果及荣誉三个维度，职业技能人员积分指标包括技能水平和专业贡献两个维度。

4.4　绩效评价方法研究

绩效评价是企业实行绩效管理的重要内容，也是考评具体操作的指导框架，能够直接影响企业各层级绩效结果的正确性、有效性和可信性。一套好的绩效评价方法能够为企业现状及发展提供更多有效的信息，支持和指导企业更好的运行，创造价值。因此，长期以来学者们从未停止过对绩效评价方法的研究。根据绩效考核的对象、考核的目的、考核的内容等不同的需要，形成了各种各样的绩效评价方法，可分为传统的绩效评价法和多维度绩效评价法。

4.4.1　传统的绩效评价方法

传统的绩效评价方法差异性较大，根据导向性总体上可分为三大类：即个性特质导向的绩效评价方法、行为导向的绩效评价方法以及结果导向的绩效评价方法。

具体而言，个性特质导向的绩效评价方法主要有图解评估法、文字叙述法和强制分布法等，前两种比较常用。这类方法以心理学为基础，通过将成功绩效所需要的各种个人特质，如业务能力、反应力、适应性、勤奋等编制成一定语言描述的尺度表，然后对被考核对象表现进行评价。优点是适用性广，投入的时间、财力等成本低且操作简单，稍加修改就可满足企业所有或是大部分职位的员工，不因工作而异。但是这类方法对于某些特质不能有效地给予指导和反馈，相应的在维持和提高绩效上也就缺乏足够的支持。

行为导向的绩效评价方法主要有比较法、关键事件法、行为锚定等级评级法、混合标准量表法等。这类方法以员工的行为作为绩效评价依据，相比于个性特质导向的方法更能准确反映绩效水平。这些方法在应用时又可分为主观和客观两种模式，主观评价模式以比较法为代表，一般是根据标准对观察到和感知到的评估对象的工作行为进行评分和排序。这样评价方法操作简单易行，评估投入成本少，但是个人色彩明显，容易与实际存在偏差，难以让人信服。客观评价模式以行为锚定等级评价法为代表，侧重于具体工作行为描述，按照预先确定的等级衡量行为等级分值，以此来综合判断绩效结果。客观评价模式衡量的绩效结果更加符合实际、公平，各等级维度也具有独立性，但是，该方法的可适用性上较差。总结来说，以行为为导向的绩效评价方法全面性不足，随着方法的客观程度增加，需要投入的成本也增加。

结果导向的绩效评价方法主要以目标管理法等为代表，这类方法重点考评工作业绩的完成情况，即预先设定目标的实现程度。通过对分解的内容逐一等级打分，最终得到评价结果。以目标为导向能够与企业战略紧密联系，方向保持一致。同时便于衡量各层级的贡献程度，充分调动各层积极性。但是，标准的制定很困难，需要很强的专业性和行业了解程度，并且结果目的性太强，对于过程考虑欠缺。此外，由于技术、政策等外部环境的影响，企业期望也会左右员工的绩效结果，需要不断调整目标以适应变化，这样评价是需要投入大量的时间、财力等成本。

4.4.2 多维度绩效评价方法

随着大量企业实践表明传统绩效评价方法具有一定的局限性，以及经济增加值、相关利益者等理论概念的出现，出现了以 EVA 值法、沃尔评价法为代表的财务绩效评价方法，并广泛应用。之后非财务指标越来越得到重视，出现了关键绩效指标法、BSC 评价法、绩效棱柱模型法等一批创新性的方法。20 世纪末期至今，随着经济全球化的发展、信息技术的广泛应用、知识型以及学习型企业的出现，关于绩效评级方法的研究呈现新的发展趋势：与数学理论相结合的多维度绩效评估。自从美国运筹学家 T. L. Seaty 提出层次分析法，实现从定性评价向定量评价的转变，许多研究者纷纷将原有的评价方法结合起来，并且尝试与运筹学等数学理论进行综合，从而弥补传统绩效评价方法的精度、可信度、客观性和合理性等相关方面的不足，建立适用、实用、高效和完善的绩效评级方法。在此趋势下，绩效评价方法的研究者主要关注两个方面：一是指标权重的确定，二是与数学理论结合的综合绩效计算。这两个方面都注重评价过程中的信息加工处理，绩效评价信息有定性的，主观的，也有量纲不同的经营数据，处理好这些不同类型的数据有利于绩效评价的准确性和科学性。

4.4.2.1 指标权重的确定方法

企业在进行绩效评价时，根据评价的内容、目的等不同，各个指标的重要性程度是不一样的。为了体现各个指标内容的重要性地位，必须给予衡量相对重要性的量化数值，即权重系数。同一组数值，如果权重不同会导致截然不同的评价结果，因此指标权重的确定在绩效评价问题中十分关键和棘手。

指标权重的确定，又称指标加权。自从研究者们意识到加权问题，迅速形成和发展出许多确定权重的方法。大体上分为主观经验加权和数学加权这两种，前者主要依靠数据或专家们的经验等感知认识进行直接判断，优点是过程简单，成本低和效率快。但是具有片面性，容易导致信度和效度不高，对专业能力要求高。后者以主观经验为数据基础，通过数理公式间接得到权重系数，更具科学性和合理性。当前，数学加权是研究的主流方向，根据计算数据的来源可以分为主观赋权法、客观赋权法和组合赋权法三类。

主观赋权法是根据专家们对指标相对重要性的主观经验判断计算指标权重的方法。对于主观经验数据，具有一定客观性的方法主要包括德尔菲法（Delphi）、等级序列法、倍数加权法、最小平方法、加权平均数法以及层次分析法等。李博[123]将专家经验和文献统计的指标权重通过平均加权的方式得到新的指标权重，作为绩效评价的计算依据。层次分析法凭借其坚实的理论基础、系统的递阶分层计算等优点已然成为应用最广泛的主观赋权方法。许敏等人[122]利用层次分析法对知识型员工特征和关键指标的重要性进行比较，最终通过判断矩阵和一致性检验得到满意的知识型员工绩效指标权重值。尹来华[121]利用层次分析法确定石油企业员工的绩效评价指标权重。主观赋权法易于理解，但是受到主观随意性的影响较重，对评价人员的素质要求较高，应用存在局限性。

客观赋权法主要是依据一定的数理思想，通过分析各层级指标原始计算数据之间的互相联系程度，或是数据隐藏及携带的信息量大小来分配权重系数值。客观赋权法主要包括熵权法、网络层次分析法（ANP）、因子分析、功能系数法、模糊理论、粗糙集理论等多种赋权方法。相比较于需要进行一致性检验的层次分析法等主观赋权方法，这类赋权方法大多理论基础坚实，并利用某种数学思想切断决策者主观性的来源，不增加决策者的思维负担，从而确定的权重系数极具客观性。但是计算过程可能较为复杂，且不可避免地会出现权重与实际情况相悖的现象。基于主观赋权等方法确定的权重存在，不能随情况调整的缺陷，陈利宁等人[153]利用熵权法对煤炭各公司单位财务绩效指标进行客观赋权，通过计算指标的信息熵的大小来反映权重的重要性，从而可以科学的调整权重。周黎莎等人[133]利用粗糙集理论不需要问题数据集合外的先验信息，通过分析、推理和挖掘等手段获取指标潜在的客观规律，进而根据属性重要度原理计算出约简后的指标权重。余顺坤等人[120]考虑到电力企业内部的复杂性和规模性，指出 AHP 和熵权法两种方式存在的未能反映指标间互相关系、定性指标难以精确界定的不足，采用网络层次分析法来解决这类复杂的权重确定问题，提高了可信度。该方法主要通过建立控制层和网络层的结构来反映指标间的影响，然后利用计算机编程软件处理得到加权超矩阵的权重分量。李云梅等人[154]利用因子分析的方法，通过方差最大化旋转得到线性的各公因子函数，其公因子方差解释率数值的归一化即为各指标的权重值。与因子分析类似的还有功能系数法，行金玲等人[143]对比这两种方法，最终选用了以多目标规划思维为指导的功能系数法对研发人员绩效指标赋权。面对评价指标难以量化的问题，模糊理论引入到绩效权重的确定，通过隶属度描述权重的重要性程度。罗晰[155]运用直觉模糊层次法，依次构建和计算直觉模糊互补矩阵得到指标权重向量。王娟[156]考虑到专家群决策时存在意见不一致问题，创新的采用修正模糊 Borda 集中意见排序方法对绩效指标赋权，即通过计算隶属优度和指标不同位置分布频数和频率来得到综合 Borda 排序值归一化即为权重分量。

主观赋权法和客观赋权法都有一定的局限性。主观赋权法的主观色彩较重，客观赋权法有时会与实际相悖。在这种情况下，研究者们提出能否兼顾两类方法的优势，或者尽可能减少客观赋权的失真情况发生，使指标权重的确定做到主观和客观的结合和统一，从而保证赋权结果的真实、客观和合理。经过不断的探索，出现了一些优异的组合赋权方法。戴江华[157]将德尔菲法（Delphi）和 AHP 法相结合起来计算知识型员工绩效指标的权重，降低了专家群的个人主观意见影响。针对相同问题，吴钢[132]将主观赋权的 AHP 法与客观赋权的因子分析法结合起来，利用二者算数平均数代表最终的相对权重值。赵秀丽[158]针对企业物流绩效，利用层次分析法确定主观权重，利用熵权法确定客观权重，然后通过乘数合成的方法计算综合权重值，从而扩大两种方法权重差异的程度。主观赋权方法和客观赋权方法的结合处理方法还有平方法合成、最小二乘法、拉格朗日约束合成等。

4.4.2.2　与数学理论结合的综合绩效计算方法

与数学理论结合的绩效计算方法，又称为绩效模型综合法，其实质是利用一定的数学函数关系，建立起各层级绩效指标与综合目标绩效值的传递和合成路径，从而得到整体性的绩效评价结果的方法。指标之间的相互关系可能是线性的，也可能是非线性的。同时，作为依据的数学理论基础种类众多，一般拥有明确的表达式和定义式，方法的合成大多需要通过各种复杂的数学运算过程，甚至借助一些计算机软件等来加速或简化计算完成的效率。

20世纪后期，以模糊综合评价法和层次分析法为代表的综合评价方法逐步应用到包括绩效管理在内的各个领域，并且得到研究者们普遍的认可和推广，直到今日，这两种方法依旧是常用的重要绩效评价方法。乔凤珠[131]利用层次分析法将员工绩效的定性评价转化为定量评价，应用较少的信息得到员工的绩效总成绩，符合人性化和公平性的绩效评估理念。邓雪琳[159]发现知识型员工绩效评价指标和标准具有不确定性和模糊性，而且知识型员工评价精度要求不宜过高，因此采用模糊综合评价法对知识型员工进行绩效评价，即通过设定模糊评语集划定等级，计算员工绩效的综合量化值，判断绩效等级。陈婉蓉等人[160]借鉴360度绩效考核的思想，根据考核信息的模糊特性构建了两级员工绩效模糊综合评价模型，该模型在数据处理上较单一360度考核法更加简便，评价结果的满意度较高且更可靠，说服力更强。吴际等人[144]基于模糊理论构建了能够客观综合度量R&D员工创新绩效的评价模型，针对不同指标模糊隶属度函数采用偏大型和偏小型两种形式，为了尽量光滑采用S型模糊。葛江徽[119]利用梯度模糊数构建多属性隶属函数，利用模糊综合评价方法计算目标对象的模糊效用值，判断员工绩效等级。

随着综合评价的深入研究，数据包络分析、灰色综合评价、物元可拓理论、TOPSIS法等应用于绩效评价。考虑到企业创新绩效的投入与产出函数关系不显著，并且指标数量多，也无法折算成统一量纲的特点，柴玮等人[161]利用数据包络分析法的不需要处理量纲和假设权重等优点，建立多输入—多输出的复杂模型对企业创新绩效的评价。引入控制论的"黑""白""灰"系统，通过利用已知信息来确定和优化未知信息的不确定系统即灰色综合评价法。针对员工绩效评价信息灰色性，张勇等人[135]应用灰色综合评价法进行绩效评价，通过计算灰色关联度来描述指标间的强弱态势关系，不仅能够反映员工绩效的优劣排序关系，而且还能量化判断与理想绩效的差距。戴江华[157]针对知识型员工绩效评价信息复杂、部分信息缺失等典型灰色问题，采用灰色聚类分析法建立绩效评价模型，通过白化权函数确定各指标的等级隶属关系，单值化处理得到绩效综合评价值。该方法不仅能够有效避免误差、评价失真问题，还最大程度地利用了已知信息，减少了人为主观因素的干扰，更具可信性。李博[123]将利用 KPI 分析出的指标数据导入 SPSS 软件，利用因子分析法建立与绩效得分相关联的绩效公因子指标表达式，以此来计算最终的绩效综合因子得分，确定员工绩效的评价结果排名。为了避免绩效评价主观性、克服传统算法结果近似性等问题，李世辉等人[162]利用物元可拓理论建立了绩效评价模型，通过关联函数对绩效结果进行了定量的优度描述，并判断被测绩效物元的等级。樊树海等人[163]利用 TOPSIS 法建立企业财务绩效评价模型，通过效用函数计算各绩效指标与正负理想解的相对远近程度来衡量企业财务绩效水平。

信息技术、决策科学、系统科学等相关思想和方法的不断突破和渗入，丰富和发展了绩效评价方法，出现了一些借助计算机软件模拟的方法，如 BP 神经网络、结构方程模型等。王斌[136]利用 BP 神经网络算法所具备的自我学习、联想存储且能高速寻找最优解等功能，以各绩效指标为输入、目标绩效值为输出、选取合适的训练函数和激励函数，建立了一个拟合度精良的员工绩效预测评估模型，该方法对数据数量和质量要求高。朱伟等人[164]利用结构方程模型来解决煤炭企业多维度、多指标的复杂绩效评价问题，利用 AMOS 软件对各绩效指标的结构路径关系进行实证测量，通过加权平均计算绩效水平。此外，出现了新的多属性群决策算法，如改进的 ELECTRE 模型、连续区间 power 有序加权平均（C-POWA）算子和考虑预置群体中心性配置的综合评价方法等。夏红云[165]借助随机森林赋权法的可靠性分析对 ELECTRE 方法进行了改进，能够定量二元赋值结构，很好地解决了有限备选方案的多属性群决策问题。通过改进的模型使得在专家评分错误率最小的情况下确定各绩效指标的权重，进而保证知识型员工绩效评价结果的客观性。卢郡等人[166]考虑到员工绩效环境复杂和因素模糊，以及原有区间 power 集结算子的均匀分布特征无法体现决策者态度，提出将连续区间有序加权平均（C-OWA）算子和 power 平均算子相结合，创造出了一种连续区间 power 有序加权平均（C-POWA）算子，并以此为基础对员工绩效进行评价。该评价方法最大优点是能够根据决策者的风险态度选择具体评价参数。侯芳[167]提出了考虑预置群体中心性配置的综合评价方法，能够根据预置群体评价网络桥接测度和专家之间的认知差异给出绩效评价结果。绩效评价方法各有优缺点和适用范围，学者们组合使用多种评价方法实现优势互补。其中最常用的是与层次分析法结合，如刘东飞等人[168]采用 AHP-云模型结合，傅建华等人采用 AHP-BP 结合，景琦[169]采用 AHP-数据包络分析法结合等。任敏等人[170]则将模糊数学与集对分析相结合，提出了基于模糊联系数的图书馆员工绩效的评价方法。吕锋等人[171]则将熵权法与物元可拓法相结合，提出了轴承企业经营绩效的评价方法。李守林等人[172]将灰色关联分析与 TOPSIS 法相结合，提出了物流企业创新绩效的评价方法。

4.5　混合所有制企业绩效管理研究

当前，关于混合所有制企业绩效管理的研究还相对较少，学者主要从绩效管理问题、人力资源管理、绩效评价体系等方面展开研究。混合所有制企业绩效管理存在的问题主要包括人力资源管理机制老旧，观念落后；人力资源体系不合理，员工素质偏低；忽视员工培训学习，人力资源开发不够；考核评测标准不规范，员工激励机制不完善；忽视相关企业文化建设等[19,25]。针对这些问题学者提出了相应的策略，党光远和杨涛[26]针对混合所有制改革企业人力资源管理问题提出：建立健全和当代企业制度相适应的招聘用人机制；优化人员结构，提升员工素质；加强绩效评价管理，完善员工激励制度；加强企业文化建设。李佳[20]研究了中信国安集团混合所有制改革，从人力资源管理的角度指出混合所有制企业绩效改革国企的股权多元化要求企业建立有效的激励机制、干部管理体制要转为职业经理人管理、员工考核将转向战略管理。孙兴全[173]指出混合所有制企业绩效改革国企需要引入民营企业的用人机制和薪酬机制，实现管理人员能上能下、员工能进能出、收入能增能减的用人机制。阿布都合力力·阿布拉[19]强调了激励的有效性，考核的公平性，要树立"以人为本"的人力资源战略管理观。廖圣和李剑科[21]指出为达到激励功能，应建立多维度的员工绩效评价体系。王洪鑫[174]从转变运用模式、优化管理架构、精简组织架构、划分单元独立经营、人力资源体系等方面提出了混合所有制改革后联通某分公司的人效提升策略。此外，夏申[175]基于平衡计分卡研究了混合所有制改革后的中国联通的战略绩效评价。颜冠鹏和冉启英[42]基于层次分析法构建了供给侧背景下国有混合所有制企业绩效评价体系。

5 混合所有制企业战略与绩效管理

混合所有制改革本身就是原国有企业的战略，混合所有制企业战略体现了母公司的战略意图，强调了国有成分和非国有成分优势互补，重新定位企业并转变企业经营方式。从企业战略与绩效管理的关系角度来看，混合所有制企业战略决定了绩效管理，绩效管理对企业战略具有支撑作用。

5.1 企业战略

5.1.1 企业战略的概念

战略原指战斗的策略或作战的谋略，是一个军事术语。中国古代在《史记》《二十一史战略考》等著作中便已经出现相关的表述和命名，解释为研究战争全局的谋划方略。西方则源于希腊语"strategos"，理解为指挥战斗的艺术和方式，英文为"strategy"。西方军事领域对战略的定义是为了达到某种战争目的而对各种战斗力量、智慧的运用。随着人类社会的不断进步与发展，"战略"一词逐渐延伸到经济、社会等其他多个研究领域，衍生出许多相关概念，如区域协调发展战略、经济一体化战略等。20世纪60年代前后，当战略引入到企业的经营管理领域时延伸出新的概念企业战略。

随着研究人员和企业管理者的不断深入探索和实践，到20世纪后期企业战略研究已经取得不错的成果。由于不同的研究者大多基于自身的经验和实践活动去理解和定义战略的含义，企业战略有多种不同的概念内涵，还没有形成一个明确统一的定义。美国著名的研究者Chandler最早在其著作《战略与结构》中对企业战略进行了定义，认为战略是企业的一种模式，是企业确定未来的长期目标，并为之采取的相关实现途径以及为实现目标进行的资源配置。与Chandler观点基本一致，Andrews认为企业战略是一种关于企业目标与目的的决策模式，通过制定一定的政策和计划来实现企业发展，其观点更加关注企业战略实施。Ansoff在著作《公司战略》中基于行动视角提出企业战略由产品市场范围、成长方向、竞争优势和协同作用四个重要要素组成，并决定了企业的主要经营性质。上述三位研究者的成果是奠基性的，随后企业战略的相关研究大多以此为基础。Quinn在著作《变革的战略》中提出企业战略能够将企业的主要目标、政策以及各项活动紧密结合成一致的计划，提供各种情况下的备选方案。美国哈佛大学的研究者Porter认为企业战略是创造企业奋斗的目标价值并寻求一系列实现的经营活动途径。Mintzberg 分析了大量的研究成果后，从五个不同角度定义企业战略，建立了企业战略的"5P"模型：一种有意识的处理某种情况的行动计划（plan），一种特定情境下战胜和威慑竞争对手的计策（ploy），一种合理配置企业资源使内外部环境融洽的定位（position），一种体现企业成员期望和行为的固有观念（perspective），一种涉及企业具体经营活动的模式（pattern）。

　　尽管企业战略的还没有统一的定义，但从 Mintzberg 的"5P"定义中可以看出企业战略除了全局性和长远性外，还有竞争性、风险性和应变性。战略作为企业经营活动的最根本内容，主要包括两个方面：一是目标，也称指导思想；二是方法，也称实现途径。如果企业有这两方面的内容，那么就可以大概率的认为该企业有战略。综上所述，企业战略是企业在满足和保证企业宗旨的条件下，结合其内外部环境条件和机会，合理规划企业经营性质、发展和成长方向以及竞争途径等轨迹方式，进而配置企业资源以实现某种竞争优势。简言之，企业战略就是对企业提出具有全局性和长期性的行动方向和路径。

5.1.2　企业战略层次与类型

　　企业战略按照制定主体的层次一般分为三类：公司战略，也称发展战略；事业部战略，也称竞争战略；以及职能战略。公司战略（corporate strategy）居于最高层次，是由总公司的高层管理者组织制定，是关乎企业当前经营与未来发展的总体使命和方针。公司战略的制定既要回答企业存在的经营方向和范围，也要根据内外部环境确定企业下属事业部单位所承担的业务、服务对象。公司战略主要涉及企业投资方向、并购以及内部资源的合理配置，创造并实现整体事业部的关系和结构的完美搭配。国有企业通过改制上市、资本并购、产业链重置、管理层或全员持股、与各类资本共同设立新公司等多种途径组建混合所有制企业，融合国有成分和非国有成分的优势，以公司战略的体现。竞争战略（competitive strategy）是在总公司战略的指导下，由所辖各事业部单位或子公司制订的半自主战略计划，即在不违背总公司战略的前提下，允许一定的自由度去利用各种资源去完成和发展自己的经营战略。竞争战略的重点在于，事业部在某特定的产业或细分的市场环境下，扮演何种角色，如何使事业部分配现有资源去增加产品或服务的竞争力，如何改进资源配置以维持优势，从而保证公司战略的实现。职能战略（functional strategy）是指为特定职能部门或业务流程活动所制定的规划策略，大致包括生产、营销、财务、人力资源以及文化等。其制定的目的是贯彻和支持企业的公司战略和竞争战略，相对于前两类战略，其范围更加详细，承担风险小，更具实际操作和指导作用。职能战略的重点是提高企业资源利用率来获得利益最大化，从而完成职能领域内的竞争价值和目标。上述三类层级战略互相关联和制约，不能只关注某一层次，应当彼此协调一致，构成一个有机、统一的战略层次体系，使企业在竞争和发展中取得优势，战略层级关系如图 5-1 所示。

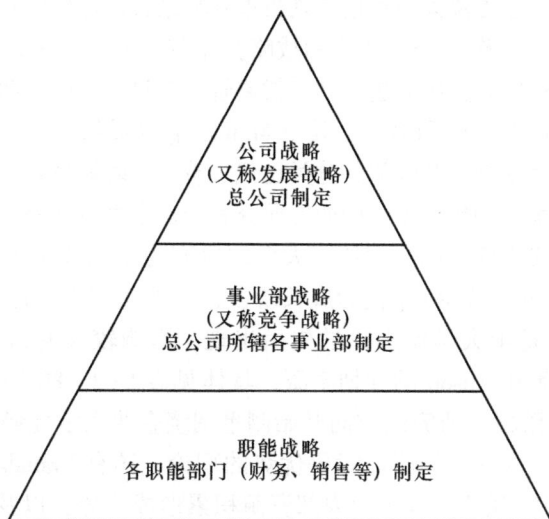

图 5-1 战略层级关系

根据国内外研究成果，按照不同的分类标准，不同层级企业战略还可划分出不同的类型，较为代表性的分类见表 5-1。

表 5-1 企业战略分类

分类依据	具体内容
战略时间的长短	长期战略、中期战略、短期战略
企业业务类型	多元化战略、单一化战略
市场竞争的策略	红海战略、蓝海战略
竞争类型	差异化战略、成本领先战略、目标集中化战略
战略的功能	发展型战略、紧缩型战略、服务化战略、知识管理战略、创新战略等
公司战略的特征	谨慎型战略、激进型战略
发展的方式	内部成长战略、外部成长战略
发展态势的选择	进攻型战略、防御型战略
企业发展阶段	新生阶段战略、成长阶段战略、成熟阶段战略、衰退阶段战略
企业面临问题	防御者战略、前瞻者战略、分析者战略、反应者战略
部门的职能	人力资源战略、市场战略等众多分类

5.2 混合所有制企业战略管理

随着对企业战略的深入研究，1976 年美国 Ansoff 首次在著作《从战略计划走向战略管理》中提出战略管理的概念，1979 年又出版著作《战略管理论》，认为战略管理是指企业日常业务决策与长期计划决策互相结合而形成的企业一系列经营管理活动。Steiner 则在著作《企业政策和战略》中提出要时刻关注内外部环境，以保障企业目标和使命实现为中心进行动态战略管理的过程。而后西方很多战略管理研究者提出众多不同的理解和描述，其中 Mintzberg 的贡献最为突出，总结出战略管理先后出现的十大学派，其学派的分类也代表着一定时期战略管理理论的发展历程。在长达半个多世纪的研究中，中西方研究者产出了大量战略管理的成果。

20 世纪 60 年代之前为萌芽阶段，大多的研究为后期战略管理的出现奠定坚实的理论基础。60 年代至 80 年代为成长阶段，主要集中在战略管理的概念和构成要素，其代表便是十大学派理论的先后出现，影响较大的为几乎同时出现的 Andrews 的设计学派和 Ansoff 的计划学派，具体见表 5-2。80 年代至今为繁荣阶段，也是一个转折阶段，研究的方向开始侧重围绕企业竞争优势展开。代表性的是迈克尔·波特（Porter）的获取竞争优势的理论，还有 Prahalad 和 Hamel 发表的《企业核心能力》强调注重企业内部资源积累形成优势，以及 90 年代由 Hopland 等提出的战略联盟理论和 Walebuff 提出的竞合理论等。中国在 80 年代后也开始兴起战略管理理论的研究，涌现出大量传播西方先进战略管理理论和实践本土化战略研究的研究者，提出本土化的战略管理框架和著作，如周三多的《战略管理思想史》、彭绍仲的《企业竞争论》等。

表 5-2　战略管理理论学派及其主要观点

学派	主要观点
设计学派	战略的制定是一个概念作用的过程。战略应当慎重思考、充分设计才能形成，其内容应当清晰、便于理解和落实
计划学派	战略管理是指企业日常业务决策与长期计划决策互相结合而形成的企业一系列经营管理活动，是一个正式的、有意识的过程
定位学派	战略管理是一个分析的过程，企业在制定战略时要处理和分析好行业结构和自身所处的竞争地位
创意学派	战略管理是个直觉思维、寻找灵感的过程
认知学派	战略管理是一个基于获取、处理信息和建立概念的心理认知过程
学习学派	战略管理是通过逐渐学习、自然形成的应急过程
权利学派	战略管理是一个协商过程，既要关注行业环境、竞争力量等经济因素，还要关注权利分享、利益主体等政治因素
文化学派	战略管理是与企业文化、社会价值观等密切相关的整合思维过程
环境学派	战略管理是强调所在环境状况的反应过程
结构学派	战略管理是一个多派别整合的转变过程，由一系列行为和特征组成的有机体

综合前人的研究，不难看出战略管理有广义和狭义之分，即广义指企业的战略管理，狭义指企业战略的管理。目前大多数研究者围绕狭义的战略管理展开研究，即分析企业内部条件和外部环境，选取恰当的工具确定企业战略方案并对其付诸实施。

5.2.1　几种主要的现代战略管理理论

企业战略不是一成不变的，会随着内部或外部环境的改变而改变，具有一定的灵活性和不确定性。随着时代变迁，企业战略管理研究的焦点也发生了变化，20 世纪 80 年代以后，研究焦点转移到如何实现和保持企业竞争优势这个基本问题上，特别是随着产业环境的全球化，技术革新或创新的发展加快，企业越发意识到需要通过资源利用、市场开拓等方式提高企业核心竞争力，为企业创造更多价值。当前，我国国有企业将混合所有制改革作为改革的重点方向，国有企业通过改制上市、员工持股等方式改变企业治理模式，引入市场化管理机制，解决国有企业所有者缺位，激发员工活力，改变国有企业低效的境况。总结来看，经过多年的实践和研究，形成了三种主要的战略管理理论，即以产业结构分析为基础的竞争战略观，以资源、能力为基础的资源战略观，以顾客为基础的价值战略理论。

（1）以产业结构分析为基础的竞争战略理论。迈克尔·波特提出了五力模型后，研究人员和管理人员开始将产业结构引入到战略管理中，形成了以产业结构分析为基础的竞争战略理论，得到业界普遍认可并成为一个时期内的主流理论。竞争战略理论认为企业是一个"黑箱"，强调可以通过外部环境分析，寻找企业的盈利能力。而盈利能力代表企业的盈利潜力，直接取决于背后产业结构的定位。因此，这就要求竞争战略理论是以产业结构分析为基础，即特别关注竞争对手、潜在竞争对手、替代品的威胁、顾客和供应商等，考虑产业是否具有持久的盈利能力，以及如何在产业环境中占据有利位置并保持相对竞争优势。基于产业结构的竞争战略理论，在出现后的半个世纪，强调战略管理中外部产业选择和内部竞争分析，成为企业战略管理决策中重要的思维方式，并被广为应用。但是，由于当时市场竞争不激烈等历史原因，该战略管理理论过分强调产业方面等外部环境因素，对企业内部差异性缺乏分析，最后可能导致竞争失败。

（2）以资源、能力为基础的资源战略理论。迈克尔·波特在著作《竞争优势》中尝试用价值链理论弥补竞争战略理论的不足，但未能从根本上解决理论缺陷，由于补充的内容过于细致导致理论局限性越发明显。在这种情况下，20 世纪 90 年代前后出现了以资源、能力为基础的资源战略理论，并得到了快速发展。Wernerfelt 在其著作《基于资源的企业观》中关于企业内部资源屏障的论述成为该理论研究的开端，Prahalad 和 Hamel 的"内部核心论"将该理论推向新的研究阶段。资源战略观在一定程度上反思前者，将企业内部因素作为突破点，认为战略管理需要关注企业自身拥有异质性资源、资源使用与能力的培养，将二者作为竞争的内生性优势。基于这样观点，企业战略管理决策的思考方向逐步向企业内部是否拥有不同于其他同类公司的资源、是否在某些方面具有相对优越的能力、资源与能力的配合是否在企业内部形成一定核心竞争力等方面转变。资源战略观认为，如果企业内部资源具备异质性且流动性差，则竞争优势将很大程度来自企业内部资源，但这并不是说所有的企业资源都可成为竞争优势并带来盈利。这需要企业的关键资源必须是有价值、难以模仿或替代、稀缺的。后来的研究者将企业内部的组织结构、制度等也视为内部资源。该理论尤其适用于那些市场机会少、产业竞争激烈的企业战略分析、制定、改变以维持核心竞争力。但是，该企业战略理论的基础仍遵循着竞争模式，随着不断交流和扩散导致企业间高度相似，缺乏个性化和创造性，也没有强调顾客、市场竞争格局等变化。

（3）以顾客为基础的价值战略理论。长期以来，学术界和企业界从企业外部环境、内部条件对企业战略进行管理。到了 20 世纪末，经济全球化时代到来，市场竞争程度和范围不断升级，部分企业竞争优势趋向一致而愈发不明显，顾客需求越发成熟，开始提出性价比或个性化等要求，这些情况都一定程度影响和改变企业的战略管理过程。Woodruff 提出顾客价值模型，认为企业提供产品或服务满足顾客不同程度的需求会带来或创造一些新的价值。基于这样的考虑，以顾客分析为基础的价值战略被视为战略管理新理论。这种战略观以发现、引导和创造顾客需求为重点，并将其作为企业战略分析的起点，认为顾客是企业的一部分，企业在增强自身实力和拓展市场时，应该尽可能比竞争对手又快又好的创造顾客感兴趣的新价值。但是，如果盲目地完全以顾客为基础进行活动，忽略竞争对手的相关信息，又不主动挖掘潜在顾客价值，容易导致企业资源和能力的浪费。

总之，通过几种现代战略管理理论的比较发现（见表 5-3），在日趋激烈的企业间竞争以及复杂变化的市场更替中，单纯的只分析行业吸引力、内部资源、能力、竞争对手和顾客需求中任何一个因素，容易丧失市场敏锐性和创造性，无法形成企业的核心竞争性。因此，企业要从多个不同的角度进行战略管理，即以顾客价值为分析的基础，建立与之匹配的产业结构和资源、能力，实现三种战略管理理论的融合。

表 5-3　几种现代战略管理理论的比较

种类	以产业结构为基础的 竞争战略观	以资源、能力为基础的 资源战略观	以顾客为基础的 价值战略观
战略方向	产业内部竞争	由内而外	由外而内
战略基点	竞争/竞争对手	资源/能力	顾客/顾客价值

种类	以产业结构为基础的 竞争战略观	以资源、能力为基础的 资源战略观	以顾客为基础的 价值战略观
战略目标	超过或战胜对手	创造特殊资源或是核心能力	维系或创造顾客或顾客需求
战略重点	产业吸引力	异质性资源或能力	顾客价值

5.2.2 企业战略管理的流程

企业战略管理过程一般包括战略制定、战略实施以及战略评估与控制这三个部分，如图 5-2 所示。

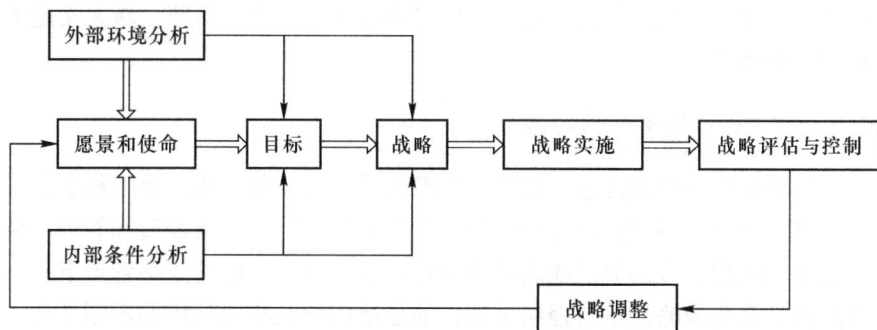

图 5-2 企业战略管理流程

5.2.2.1 企业战略制定

企业战略制定是企业自身长期发展的愿景和使命的指导下，通过科学分析企业内部条件和外部环境后，确定企业未来发展的目标并提出战略方案的过程。企业战略制定主要包括战略分析和战略选择两个步骤。

战略分析是战略管理的基础。任何企业处于复杂的环境之中，需要通过描绘内在未来发展的蓝图和界定外在经营运作范围，来明确企业愿景和使命，然后从内部资源、能力和外部环境两个方面分析影响战略形成的关键因素，最后提出战略方案。其中，外部环境分析包括宏观环境分析和微观环境分析，主要分析企业所面临的威胁和机会。宏观环境分析包括经济、政治、法律、社会文化和技术发展等方面的分析。微观环境分析包括某一产业领域内客观市场结构、竞争对手等方面的分析。内部资源和能力分析与资源战略理论的内容一致，主要是寻找和发现企业自身的优劣状况。方案的提出主要包括何时进入，如何分配资源等具体内容。

战略选择是在战略分析的基础上进行。运用各种决策方法对各种备选方案从可行性、优越性等全方位进行识别和评估，选择出企业的战略。

5.2.2.2　企业战略实施

企业战略实施是指采取具体行动来执行和落实已经规划好的战略目标的过程。制定了一个成功的战略方案并不一定能够带来企业战略的成功，这还需要实施落地，战略实施的效果和难度直接决定了企业战略的成败。因此，企业战略在执行时要建立相关组织机构，由高层领导者统一指挥和调整。同时，将战略目标与实际经营任务联系和一致起来，分解形成分步有序的具体实施计划，落实"谁来做、如何做、做到什么程度"这三个关键问题，逐步完成战略目标。另外，还需建立相应权威性制度来保障实施人员遵守、维护和推进企业战略，建立和健全实施机制，及时的监督、检查，更好的应对环境变化、分配资源，激发实施人员的主动性和积极性。

5.2.2.3　企业战略评估与控制

企业战略评估与控制是通过对战略管理的信息统计和分析，运用科学合理的方法对战略实施的效果与预期进行比较，及时加以控制，总结经验和教训，调整和修正战略的过程。该部分是战略管理流程的最后环节，也是战略管理下一次循环的新起点。企业战略评估与控制主要目的是适应企业所处环境的不断变化，对实施情况做出权衡、控制和决策，采取纠正措施保障战略成功。

5.2.3　战略管理的主要工具

5.2.3.1　PEST分析

PEST分析是企业战略外部宏观环境分析的常用方法，分析企业面临的四大关键外部环境因素，政治（politics）、经济（economy）、社会（society）和技术（technology），如图5-3所示。通过外部宏观环境的分析，可以理解并指导制定正确的企业战略。但是该分析需要建立在对企业深入了解和判断的基础上，否则分析将过于片面，难以保证研究结论的有效性。

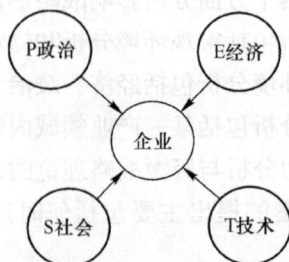

图5-3　PEST分析

政治环境（P）主要指直接或间接对某行业的企业运行产生影响的政治因素，具体包括政府态度、制定的相关方针政策、法律法规、政府协定等。一般具有强制性，是不受企业单独控制的，很大程度影响企业战略的方向。

经济环境（E）主要指企业生存和发展所处的宏观和微观两层次的经济走势等因素，具体包括国家的经济政策、经济发展水平、人均GDP、市场结构等。任何企业都处于经济这个大环境中，环境的变动或改善对企业都会直接产生影响，尤其是处于经济全球化时代，一些大中型企业还要关注、搜集、分析国外的经济情况的变动影响。

社会环境（S）主要指企业所辐射国家或地区的社会基本状况，包括人口年龄结构、人口分布、宗教、文化背景等。因为这些信息可以反映顾客的需求层次，对企业的经营活动目标的制定有重要影响，甚至直接决定某些目标是否可行。

技术环境（T）主要指企业环境中总体科学技术水平及趋势，不仅包括发明专利，还包括新工艺、新产品等。重点分析是否具备重点扶持条件、生产力转化水平这两个方面。拥有先进的技术能使企业扩展盈利渠道和降低成本，使企业赢在起跑线上。

5.2.3.2　波特五力模型

波特五力模型是迈克尔·波特于20世纪80年代提出的，是一种企业战略的外部微观分析方法，目前常被用作企业间竞争战略管理的分析工具。该模型认为存在五种作用力量影响企业竞争的基本态势，即同行业竞争对手、潜在进入者威胁、替代品威胁、购买者讨价议价能力以及供应商讨价议价能力，如图5-4所示。

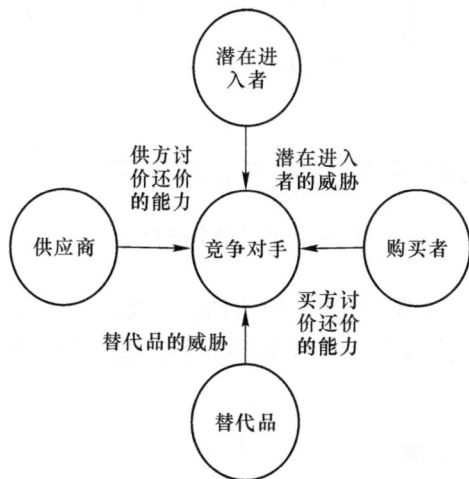

图5-4　波特五力模型

大部分企业的战略目标之一是使企业获得更大的市场份额和资源，从而获得更多的盈利。产业规模固定情况下势必会造成企业间冲突和对抗，由此构成竞争对手的关系。当某产业天然具有吸引力且进入障碍和代价较低时，也必然会有一些潜在进入者，瓜分现有企业的部分市场份额，导致企业盈利水平降低。另外，如果产品存在替代品，供应商抬价、购买者压价等行为都会影响现有企业的盈利水平。上述五种作用力量的分析可以静态判断一个产业的盈利水平和吸引力，从而科学的制定企业竞争战略，也可进行企业的业务创新分析。

5.2.3.3　价值链分析模型

价值链分析模型是由迈克尔·波特在其后期研究中提出的，是一种分析企业价值增量的工具，用来寻找企业内部的竞争优势，如图 5-5 所示。该模型认为企业内部的各种活动都可以用价值链来表示，而不同企业活动分解的各个环节并不都能为企业创造价值，只有价值链某些关键的环节才能反映企业战略的经济利益，即战略环节。企业运用价值链分析模型建立竞争优势，其实质就是抓住价值链上这些战略环节活动。这些活动分为基本活动和辅助活动两部分，前者涉及生产经营、营销、服务等负责创造价值的活动，后者强调其在价值活动的间接性，通过人力资源、技术开发和采购等支持基本活动的正常运行。

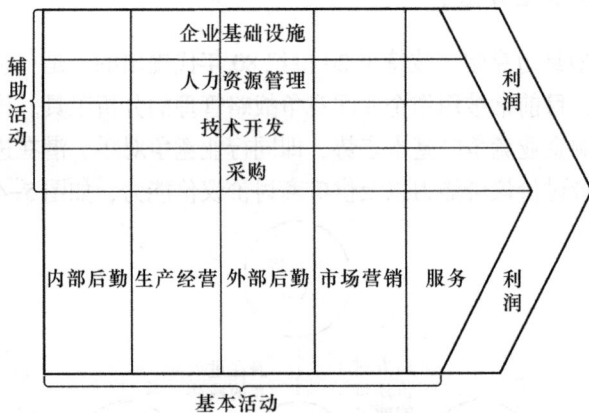

图 5-5　价值链分析模型

从经济学角度看，该模型实质是价值创造的投入—产出，将企业战略的目光放在内部资源状态以及价值活动的关键环节上，以形成和巩固企业核心竞争力，带来最佳效益。

5.2.3.4　波士顿矩阵

波士顿矩阵是美国波士顿公司创始人 Bruce Henderson 于 1970 年提出的，是一种前瞻性分析企业产品或业务趋势来明确战略目标的工具。波士顿矩阵（boston consulting group，BCG）通过组合直接反映外部市场吸引力的指标市场增长率和直接显示内部企业实力的指标相对市场占有率区分出四种业务类型：正在增长的明星业务，正在浮现的问题业务，进入成熟的金牛业务以及等待剥离的瘦狗业务，如图 5-6 所示。通过 BCG 矩阵分析，可以帮助企业判断产品或业务所在象限，为下一步行动制定战略目标。

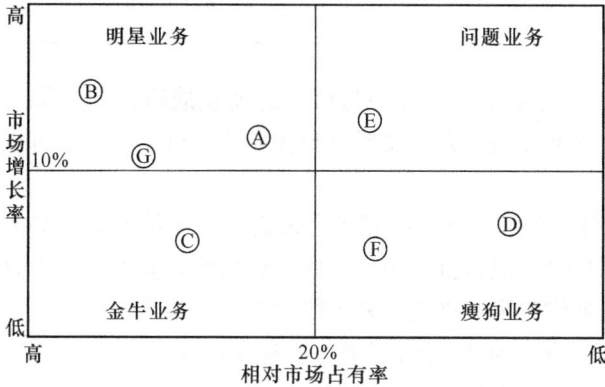

图 5-6 波士顿矩阵

明星业务：指双因素位于左上角的"双高"象限的产品或业务。对于这类业务企业应采取的战略包括积极考虑长远目标，加大资金投入来扩大市场规模，加强自身竞争地位等。

问题业务：指位于右上角的低市场占有率、高市场增长率象限的产品或业务。说明该产业未来前景好，但因种种原因导致目前市场开拓未取得成功。对于这类业务企业可采取选择性投资战略，列入企业可能的长期计划中。

金牛业务：指位于左下角的高市场占有率、低市场增长率象限的产品或业务。该业务能够为企业提供巨大资金且无需追加投资，能为企业发展新版块提供支持。对于这类业务采取的战略是考虑如何管理和维持此类业务。

瘦狗业务：指位于右下角的"双低"象限的产品或业务。这类业务基本无法为企业带来收益，甚至加重企业负担。企业应仔细考察其有无提升和转变的空间，否则宜采取退出战略。

5.2.3.5 SWOT 分析

SWOT 分析法又称态势分析法，由美国韦里克教授提出，是一种系统分析企业内部和外部两方面，识别优势（strengths）、劣势（weaknesses）、机会（opportunities）和威胁（threats）的分析方法，主要用于制定企业的发展战略。其中，优势和劣势属于企业内部分析，通过分析企业自身实力、对比竞争对手包括技术、资产、管理制度、物流服务等方面来识别。机会和威胁属于外部环境的分析，通过分析外部各影响因素的变动所造成结果包括社会消费水平、政策变动、市场需求变动等方面来识别。针对这四种情境形成四种战略，见表5-4。

表 5-4 SWTO 分析

企业内部		优势（S）	劣势（W）
外部	机会（O）	SO 战略	WO 战略
	威胁（T）	ST 战略	WT 战略

SO 战略：是一种显示企业优势与机会的理想战略，即如果企业具备某种特定的优势，而外部又存在能充分发挥自身优势的新机会，企业可以制定此类战略快速发展。

WO 战略：是一种利用外部有利机会来改变企业某方面劣势的战略，即当外部环境出现有利机会，但自身却因为某些劣势妨碍企业发展。在这种情况下，企业可制定此类战略优先采取措施弥补劣势，再进一步借此机会发展自身。

ST 战略：是一种企业利用内部优势去避免或降低外部威胁的战略，即如果行业成本出现上升等突发外部事件，而自身资金充足或是工艺水平高，完全有能力开发新技术或降低损耗，采取此类战略可降低外部威胁的影响。

WT 战略：是一种回避企业内部劣势去应对外部威胁的防御型战略。

SWTO 分析简单实用。根据调查，企业可以清楚、系统和科学的选择最佳战略，并具体化战略。SWTO 分析主要分三个步骤：第一，根据调查寻找并列出四个维度的情况。第二，互相组合形成 SO、WO、ST 和 WT 四种战略。第三，根据现实情况分析和选择战略，再进一步具体化制定实施策略。

5.2.3.6 战略地图

战略地图是平衡计分卡的创始人卡普兰（Kaplan）和诺顿（Norton）经过长期的实践研究后提出的。卡普兰和诺顿在平衡计分卡的基础上的，借鉴、结合价值链的分解思路，对其进行系统和全面的升华提出战略地图，这是一种重要的战略制定工具。企业战略地图的绘制和战略的制定是高层管理者自上而下进行分析的过程，对应用人员有较高的能力素质要求。

同平衡计分卡一样，战略地图也是从财务、客户、内部流程和学习与成长这四个维度为核心进行企业战略的分析。不同之处在于，战略地图增加了两个层次性质：一是表示每个维度可细分多个因素的颗粒性，二是表示规划与绘制相匹配的动态性。战略地图的实施是通过学习与成长维度的人力资本等无形资产的战略准备，建立企业内部流程的关键战略优势，从而满足客户维度的需要和价值，实现财务维度的收入，指定并完成企业战略，实施框架如图 5-7 所示。

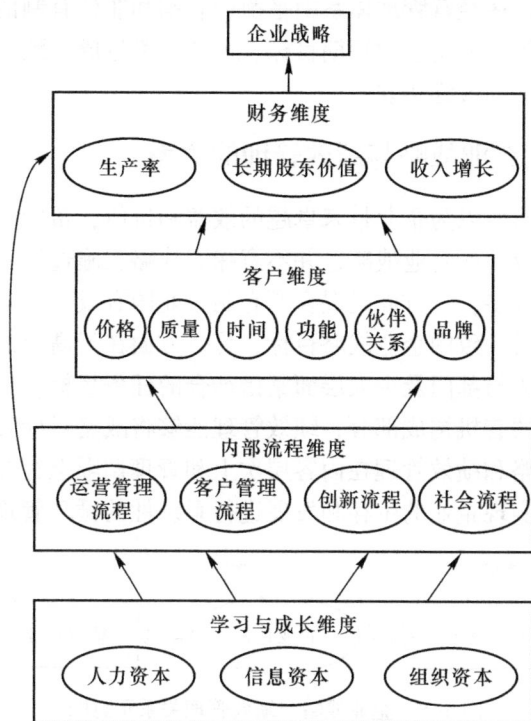

图 5-7 战略地图的实施框架

5.2.4 混合所有制企业战略管理

　　混合所有制企业的成立本身就是母公司战略，混合所有制企业的战略反映了母公司的战略的融合。混合所有制企业母公司既有国有企业，又有私有企业，两种类型企业的性质不同，会影响混合所有制企业战略目标定位。私营企业所有权明确，拥有企业管理权和决策权，把利润最大化作为根本目的。而国企不以盈利为企业唯一经营目标，还需要承担社会责任，相比于私营企业更关注社会利益和长远利益，这种差异必然导致了战略定位的差异。混合所有制企业战略定位应结合原国有企业对混合所有制企业的功能定位与发展方向、非国有企业的经营范围和业务项目、混合所有制企业的优劣势。混合所有制企业融合两家或多家企业的资本、人力资源、技术、业务、营销渠道、管理制度等。在战略定位时，应充分利用原有企业的相应优势，重新定位企业战略，如经营战略。经营方式要转变为市场化经营管理模式，经营战略要利用母公司的业务范围、市场影响力拓展混合所有制企业的业务范围。然而这并非易事，有相当难度。非国有成分更关注自身利益实现和短期目标，对国有管控体系的防范与抵触，容易放弃眼前利益而放弃长远利益，影响长期战略目标的实现。混合所有制企业国有成分与非国有成分需要加强沟通和协商，在经营管理体系中平衡公有制和非公有制的关系，融合利益诉求、社会责任承担，就企业的短期目标、远期战略达成一致，否则将影响企业发展，影响混改目标的最终实现。

5.3　混合所有制企业战略与绩效管理的关系

恰当的企业战略可以为企业带来卓越的效益和价值，帮助企业获得核心竞争优势。但是，一个成功的企业战略，并不意味着战略实施过程一帆风顺。造成企业战略失利的原因很多，一方面是混合所有制企业国有成分和非国有成分由于性质不同导致难以达成一致的企业战略目标，另一方面在于高层次的战略管理在实施过程中未能分解成与部门及个人层面紧密结合的任务目标。如前文所述，绩效管理是战略管理中的有机构成部分，绩效管理能够将战略目标转化可衡量的指标进行落实。企业战略和绩效管理在内容层次上和管理期限上存在差异，但二者都以目标为导向，为实现企业的生存和发展进行系统性的循环管理，二者基本关系如图 5-8 所示。

图 5-8　企业战略与绩效管理关系示意图

总体上看，二者相辅相成，关系密切。企业战略确定了企业目标，决定了企业绩效管理的程度及其实施目标，是绩效管理的前提条件，起到导向作用。企业绩效管理是建立在企业战略的基础上，不能脱离战略而存在，一定程度上是企业战略的外在表现形式，并且支持企业战略落到实处，也能对战略产生影响。因此，只有正确的分析和处理好企业战略与绩效管理的关系，才能形成良性互动，真正实现企业价值，保障企业长久的生存和发展。

5.3.1　企业战略决定绩效管理活动

企业战略对企业未来生存和发展进行全局性的谋划，制定企业目标、方针政策和路线方向等，决定了对生产、销售、运输、仓储等的管理，从而决定了企业绩效管理。这种决定性主要体现在绩效目标、绩效评价指标体系的确定以及资源配置。

企业绩效管理需要与战略相匹配。采取不同的战略，意味着绩效管理的导向性也不同。战略决定绩效管理主要表现在以下几个方面：一是企业战略确定了绩效计划的核心内容，即决定了绩效目标体系，包括组织绩效目标、部门（团队）绩效目标以及员工绩效目标。二是企业战略决定了绩效管理的指标体系，包括绩效指标、绩效标准和绩效权重。例如，如果企业执行精细化管理战略，其产品标准会比不执行此战略的企业高。当然，不依据企业战略也能实行绩效管理，但是，目的的不一致性可能无法最大化活动价值。因此，只有以企业战略为依据的绩效管理活动才能真正发挥绩效管理的价值。

5.3.2 绩效管理对企业战略实现具有支撑作用

成功实施战略管理并非易事，甚至比制定一个好的战略都要困难。对于混合所有制企业来说，人员混合、文化差异等特征加大了战略实施难度。混合所有制企业既有原国有企业员工，还有合同工、派遣工等，既有国有企业文化，又有市场文化，混合所有制企业战略的有效实施，需要改变国有企业"大锅饭"文化，进行文化整合，向市场化机制改革，通过绩效管理等手段来落实战略目标。绩效管理作为企业战略管理的一部分，整合了企业部门、团队、员工各个层次，对企业战略目标的实现具有重要的支撑作用。绩效管理将企业战略目标层层分解并落实到每个岗位的日常工作中，通过设定目标激励和约束员工的行为，从而保证企业战略优势的实现。简而言之，绩效管理通过事前关注战略目标，事中活动评估与控制，事后反馈、应用与调整，最终支持企业战略的实现。

事前关注战略目标是支持战略落地的载体。通过战略目标分解制定具体的活动策略，改善了企业各层级间原本杂乱的目标方向，自上而下使企业内部绩效与战略有机联系，通过确定绩效指标、评价标准和权重再自下而上的对绩效管理系统产生深刻理解，从员工个人层面出发按照企业战略要求进行活动，确保企业战略最终落地。

事中活动评估与控制，是支持战略重要的手段。通过与预期情况进行比较，评估和发现绩效实施的实际偏差情况，包括行为、工作业绩等。从而采用有效措施矫正、调整等控制手段，引导绩效目标向企业战略方向迈进。

事后反馈、应用与调整是支持战略的保障。通过将绩效评估结果一步步层级传递，能够明晰阻碍绩效计划目标实现的各方因素以及造成实际结果的原因，这些因素或原因基本上也是阻碍企业战略最终实现的信息。因此，及时根据反馈的结果信息来应用或调整当前绩效管理水平，可以作为支持企业战略成功的保障。

6 混合所有制企业绩效管理系统构建

6.1 混合所有制企业绩效管理模式的确定

经过多年的理论发展与实践，绩效管理经历了基于成本的绩效管理模式、基于财务的绩效管理模式、基于质量的绩效管理模式、基于经济增加值的绩效管理模式、基于相关利益者的绩效管理模式、基于战略的绩效管理模式等模式。从实践来看，并不是所有企业都适合某一种绩效管理模式。某种意义上讲，管理模式并无好坏之分，只有适用性之说。选择适用的绩效管理模式，很大程度上决定了绩效管理的有效性。对于混合所有制企业来说，在没有完全完成市场化机制改革前，通过绩效管理推动市场化改革，其更关注混合所有制企业成立的初衷，关注混合所有制企业的战略目标的实现，关注人力资源活力的激活，应采用基于战略的绩效管理模式。在彻底完成市场化改革之后，混合所有制企业的绩效管理模式需要根据企业的具体情景来确定，主要取决于企业绩效管理目标、企业自身特征、绩效管理成本等因素。

（1）企业绩效管理的目标。企业绩效管理的目标，很大程度上影响绩效管理模式的选择。如果企业十分重视客户，那么就会特别注重客户反馈等绩效指标。如果企业的目标是建立一支高效的专业团队，那么企业在确定绩效管理模式时就会优先考虑长期战略目标，而不会过分看重短期目标。如绩效管理目标是选拔出潜力员工进行培训和能力开发，又要在整体上反映问题，避免具体指标衡量的烦琐性，那么比较考评法算是比较有效的方法之一。混合所有制企业的绩效管理更关注于企业成立的初衷，即母公司的战略意图，关注国有企业的市场化改革、激发人力资源活力等。

（2）企业特征。绩效管理模式的选择需要考虑企业特征，主要包括组织文化、人际关系、工作特征三个方面。首先，混合所有制企业遗留着国有企业存在的干好干不好都一样的"大锅饭"现象，绩效管理则要让干好干不好不一样，要体现公平公正思想和理念，但是受传统文化、国有企业文化的影响，中国企业的组织文化导致了诸如平均主义、老好人现象特别突出，使得绩效考评流于形式，无法达到预期效果，因此，在模式上选择客观的定量化绩效指标就变得尤为必要。其次，沟通交流贯穿于绩效管理的整个过程中，融洽且和谐的人际关系在绩效管理中显得十分重要。人际关系主要是员工与直属上级、同事、小组成员、下属和客户的关系情况，尤其需要关注混合所有制企业原国有企业员工与其他合同制员工、劳务派遣工等的人际关系。混合所有制企业需要根据企业员工构成及其利益关系诉求，制定绩效管理方案，根据沟通交流的需求程度和各自弊端，合理选择绩效评价主体，在企业内部建立健康的人际关系和信任机制。如360度绩效考核法，涵盖了所有有交集的人员，评价信息来源多，能够有效避免企业管理中的考评刻意夸张现象。最后，工作人员的独立性、程序性和环境的稳定性等特征也影响绩效的考评过程。比如，工作环境不稳定，而人员独立性要求强和程序性弱，那么企业绩效管理模式和方法确定上就会出现客观性需求很弱，常规的非结构化比较法即可满足。

（3）绩效管理成本。企业实行绩效管理的可行性在于其产生的经济效益大于成本。很多企业将绩效管理相关的成本损耗计入成本预算。越是复杂的管理模式和方法，就需要花费更多的财力、物力和精力。因此，绩效管理的成本也就相应地成为进行管理模式选择需要考虑的问题。常见的绩效管理的成本主要包括绩效信息收集和处理成本等。绩效管理机构的设置直接影响绩效管理的成本，企业规模也影响绩效管理成本，比如企业的规模越小，采用扁平化管理，层次等级少，信息传递的失真可能性越小，需要收集和分析的绩效考评信息也越少，成本也越小。一般情况下，定量考评方法所投入的成本要高于定性考评方法，但前者信息失真的可能性相较于后者要小。因此，基于绩效管理成本的考虑，大多企业更愿意采用一些应用简便、花费费用和精力适中的绩效管理模式、方法。当前，随着信息技术的发展，基于 Web 技术的绩效管理系统也大大节约了绩效管理的时间和成本，还可以方便应用360度考核。

6.2　绩效管理系统的构建原则与步骤

6.2.1　构建原则与注意事项

绩效管理系统的构建原则与注意事项如下：

（1）绩效管理系统的系统性。根据系统论的观点和绩效管理的内涵，绩效管理系统由若干相互关联的要素所构成的具有目的性、层次性和动态性特征的有机整体。系统的目的性体现在绩效管理系统在既有目的的基础上工作，这种目的与绩效管理体系的功能是一致的。混合所有制企业要通过绩效管理向市场化机制改革，激发员工活力。系统的层次性体现在绩效管理指标体系包括企业整体、部门（团队）和个人三个层次，绩效管理需要对不同绩效层次进行整合以实现体系的高效运行。系统的动态性体现在绩效管理系统包括绩效计划、绩效实施、绩效考评、绩效反馈等步骤，随时间的推移管理内容发生变化。此外，随着企业情境的变化，绩效管理内容也相应地动态调整。

（2）绩效管理系统与薪酬体系的关联性。一般情况下，绩效管理系统是与薪酬体系密切联系在一起的。混合所有制企业通过绩效管理打破国有企业的"大锅饭"现象，激发企业活力，就要从薪酬体系上下手。1）企业通过绩效管理将绩效与薪酬联系起来，让各部门和各岗位员工能够严肃认真地对待绩效考评，推动和落实市场化改革。值得注意的是，如果绩效考评结果不够可靠，不被大多数的员工所接受的话，将引发薪酬的矛盾和冲突。此外，原国有企业分配上的"大锅饭"文化也会使部分员工抵制绩效管理的实施。2）薪酬体系的变动会影响绩效管理系统的实施效果。如果员工认为绩效薪酬过低，那么即使绩效管理体系是一个不错的体系，员工也会不满意，产生抵触情绪。因此，单纯的构建绩效管理系统是远远不够的，需要同步匹配恰当的薪酬体系。

（3）绩效管理系统与个人、企业发展的关联性。绩效管理是对个人及企业完成特定工作任务或组织目标的动态管理过程。从深层次上讲，绩效管理是为了实现企业的计划目标，促进企业发展。而企业发展的基础是人的发展。故绩效管理不仅要关注企业短期目标，还要注重关注企业发展的长期目标，关注个人发展。绩效管理系统应与个人、企业发展相关联性，这种关联性主要表现在评价指标应该反映出个人、企业发展的绩效内容和特征。员工能够根据企业的目标和管理者的指导，明确地知道自身下一步如何规划自己的工作内容，如何改进日常行为来提高绩效，以促进企业绩效目标的达成。这不仅为企业发展作为相应的贡献，还提升了自己的能力。对于混合所有制企业来说，尤其要改变能上不能下的人力资源管理方式，需要根据岗位人员绩效水平匹配最合适的岗位，这对于混合所有制企业的发展来说尤其重要。

（4）管理人员绩效考核需体现其本人及下属的绩效。管理者通过领导一个部门或团队实现工作目标，其工作绩效很大程度上是通过下属的绩效完成情况来进行判定。管理人员的绩效评价需要同时体现出管理者本人及其下属的绩效水平。

（5）绩效管理系统的连贯性与更新。随着外部环境、组织内部的变化，绩效管理体系需要不断改进、完善与更新。绩效管理体系的更新并不是彻底改变体系，一定要注意绩效管理的连贯性，否则大幅度的绩效管理体系调整会给员工带来较大影响，使其产生抵触心理。绩效管理体系的改进与完善，一定要辅以培训等手段。通过培训等手段自上而下的实施绩效管理体系，传递高层领导者想法，理解绩效管理，帮助下属建立标准和理念，使绩效管理过程有序开展，体现连贯性。绩效管理的成功，不仅在于前期大量枯燥的系统性工作，还在于绩效反馈和绩效管理系统的改进。因此，绩效管理系统有效运行，需要在实践过程中不断更新。由于资本混合、人员混合，混合所有制企业绩效管理面临更复杂的情景，需要更加谨慎的构建适用的绩效管理系统，否则，一旦实施不恰当的绩效管理系统，就会招致员工抵制，绩效管理的推行就变得非常被动和困难。

6.2.2　绩效管理系统的构建步骤

构建绩效管理体系是一个系统工程，需要多个工作步骤，并不断改进和完善。由于企业内外部环境不同，不同类型企业构建绩效管理体系的具体内容有所差别，但是都遵循着基本相同的步骤，即企业及其背景分析、绩效管理目的的确定、多层次绩效管理体系构建、绩效管理试点与体系完善、绩效管理推行与更新五个步骤，如图 6-1 所示。

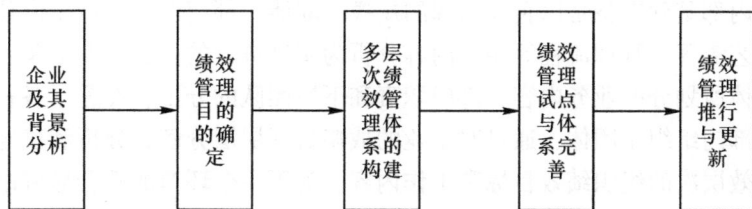

图 6-1　构建绩效管理系统的一般步骤

6.2.2.1　企业及其背景分析

任何企业都处于社会宏观大环境中，绩效管理体系构建需要首先对混合所有制企业及其组织背景进行分析，这是绩效管理体系构建的首要环节。

首先要深入理解混合所有制企业成立的初衷，科学分析和了解混合所有制企业当前内外部环境，为有效构建绩效管理体系提供基础依据。从内容上看，企业及其背景分析主要是分析混合所有制企业成立背景以及当前现状，明确企业的发展战略和方向。具体来讲，就是系统的分析混合所有制企业的发展规模、组织结构、企业文化、同行业或地域性竞争对手比较等，从企业长远发展的角度分析企业优劣势、机遇和威胁，确定企业未来发展的方向，计划要取得的成就或目标，制定战略路径、方针。最后将这些内容与绩效管理体系联系到一起，作为下一步绩效目标确定的依据文件。

6.2.2.2　绩效管理目的的确定

绩效管理具有明确的目的性，这就要求在构建绩效管理系统之前，务必要确定绩效管理的目的。换句话说，绩效管理体系构建和实施之前需要明确绩效管理最终要达成的目的是什么。这一步骤既是构建绩效管理体系过程中的重要环节，也是企业的一项重要的战略决策。

只有绩效管理有了明确的目标，才能在后续过程做出科学的选择，确保绩效目标的实现。就绩效管理目的而言，最宽泛的目的之一就是实现企业发展和战略规划。对于混合所有制企业来说，最基本的目标是实现企业战略、激发员工活力。当然，不同领域、不同阶段的企业绩效管理目的的侧重点不同，可以是具体的，也可以是宽泛的，可以是单个目标，也可以是多个目标。目标是绩效管理的出发点，因此，绩效管理体系目的确定十分重要。

6.2.2.3　多层次绩效管理系统构建

多层次绩效管理系统的构建主要包括三个环节：企业内部基础准备、企业绩效层次的整合以及企业绩效管理流程的设计。具体内容如下：

企业内部基础准备是以企业内部的规模、职能、部门职责、员工岗位、任务流程、工艺流程、管理流程等相关内容分析为基础进行的相关前期准备工作。企业依据具体所划分的业务内容、部门职责和下属团队的分工，设置了各种各样的企业内部部门组织小团体，通过对企业的战略目标层层分解，分析和确定这些处于不同绩效层次的组织绩效目标和工作内容，为下一个环节的整合做好准备。这些绩效目标的确定，需要以目标管理为前提，否则无法科学合理的完成绩效管理体系的基础准备工作。

企业绩效层次的整合是对企业级、部门级、员工级三个层次的绩效管理进行整合，形成一个涉及多层次的完备的绩效管理体系，这一环节是绩效管理体系构建的关键环节。有学者将部门看作是一个组织，整合的绩效层次为组织和员工两个层次的整合。企业绩效层次的整合是构建多层次绩效管理体系的重要环节，它使绩效管理体系在纵向上具有层次性，并实现了各个层次的融合，形成统一的整体。

企业绩效管理流程的设计是构建多层次绩效管理系统过程中最具有实质性意义的环节。它体现了如何将一系列管理环节紧密地衔接，形成一个不断循环的闭环过程。尽管流程环节的研究存在一定差异，有三环节论、四环节论，甚至是更多的环节，但是绩效管理流程的整体内容是基本相似的，没有本质的区别，只是研究的视角、方法、侧重点不同等原因导致具体环节划分的差异。通过绩效管理流程的设计，确保绩效管理系统的有效性和可靠性，最终达到绩效管理的目的。

6.2.2.4　绩效管理试点与系统完善

经过以上三个步骤，绩效管理系统的主要内容已然完成。然而，绩效管理系统的构建是一项非常复杂的系统工程，即使绩效管理系统构建的所有步骤都是科学合理的，绩效管理系统实施运行也未必成功。为了能够保证绩效管理系统能够在企业全面有效的推行，有必要将其在局部范围内进行绩效管理的试点应用，验证绩效管理体系的科学性和可行性，并对试行时发现的不合适内容及时进行调整和改进，这种不合适既可以是体系本身，也可以是企业绩效管理相关联的其他环节，通过试点和完善可以保证绩效管理系统的科学性、合理性和有效性。绩效管理体系的试点应用，可以是企业内的主要代表性项目或部门，也可以是规模适中的某一分公司单位。

6.2.2.5　绩效管理的推行与更新

绩效管理体系通过试点应用，发现问题，及时调整和完善。还要对最终确立的绩效管理体系进行评价，进一步判断绩效管理体系的科学性、合理性和有效性。绩效管理体系评价，既可以利用问卷调查法、访谈法等常规手段收集绩效数据，也可以借助数理工具、仿真软件等来进行数学化分析。从评价内容上看，主要考虑绩效管理体系的目的是否合适，多层次绩效管理整合是否可行和有效，员工对于绩效考核是否满意，各绩效管理环节是否形成循环闭合过程等。如果绩效管理体系的评价结果不好，应对绩效管理体系进行调整、改进、更新，再进行试点，直至绩效管理体系能够让人满意后方可在企业内部全面推行。

6.3　混合所有制企业绩效管理系统的目的分析

绩效管理同其他类型的管理一样，具有明确的目的性，需要首先明确混合所有制企业绩效管理的目的。实践表明，很多企业的绩效管理流于形式，存在高投入、低回报的问题。出现这些问题大多是由于管理者和员工对绩效管理的误解所导致的。他们错误地认为绩效管理的成本投入是业务性的，只要投入便可产出大量的价值；而对绩效管理目的性的认识缺乏，导致绩效管理没有明确的、恰当的目标，致使高付出却得不到满意的结果。因此，绩效管理的目的分析十分必要。

绩效管理往往是在企业战略目标层层分解的情况下确定适用于不同绩效层次的具体目标，奠定绩效管理系统构建的基础。对于不同企业规模、不同阶段、不同部门，绩效管理的目的都有所不同，但归纳来说，混合所有制企业实行绩效管理的目的主要包括推进和落实企业市场化改革、提高各层级绩效水平、激发员工积极性、开发员工、促进企业发展和员工能力开发、考评结果辅助决策等。

（1）推进和落实企业市场化改革。混合所有制企业是国有企业市场化改革的一种方式。市场化改革既包括治理体系的改革，也包括市场化的管理机制改革。绩效管理以绩效指导、控制员工行为，将薪酬与绩效联系起来，改变国有企业"大锅饭"现象。通过绩效管理可以有效地激发员工的激励性、引导和塑造员工行为，深入推进和落实混合所有制企业的市场化改革。

（2）提高各层级绩效水平。绩效管理系统的建立，契合了战略目标与绩效目标的统一性，逐步将目标分解到部门、团队和员工个人，形成对应层次的绩效体系。绩效管理体系在实施和落实过程中，确定与战略相关联的绩效目标，以此为标准比较企业级、部门级和员工级目标的实现情况，根据目标实现情况挂钩薪酬奖惩激励，从而引导组织行为，融合各层级绩效目标，并提高绩效水平的目的。绩效管理系统中的各层级绩效目标期望是明确的，要想发挥提高绩效水平的价值，还需要通过培训等手段，消除绩效管理的错误认识，帮助员工积极改进和提高绩效水平。

当绩效管理是以提高各层级绩效水平作为主要目的之一时，绩效管理系统应具有以下特点：1）绩效期望值与目标值在整个管理过程中都是一致的；2）有多条对绩效水平进行沟通改进和调整的正式渠道；3）有正式的绩效考评环节和制度；4）绩效信息的获取透明；5）有指导各岗位员工理解绩效并努力提高绩效的机制和工具。

（3）激发员工活力、开发员工、促进企业发展。绩效管理推行和实践过程中，将绩效与薪酬联系起来，以激发员工活力；通过绩效反馈帮助员工认识到技能、素质、知识等方面的不足，指导员工去学习和改进，提高和开发员工的能力，以实现更高绩效；通过对比分析绩效目标与实际绩效水平，发现各绩效实现不足，及时采取针对性补救措施或者确立下一阶段绩效改进方向，进一步挖掘潜力，促进企业有序发展。

当绩效管理以激发员工活力、开发员工和促进企业发展作为主要目的之一时，绩效管理体系应具备以下特点：1）有效区分绩效差别；2）良好的沟通氛围；3）多种绩效反馈渠道；4）期望树立企业和员工不断成长和学习的价值观。

（4）考评结果辅助决策。绩效管理最初的目的是用于绩效考评，通过考评结果辅助各种重要的人力资源管理决策，主要包括企业薪酬管理、员工岗位晋升、职位调动和辞退决策、培训计划制定和奖惩方案等。绩效管理系统中的考评结果能够作为决策依据，考评结果要有足够的准确性和有效性。通过绩效管理改变原国有企业用人存在能上不能下的现象，根据绩效考核情况决定管理岗位人员的晋升、保级或是降级。为此，绩效管理系统可能较为复杂，且应有足够的理论支持。

当绩效管理系统要以考评结果辅助决策作为主要目的之一时，意味着绩效管理体系要与企业的薪酬体系、企业晋升体系建立密切的联系，应具有以下特点：1）所确立的绩效指标能够有效区分同部门、同岗位人员的绩效差别；2）采用的绩效考评方法能够客观反映、区分、科学计算绩效水平结果；3）绩效考评结果基本上是定量化的数值；4）有正式的绩效考评程序。

6.4　多层次绩效指标体系设计

绩效指标体系设计的科学性和合理性，是企业能否实现绩效管理目标的重要前提和基本保障。对某企业多层次的绩效指标重新设计前，通常需要以绩效管理的目的和目标为出发点，充分对现有绩效指标体系现状进行诊断和沟通，还务必坚持在合适的绩效考评模式或方法基础上，结合考虑对象企业的管理特点和实际情况，例如本书针对混合所有制企业所具备的独特性。如此，设计出的多层次绩效指标体系才有可能发挥其真正的功能。

绩效指标体系的设计，按照应用于绩效层次可划分为三方面：企业级绩效指标体系、部门级绩效指标体系和员工级绩效指标体系，需要根据不同层次的目标内容逐级设计。按照绩效指标所具有的性质划分为两大类：定性指标和定量指标。定量指标能够依据客观标准和现实数据，凭借数学手段即可统计和分析出具体考评数值，如格利伯特（Glibert）的四要素法则：工作的质量、工作的数量、工作的成本以及工作的时效。定性指标则难以用数学手段进行计算，涉及态度、行为等内容，但可以通过模糊语言或打分来量化判断。按照绩效指标的考评内容不同又可划分为三大类：特征导向绩效指标、行为导向绩效指标以及结果导向绩效指标。特征导向绩效指标主要衡量人怎么样，如工作主动性、企业使命感和忠诚度等；行为导向性绩效指标主要衡量人怎么做，对于有关目标完成方式的考核十分有效。结果导向绩效指标主要衡量人具体的工作标准内容，包括工作做什么和做到什么程度。

大多数情况下，绩效指标体系的设计需要符合实际的因人设岗、因人设事，即要根据绩效考评目标来分解指标和范围，过程中涉及岗位职责、重点业务等工作要求，提高指标的系统性。同时，把握绩效指标的可控性、敏感性、可靠性和可接受性等特点，也就是绩效指标能够受到被考评对象的影响，使数值可改变，且能够以此影响区分不同对象的优劣，整个过程都是企业各级组成部分参与和支持的结果。为了适应新时期经济发展的需要，当前对于工作期望、未来发展计划和约定等相关的绩效指标，也将逐步纳入绩效指标体系，持续和灵活的改进绩效管理的目标。

除此以外，绩效指标体系在满足企业战略目标和绩效目标紧密联系的前提下，在部门和个人的多层次操作过程中也是可控的，即要注意体系结构和内容的复杂性和冗余性，避免实际中流于形式。要较好地应对这一问题，很大程度上在于绩效指标数量和绩效指标体系层次的选择上。具体而言：

（1）绩效指标的数量不宜过多，如果事无巨细的设计指标内容，固然全面和细致，但造成管理分散，侧重点不明确，容易忽略关键工作领域和各层级对象的接受程度，在实际中将无法传递出明确、清晰操作性强的绩效导向信息，这也会增加后期执行的成本和执行阻力。当然，绩效指标数量也不是越少越好，容易缺乏公平性和科学性，不能从根本上把握各层次的绩效特征，要尽可能地做到"少而精"。

（2）绩效指标体系层次上要有关联度，遵循系统的企业战略目标方向，然后划分各下属企业、生产单位以及职能部门的绩效目标，最后逐级划分到各岗位员工的日常工作中，实现多层次绩效体系的关联整合。在绩效指标的层级上，单一的层级往往是模糊的或不全面的，需要以某种理论框架为指导，如中国传统的"德智体美"或平衡计分卡的多项维度，尽量做到二级指标体系或以上，再具体确定相应维度下的考核指标内容，清晰地解释绩效指标的内在含义和管理意义，促进体系设计的可执行性。

多层次绩效指标体系的设计，其具体过程如下：

（1）明确企业总目标和绩效领域。不同层次绩效指标的出发点，往往都是由企业总目标分解的产物。因此，要充分回顾企业整体的总目标，利用头脑风暴法、因果图等工具，科学的寻找出企业核心的业务板块，即支撑企业绩效指标的关键领域，以此为后续绩效指标确定打下基础。

（2）进行工作流程和绩效特征分析。在对绩效各要素进行研究和分析的基础上，由主管等相应中高层管理者从工作流程的角度对绩效指标进行把握，确定各层次对象的定位、业务范围以及上下游关系等。同时，还是要利用头脑风暴、因果图等工具，以图表的描述相关指标的特征，尽可能多的涵盖指标。

（3）绩效指标的验证和确定。依据绩效指标选取的一些原则，如 SMART 等，利用互相结合的多种方法，如成功关键分析法等，对各项绩效指标进行调查和验证，多维度的确定绩效指标。从企业层次，可以利用平衡计分卡、战略目标分解法等。从部门层次，可以依据部门承担责任、依据职类、职种工作性质等将企业相关目标分解，形成部门级绩效指标体系。从员工层次，是逐层目标压力传递的过程，涉及员工的工作能力类、态度类、行为类以及发展类等多种绩效指标，依据岗位要求和定位针对性设计。

（4）绩效指标的反馈和修订。初步设计的绩效指标体系，往往还需要进一步审核，判断是否能产出最终绩效结果、是否能在日常得以证明和记录、是否留下可超越的空间、是否能可操作性等，并通过专家、领导、成员代表等进行沟通反馈，修订设计的绩效指标，使最终体系更加趋于合理和实用。

6.5　多层次战略绩效管理系统的整合构建

企业组织作为一个复杂系统，结构具有层次性。根据研究对象的不同，绩效可以划分为个人、群体（团队）和组织三个层次。相应的绩效管理体系包括三个层次，即员工级绩效体系、部门级绩效体系和企业级绩效体系。尽管三者处于不同的层次，但它们之间相互关联。员工级绩效体系是基础，部门级绩效体系建立在员工级绩效体系的基础之上，企业级绩效体系则建立前者基础之上，高层次的绩效体系是低层级绩效体系的整合与扩大。

构建企业绩效管理体系，需要将企业中的三个绩效层级整合在一起，从纵向上构建一个多层次的绩效管理体系，以适用绩效管理的需要。如果单纯地对某一层级（如员工层级）进行研究，忽略其与其他层级体系之间缺乏必要的联系性，虽然能够实现员工绩效预期目标，但是，对于企业整体绩效实现而言，则有可能是不理想的，没有充分协调好其他绩效管理体系，无法有效发挥其功能。因此，企业绩效管理体系需要整合和融合各层级绩效管理体系，使其具有目标一致性。企业绩效管理体系不同层次融合构建过程如图 6-2 所示。

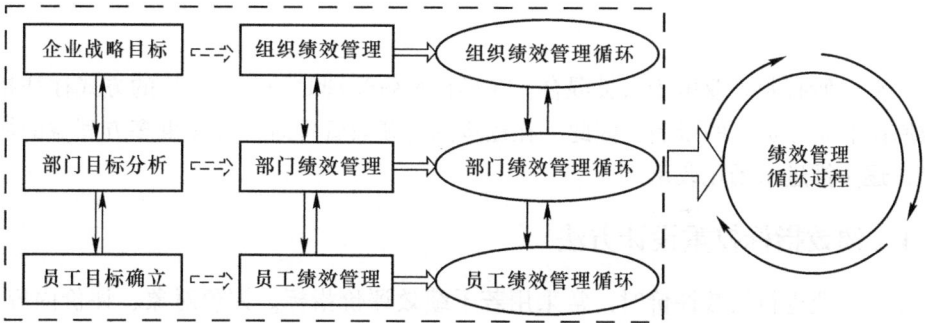

图 6-2　多层次绩效管理系统的整合过程

多层次绩效管理系统的整合，首先整合不同层次目标，其次整合绩效管理的循环框架，最后整合绩效管理内容。不同层次目标的整合是多层次绩效管理体系构建的基础。各层次目标的整合以企业的战略目标为起始点，通过系统分析战略目标对各部门、各岗位员工的要求，并结合部门、岗位职责确立各层次的绩效管理目标，从而确保各层次的目标方向的一致性。绩效管理的循环框架整合是在确立绩效目标的基础上，层层设计绩效管理循环过程，并使各层次绩效管理环节趋于统一。绩效管理内容整合是在绩效管理循环框架的基础上，将各个层次下的每个环节的具体内容，依据企业特点和内外部环境，有针对性地制定协调一致的管理内容。最终实现企业级、部门级和员工级三个绩效层次的整合，也实现了从绩效目标、绩效管理循环过程和绩效管理内容的系统整合。概况来说，多层次绩效管理体系的整合构建，是在战略目标框架下内构建支持性的绩效管理系统，多个层次绩效管理系统的融合过程与战略目标保持一致。对于混合所有制企业来说，资本混合、人员混合的特征决定了多层次绩效管理系统整合过程中还需要注重战略目标的整合、文化整合。整合战略目标可以确保企业高层对战略目标达成一致，保证令行统一，整合文化可以确保员工对目标的认可、确保多种类型员工间人际关系的和谐、确保绩效管理系统的有效整合。

7 企业绩效指标权重与评价

混合所有制企业由于人员混合，在推行绩效管理时采用一刀切的方式往往招致原国有企业员工的抵制，因此，在逐步推行绩效管理时，要注重多方利益的协调，逐步推进市场化改革。

7.1 绩效指标权重设计方法

对企业进行绩效评价时，常采用若干绩效评价指标。评价对象、评价内容、评价目的不同，采用的绩效指标不同，即使采用相同的指标，各指标的相对重要性也不尽相同。为了反映绩效评价指标在绩效评价中的重要性，必须对各绩效指标的相对重要性进行量化，即确定指标权重系数。即使同一组绩效指标和绩效指标评价值，如果权重不同会导致截然不同的评价结果。

一套科学合理的绩效指标权重的确定方法，是科学、合理的计算绩效结果的基础。而科学合理的绩效结果是实现企业内部的公平公正的前提，能够引导员工的行为、态度，为企业战略目标的实现提供保障。同时，绩效指标权重的大小也反映和传达出企业一定时期的经营侧重点和内部资源配置状况。可以说，确定绩效指标权重是绩效管理的一个重要内容。

绩效指标权重的确定，应当遵循针对性原则、系统优化原则和目标导向原则等。即必须要考虑企业自身的现实情况，要对绩效指标体系中的各个指标因素进行比较分析，处理好互相之间的关系，不能过分强调某一个指标的最优化或片面化作用，要从系统的角度反映每个指标的作用、影响和重要性。此外，同一绩效指标对不同岗位来说重要性不同，比如顾客满意度指标对于营销人员相当重要，可对于企业其他的材料供应人员就不那么重要了。企业要充分考虑绩效评价指标的相对重要性，给予相应权重反映相应的行为、结果的引导意图和价值观念，确保指标权重的分配与企业目标和关注点相一致，真正发挥绩效考核的导向作用。

指标权重确定方法大体上分为主观经验加权和数学加权两种，前者主要依靠专家们的经验进行直接判断，优点是过程简单，成本低和效率快。但是具有片面性，信度和效度不高，且对专家专业能力要求高。而后者以主观经验为数据基础，通过数理公式间接得到权重系数，更具科学性和合理性。数学加权是当今主流方法，根据计算数据的来源可分为主观赋权法、客观赋权法等。主观赋权法的原始计算数据来自专家们的主观经验判断，根据重要程度的主观判断来合理计算权重的方法，主要包括德尔菲法（Delphi）、等级序列法、对偶加权法、加权平均数法以及层次分析法等。客观赋权法主要是依据一定的数理思想，通过分析各层级指标原始计算数据之间的互相联系程度，或是数据隐藏及携带的信息量大小来分配权重系数值。主要包括熵权法、COWA 算子赋权、因子分析、Shapley 值法、模糊理论、粗糙集理论等。与需要进行一致性检验的层次分析法相比，这类赋权方法大多理论基础坚定，并利用某种数学思想降低决策者主观性影响，不增加决策者的思维负担，使权重系数极具客观性。但是，这类方法计算过程可能较为复杂，且不可避免地会出现权重与实际情况相悖的问题。

　　绩效指标权重的方法较多，代表性的方法有德尔菲法、层次分析法、基于熵权法、基于 Shapley 值的方法等。

7.1.1　基于德尔菲的经验指标权重确定

　　指标权重的确定以往主要借助在某一领域知识、经验丰富的专家或是历史数据，但个人对指标重要性分配的意见和看法往往信度不高，对专家要求很高。因此，目前逐渐转变为通过专家集体讨论以确定权重，结果准确，决策的效率高，且更容易被人接受，成本低。但缺点是仍然具有一定的片面性，专家成员的人选、人数以及主题的目的性和明确性都是工作的难点和重点，对指标权重结果有直接影响。其计算公式为：

$$a_j = \frac{\sum_{i=1}^{n} a_{ji}}{n}(j = 1, 2, \cdots, m)$$

式中，n 为专家的个数；m 为指标的数量；a_j 为第 j 个指标的权数平均值；a_{ji} 为第 i 个专家对第 j 个指标重要性程度的打分值。

　　为符合使用和认知习惯，再进行归一化处理，最终权重：

$$w_j = \frac{a_j}{\sum_{j=1}^{m} a_j}$$

7.1.2　基于层次分析法的指标权重确定

　　层次分析法（analytic hierarchy process，AHP）是 20 世纪 70 年代由美国著名运筹学家 T. L. Satty 等人提出的一种定性与定量相结合的决策方法，也是应用最为广泛的主观赋权方法之一。它能够将决策问题在深入分析后，通过分解并构建成包含目标、准则和方案等层次的结构模型，利用少量信息和一定的标度（如 1~9 级标度法），将决策的过程定量化，尤其适合于结果难以直接计量的场合。

AHP 在确定权重的过程中，使用了线性代数的方法，数学原理严密，同时还简化了系统分析和计算，有助于决策者保持思维过程的一致性。其权重计算的步骤如图 7-1 所示。

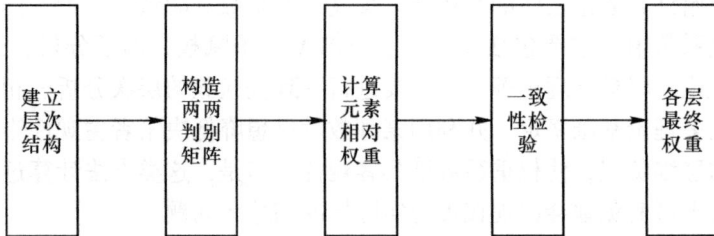

图 7-1　AHP 应用步骤

（1）建立层次结构。首先构造递阶模型，包括目标层、准则层和方案层（子准则）。目标层为最高层，表示要解决问题的目的，只有一个元素，即确定指标权重；准则层为中间层，表示考虑指标维度；方案层（子准则）为最底层，表示解决问题的具体指标或方案。同时，层次数与解决问题的复杂程度有关，每一层的元素一般也不超过 9 个，防止给下一步的两两判断带来困难。

（2）构建两两判别矩阵。AHP 主要是对处于同一层次的各指标因素的相对重要性进行判断，采用两两比较的方式，形成判别矩阵。判别矩阵表示针对上一层次的因素，本层与之相关的各因素间的相对重要性对比。判别矩阵具有 $C_{ij} > 0$，$C_{ii} = 1$，$C_{ij} = 1/C_{ji}$ 等性质。

在 AHP 中，为了使决策判断定量化，通常采用 1~9 级标度法进行判别矩阵赋值。见表 7-1。

表 7-1　1~9 级标度法及含义

重要性标度	含　义
1	两元素相比较，重要性相同
3	两元素相比较，前者比后者稍重要
5	两元素相比较，前者比后者明显重要
7	两元素相比较，前者比后者强烈重要
9	两元素相比较，前者比后者极端重要
2、4、6、8	上述判断的中间值
倒数	两元素相比，若后者比前者重要，则取上述 1~9 整数标度的倒数

（3）计算元素相对权重值。运用矩阵的相关知识计算判别矩阵的最大特征值和特征向量，具体过程如下：

1）求出判别矩阵每一列的总和，之后再归一化处理。

2）在上一步的基础上，求出每一行的总和，再归一化，即为特征向量 w，即为相对权重。

3）对应的最大特征值 λ_{max}：

$$\lambda_{max} = \sum_{i=1}^{n} \frac{(Aw)_i}{nw_i}$$

（4）一致性检验。构造的判别矩阵不一定具有一致性，可能出现相互矛盾的结果，因此，需要进行一致性检验。

度量判别矩阵偏离一致性的指标，用 CI 表示，CI 值越大，表示偏离完全一致性越大；越小（趋向零），表示一致性越好。

$$CI = \frac{\lambda_{max} - n}{n - 1}$$

引入平均随机一致性指标 RI，见表7-2。

表7-2 平均随机一致性指标

矩阵阶数	1	2	3	4	5	6	7	8	9
RI	0.00	0.00	0.58	0.96	1.12	1.24	1.32	1.41	1.45

一致性率 $CR = \dfrac{CI}{RI}$，当 $CR < 0.1$ 时，认为矩阵具有满意的一致性。

（5）各层最终权重。只有矩阵通过一致性检验，求得的最大特征向量所代表的相对权重值才认为是有效和可接受的。

7.1.3 基于熵权法的指标权重确定

熵权法是一种客观的赋权方法，能够在指标重要性信息给出情况下，利用已知区间信息求出未知的指标权重。熵是对不确定性的一种度量，可以通过计算熵值的大小来判断某个指标的离散变异程度。若某一指标的数据离散程度越大，其包含的信息量越多，表明该指标对综合评价的影响程度也越大，权重越大，反之亦然。

利用熵权法确定指标权重的步骤如下：

（1）由原始数据构建矩阵 $B = (b_{ij})_{m \times n}$，对其归一化后得到 $R = (r_{ij})_{m \times n}$，其中：

$$r_{ij} = \frac{b_{ij}}{\sum_{i=1}^{m} b_{ij}}$$

（2）计算指标 C_{ij} 的信息熵 E_i：

$$E_i = -\frac{1}{\ln n} \sum_{j=1}^{n} r_{ij} \ln r_{ij} \quad (i = 1, 2, \cdots, m)$$

式中, $E_i \geq 0$, 定义若 $r_{ij} = 0$, 则 $\lim\limits_{r_{ij} \to 0}(r_{ij}\ln r_{ij}) = 0$。

(3) 计算各指标的权重向量 $w = (w_1, w_2, \cdots, w_n)$, 其中

$$w_k = \frac{1 - E_i}{\sum\limits_{i=1}^{n}(1 - E_i)}$$

7.1.4　基于 Shapley 值的指标权重确定

传统的主客观指标权重确定方法大多通过指标间的两两比较或是相对于目标的独立性确定的, 即默认多指标组合权重具有累加性, 是处于可加测度状态的。实际上部分同层级指标之间是相互关联的, 并非完全独立, 不能简单地等于指标组合之和。因此, 出现了能够非可加测度赋权的 Shapley 值法, 通过计算各指标组合对上级和目标的影响来分配权重, 使赋予的指标权重更加客观和符合现实情况。

具体计算步骤如下:

(1) 对单一指标重要性的初始数据 $(b_1, b_1, \cdots, b_n)$ 作归一化处理, 确定单一指标的影响值 $v(i)$。

$$v(i) = \frac{b_i}{\sum\limits_{i=1}^{n} b_i}$$

(2) 计算组合影响值 $v(1, \cdots, n)$。设 $N = \{1, 2, \cdots, n\}$ 为同层级的指标集合, 其任意子集 S 所对应实数函数为 $V(S)$, $V(\emptyset) = 0$, 如果指标间关联性很弱, 满足 $V(S_1 \cup S_2) > V(S_1) + V(S_2)$, $S_1 \cap S_2 = \emptyset$, 则组合影响值应占较大比重, 可以通过乘以系数 1.2 来增大指标组合的影响值; 如果指标间关联性较强, 满足 $V(S_1 \cup S_2) < V(S_1) + V(S_2)$, $S_1 \cap S_2 = \emptyset$, 则组合影响值应占较小比重, 可以通过乘以系数 0.8 来减小指标组合的影响值。多个指标组合时以是否反映多数的关联性来计算组合影响值。

$$v(1, 2, \cdots, n) = \begin{cases} 0.8\sum\limits_{i=1}^{n} v(i) & v(n) \in [0, 1] \\ 1.2\sum\limits_{i=1}^{n} v(i) & v(n) \in [0, 1] \end{cases}$$

(3) 计算各指标的 Shapley 值, 即对应的各指标权重 w_i。其中, $|S|$ 为子集 S 中指标组合的个数, $|S/i|$ 为子集 S 去掉指标 i 之后的组合。

$$w_i = Sh_i(N, V) = \sum\limits_{S \subset N, i \in S} \frac{(n - |S|)!\,(|S| - 1)!}{n!}[v(|S|) - v(|S/i|)]$$

7.2 绩效指标评价标准设计

绩效评价标准与绩效评价指标是绩效评价体系中两个不同的概念，绩效评价标准是指确定和设计出的每个绩效指标在不同等级分类下所应达到的结果和水平程度，是评价考评对象所使用的具体参照物和对比标杆，主要是回答和解决达到多少程度以及做成什么样的问题，是衡量工作的基本准绳。

实践中，很多企业绩效管理不成功是源于评价标准的缺乏、不明确、不规范。一些企业没有充分分析企业具体情境，随意制定绩效评价标准，甚至直接照搬同类或其他领域企业的标准，导致绩效评价标准在应用过程中无法适用于本企业。对于混合所有制企业来说，在面对人员混合的市场化改革进程中，绩效管理除了要避免上述问题，还要防范"一刀切"的绩效评价标准导致的原国有企业员工的强烈抵制，这种抵制甚至成为绩效管理无法顺利实施的主要原因。因此，混合所有制企业实施绩效管理时，应充分考虑原国有企业员工的利益、情绪，逐步推进市场化机制改革。对于评价标准来说，制定过高的绩效标准，绩效目标难以实现，不仅无法起到激励作用，还引发了员工的不满和抵触情绪；制定过低的绩效标准，非常容易达到，降低了激励作用，可能失去市场机会，降低了盈利，造成资源的沉积和浪费，员工积极性和主动性受到影响。评价标准直接影响评价结果的客观性、公正性和可靠性，决定了是否能够有效区分出不同绩效水平的员工，发挥绩效评价的激励作用，做到"干好干坏不一样"情况，解决国有企业经常出现的"大锅饭"问题。因此，企业在制定和实施绩效评价标准时，一定要充分结合企业行业现状和特点进行综合考虑，目标难度要适中。

7.2.1 绩效指标评价标准制定的数据来源及原则

7.2.1.1 绩效指标评价标准的数据来源

制定绩效指标评价标准的数据主要来源于企业历史数据、企业外部数据、经验判断、企业计划等。绩效指标评价标准的制定往往需要综合应用多种方法。

（1）企业历史数据。主要是依据企业过去或上一年度的绩效资料，设定本年度或本周期内的绩效评价标准。这种绩效指标标准制定是通过自身纵向比较来实现优劣表现的判断，具有排他性，并且数据简单直观地反映企业、部门或员工的进步程度。但是，单独应用这种数据来源制定绩效评价标准，不能发现与同类行业企业间的差距，也无法从绩效变动中寻找到究竟是哪些指标标准的激励性强。

（2）企业外部数据。主要是依据其他同行业企业的绩效资料，制定本企业绩效考评标准。通过一定的方法收集、测算样本资料，进行企业间横向比较和判断。其优点是能够及时发现关键变动的绩效指标标准，发现与同行之间的差距，排除了行业本身的一些宏观因素影响。但是，同样其劣势也很明显，样本数据的获取十分复杂和困难，很多时候需要专业的咨询公司来完成，需要投入一定的金钱成本。

（3）经验判断。主要是依据长期的企业发展现状和经验，由企业内部高管、外部相关专家等一起对绩效未来发展趋势或规律进行判断，从而确定绩效评价标准。经验判断主观意识成分较大，对成员要求高，经验依赖大，但能够考虑未来趋势，又能反映员工需求。

（4）企业计划。主要是依据企业事先制定的战略计划，将预算、财务目标、成果要求等层层分解制定绩效评价标准。这种标准确定方式能够使绩效管理工作与企业战略目标保持一致，有利于企业各层级战略目标的实现，能够起到较好的激励效果。

7.2.1.2　绩效评价指标标准制定原则

绩效评价指标标准的重要性是显而易见的，其制定的过程必须与企业的资源、生产、岗位等相互匹配。绩效评价指标标准制定应遵循一定的原则，以保证绩效评价标准的科学性和合理性，主要原则包括以目标为导向、公开、全员参与等。此外，对于混合所有制企业来说，人员混合，在推行绩效管理时，还要遵循稳妥性原则。

（1）以目标为导向的原则。企业标准的制定要与企业战略目标相一致，员工标准要与工作本身要求为基础，同一岗位标准要统一和唯一，不能针对不同人员采取独特的标准。

（2）公开原则。也就是要求绩效评价标准对所有从业人员公开，能够让员工认识到具体归类标准，从而加深归属感，准确判断自身行为和结果的公平性，了解未来方向。

（3）全员参与的原则。标准的制定应当是与员工经过协商后才算制定完成，并告知员工制定的进程，增强员工的认可度。

（4）事先确定原则。绩效评价标准是在实行绩效考评前就完成并告知员工，不能在产生绩效过程中临时制定。

（5）简明精确原则。标准应当简单具体、无歧义。

（6）适用性原则。标准要与岗位职责等相适用，并体现一定的先进性，同时还要考虑是否有可实现性。

（7）稳妥性原则。在推行绩效管理，落实市场化机制改革，追求公平，有时完全的一刀切会引发原国有企业员工的抵制。在考虑原国有企业员工的情绪和利益，通过被考核小组成员集体讨论确定，且在其他合同制等类型员工能够接受的情况下，给予适度照顾，从而达到一种平衡。如不同岗位工作积分计分时，通过小组讨论确定，原国有企业员工承担的较低难度或是较低强度的工作积分比不考虑承担工作人员身份特征的情况下要略高一些。

7.2.2 绩效评价指标标准的设计

绩效评价指标标准的设计，从内容上来划分，主要包括指标标准的标度、评分规则和计算方法。

7.2.2.1 指标标准的标度

为了定量得到确切的绩效评分，或是转化定性指标的内容，首先设计指标标准的标度。所谓标度，就是依据考评对象表现出的不同状态或各种差异性因素对结果类型划分。利用标度将考评标准变为有限类型，常用的指标标准的标度划分方法包括习惯划分法、两级划分法、统计划分法和随意标度法等。

（1）习惯划分法。依据人思维习惯对考评对象划分标度，是一种较为常用的方法。3~9级标度都有，出现较多的是3、4、5、7这几个等级，百分制5级标度的划分见表7-3。等级标度的数量过少，容易造成考评指标的等级难以区分或区分不明显，评价结果集中，而数量过多，尽管可以展现不同的差异，结果分散，但是难以把握与平衡。标度语言根据需要也有所不同，比如同样是5级标度，满意度标度就采用的是"非常不满意、不满意、一般、满意、非常满意"来描述。

表7-3 5级等级标度

评价等级	1级	2级	3级	4级	5级
评级语言	低	较低	中	较高	高
分数	0~60分	60~70分	70~80分	80~90分	90~100分

（2）两级划分法。每个考评指标仅存在正反两种极端状态，即两个等级。这样操作简单，但对于处于中间状态的难以评判。

（3）统计划分法。根据实际收集到的数据，利用线性回归、聚类分析等数学统计手段来划分等级。

（4）随意标度法。将每个绩效指标的内容，根据最优或最佳状态进行特征描述划分，分数和等级可以不同，等级标度越多越趋于宽松。随意标度法是常用方法之一，适用于标准可以量化的情况。

7.2.2.2 评分规则

评分规则就是如何定量化得到具体指标的成绩分数。一般而言，绩效指标可分为定性和定量两大类指标，可以分别设定评分规则。

（1）对于定量化评价指标，如物品数量、财务额度等。这类指标评分需要考虑标准的基准点和等级差距。基准点就是正常水平下可以达到的标准水平，不一定在中间位置，比如安全生产、火灾等期望值的基准点是最高级。等级差距用来描述绩效状态水平，其实质是标尺的差距，可以等距，也可以不等距，如60分以下为不及格。

（2）对于定性评价指标，通常采用习惯划分法来进行主观的评分。如责任意识，划分为5级标度，分别对应1~5分，但是实施过程中无法准确地区分什么算强责任意识，什么算弱责任意识，等级间差距在什么地方，处于之间的分数如何具体评定。因此，需要尽可能地对各个等级进行详细的描述，确定出关键词，明确每一项等级的要求，做到心中有数，更好地体现绩效考评的公平公正。

7.2.2.3　计算方法

绩效评价指标的计算方法主要有相对赋值法、加减赋值法、一般比例法和非此即彼法，根据企业绩效指标，合理运用这些方法计算分值。

（1）相对赋值法。适用于定量指标和定性指标两种分值的计算。定性方面等同于习惯划分法，定量方面则根据具体的事实数据和计算公式，按照结果划定相应的等级，每一等级都有严格的固定分数。

（2）加减赋值法。针对关键事件，制定一定的加分和扣分标准细则，从而得到一定时期内的绩效指标结果。如研发部划定每完成一个任务加5分，延迟完成扣5分，满分100分。这种计算方法简单，容易接受和理解，但是奖惩力度不大，差距不明显。

（3）一般比例法。适用于目标和计算方式明确的指标，依据业绩量即可得计算分值。

（4）非此即彼法。表示只有达标和不达标两种结果，达标得满分，不达标得零分，比如生产部门的安全指标，对于零事故要求，只要不出事故即可得满分。

7.3　绩效综合评价

相较于图表等级评价法、行为锚定等级评价法等具有数理统计特性的传统绩效评价工具，与数学理论结合的绩效综合评价方法在各领域的应用越发广泛，并且效果显著。综合评价方法是利用特定的数学函数，建立起各层级绩效指标与综合目标绩效值的传递和合成路径，从而得到整体性的绩效评价结果的方法，如模糊综合评价法、灰色聚类综合评价法、集对分析法、TOPSIS法等。

不同的绩效综合评价方法，出发点、计算思路、适用对象、使用成本各有不同，且各有优缺点。大多数情况下不存在最优的绩效评价方法，选择不同的绩效综合评价方法甚至可能得出相悖的结论。绩效综合评价时，应根据评价对象选用恰当的方法。在方法选择时，可以遵循一些原则，比如选择使用者熟悉的方法；选择的方法应有坚实的理论基础，能被人信服；选择的方法尽量简洁明了，尽可能地降低计算复杂性；选择的方法能够准确反映绩效评价的目的和对象内容。

绩效综合评价方法较多，代表性的方法有基于模糊理论的综合评价法、基于灰色聚类的综合评价方法、基于可拓理论的综合评价方法、基于属性综合的评价方法、基于 TOPSIS 的综合评价方法等。

7.3.1 基于模糊理论的综合评价法

客观世界中存在大量模糊的概念，即无法划出一条明确的分界，如高与矮等。这些模糊的边界不是由于主观认识达不到客观实际造成的，而是事物本身的一种客观属性。模糊理论是美国控制论研究者扎德尝试应用数学工具来解决模糊问题时提出，并应用于各个领域中。

模糊综合评价法是模糊数学在评价工作中广泛和具体的应用方法，最早是由我国学者汪培庄提出。该方法通过确定模糊子集，确定期望评价对象的因子域、评价等级和被评价对象的隶属度，得到总目标隶属度的向量值，并根据评价等级判定最终结果，具体计算步骤如下：

（1）确定评价对象的因素域。若评价对象有 m 个评价指标，U 表示因素集合，则构建的评价对象因素域 $U = \{U_1, U_2, \cdots, U_m\}$。

（2）确定评语等级。将最终评价结果划分为 n 个评语等级，如模糊五级标度法分别是（差，较差，中等，较好，好），则可以视为 $V = (V_1, V_2, V_3, V_4, V_5)$。

（3）隶属度的确定。模型的因素域和评语等级确定好之后，用数字的大小来表示指标的重要程度，建立模糊关系矩阵 R，确定等级模糊子集的隶属度（R/U_i），进而得到模糊关系矩阵：

$$R = \frac{R}{U_i} = \begin{bmatrix} r_{11} & r_{12} & \cdots & r_{1n} \\ r_{21} & r_{22} & \cdots & r_{2n} \\ \vdots & \vdots & \vdots & \vdots \\ r_{m1} & r_{m2} & \cdots & r_{mn} \end{bmatrix}$$

其中，矩阵 R 中第 i 行第 j 列元素 r_{ij} 为某个被评事物从因素 u_i 来看对 v_j 等级模糊子集的隶属度。

（4）确定评价因素的权向量。确定评价因素的权向量：$A = (a_1, a_2, \cdots, a_m)$，$a_i$ 是因素 u_i 对模糊子的隶属度。并对权向量归一化处理，即：

$$\sum_{i=1}^{m} a_i = 1, \ a_i > 0 (i = 1, 2, \cdots, m)$$

（5）模糊综合评价结果合成和决策。根据评价因子的权向量和评价对象之间的关系矩阵，得到模糊综合评价结果的隶属总向量 $\boldsymbol{B}$，即：

$$\boldsymbol{A} \times \boldsymbol{R} = (a_1, a_2, \cdots, a_m) \times \begin{bmatrix} r_{11} & r_{12} & \cdots & r_{1n} \\ r_{21} & r_{22} & \cdots & r_{2n} \\ \vdots & \vdots & \vdots & \vdots \\ r_{m1} & r_{m2} & \cdots & r_{mn} \end{bmatrix} = (b_1, b_2, \cdots, b_m)$$

常用的合成算法有加权平均型和主因素突出型，两者大同小异，前者适用于因素较多的情形，能够有效地避免信息丢失，后者可防止悬殊数据的干扰，可根据实际情况进行算子的选择。

根据最大隶属度原则，在向量 $\boldsymbol{B}$ 中最大的数对应的评语等级即为考评对象的评价等级。也可将向量 $\boldsymbol{B}$ 转化为综合评价分值，按大小排序，比较和优选结果。

7.3.2　基于灰色聚类的综合评价方法

灰色系统理论是由我国著名学者邓聚龙教授于 1982 年提出，主要研究部分信息已知、部分信息未知的"贫信息"的不确定系统。在控制论中，"黑"表示信息未知，"白"表示信息完全明确，"灰"介于之间，研究这类不完全确知的信息，将其从"灰"转化为"白"。灰色聚类综合评价法是灰色系统理论中的经典评价方法，应用广泛，灰色聚类综合评价法通过建立白化权函数计算各灰数的白化值，结合各聚类指标事先赋权值，将灰色系统转换为白色系统，得到可供分析的评价结果。这个方法尤其适用于影响因素众多、指标量纲大多不同的情景，该方法对数据多少、数据分布都没有特殊要求。灰色聚类综合评价法具体计算步骤如下：

（1）灰类的确定及白化权函数的建立。灰类数用来衡量研究对象等级的类别。若灰类数过多，可能导致聚类结果过于离散，达不到聚类期望目的；灰类数过少则聚类结果过于集中，不能有效反映对象间的差异。根据测度界定，如果采用五级等级语言，则确定"强，较强，中，较弱，弱"五个灰类，各灰类对应的中心点向量 $U = (9.5, 8, 6, 3.5, 1)$，即灰色测度阈值。

白化权函数是根据已知信息以函数的形式表示各指标数据隶属于某灰类的程度。白化权函数普遍采用依赖转折点的分段线性函数，常用的四种基本形式有典型白化权函数（见图 7-2（a））、下限白化权函数（见图 7-2（b））、适中白化权函数（见图 7-2（c））、上限白化权函数（见图 7-2（d））。

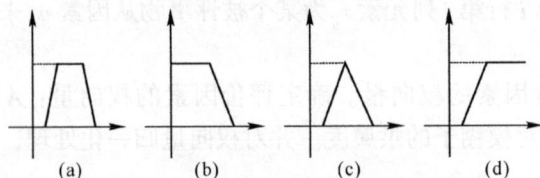

图 7-2　白化权函数的四种基本形式

（2）灰色聚类评估过程：

1）建立决策矩阵。根据界定的测度值和指标评价体系，结合现实情况，请 p 个评价者对指标 A_{ij} 的强弱程度进行赋值，建立决策矩阵 $D_i=[d_{ijk}]_{s\times p}$，其中 d_{ijk} 为第 k 个评价者对第 i 个一级指标下的第 j 个二级指标的赋值，$k=1$，2，3，…，p，s 为评价指标的个数。

2）计算聚类系数，建立灰色聚类权矩阵。计算评价指标 A_{ij} 属于 e 灰类的聚类系数为：

$$X_{ije}=\sum_{i=1}^{p}f_e[d_{ijk}]$$

总聚类系数为 $X_{ij}=\sum_{e=1}^{5}X_{ije}$，由此计算得灰色聚类权向量为 $r_{ije}=\dfrac{X_{ije}}{X_{ij}}$，其中，$r_{ije}$ 表示指标 A_{ij} 属于 e 灰类的强度，r_{ije} 越大表明 A_{ij} 越应属于 e 灰类。构建灰色聚类矩阵：

$$R_i=\begin{pmatrix} r_{i11} & r_{i12} & r_{i13} & r_{i14} & r_{i15} \\ r_{i21} & r_{i22} & r_{i23} & r_{i24} & r_{i25} \\ \vdots & \vdots & \vdots & \vdots & \vdots \\ r_{ij1} & r_{ij2} & r_{ij3} & r_{ij4} & r_{ij5} \end{pmatrix}$$

3）合成聚类评价矩阵，计算指标评价值。首先对各二级指标聚类评价，$Z_i=w_i\cdot R_i$，构造上一级的综合评价矩阵 $Z_0=(Z_1, Z_2, \cdots, Z_p)^{\mathrm{T}}$，在进行目标层综合聚类评价 $M=w_0\cdot Z_0=(M_1, M_2, \cdots, M_p)$。

一般情况下，根据最大隶属权数原则即可判断出评价结果。但有时为了进一步同等级单值量化比较，避免按最大隶属权数原则确定的灰类等级所带来的数据信息丢失问题，可将综合评价单值化处理，即利用灰色综合聚类评价向量 M 与灰类阈值 U 合成得到综合评价值 W，$W=M\cdot U$，根据综合评价单值进行评价。

7.3.3 基于可拓理论的综合评价方法

可拓理论是由我国著名学者蔡文教授提出的一种通过研究物元及其变换来解决矛盾问题的一般理论方法，可拓学的逻辑细胞是物元，是进行可拓研究的基础，通常用一个三元有序组 $R=(N, C, V)$ 来表示一个物元。其中给定的事物为 N，关于其特征 C 的量值为 V。对于绩效问题，可将划定的等级表示为 N，绩效指标体系中的各指标为 C，评价值为 V。其综合评价的基本原理是利用关联函数，将物元信息转化为关联度的大小来描述各参数与研究对象的从属关系，从而将定性描述扩展为定量描述。

7.3.3.1 确定经典域、节域和待评价物元矩阵

（1）确定经典域。评价指标对于某个评价等级的取值范围称为经典域。当

评价等级为 j 时，待评价对象的经典物元为：

$$\boldsymbol{R}_{nj} = (N_{nj}, \ C_{ni}, \ V_{nji}) = \begin{bmatrix} N_{nj} & C_{n1} & V_{nj1} \\ & C_{n2} & V_{nj2} \\ & \vdots & \vdots \\ & C_{nm} & V_{njm} \end{bmatrix} = \begin{bmatrix} N_{nj} & C_{n1} & (a_{nj1}, \ b_{nj1}) \\ & C_{n2} & (a_{nj2}, \ b_{nj2}) \\ & \vdots & \vdots \\ & C_{nm} & (a_{njm}, \ b_{njm}) \end{bmatrix}$$

式中，$\boldsymbol{R}_{nj}$ 为评价体系中第 n 个一级指标第 j 级别的经典域；C_{nm} 为第 n 个一级指标下的第 m 个二级指标。

（2）确定节域。相应经典域的并集称为节域，则待评价对象的节域为：

$$\boldsymbol{R}_{np} = (N_{np}, \ C_{ni}, \ V_{npi}) = \begin{bmatrix} N_{np} & C_{n1} & (a_{np1}, \ b_{np1}) \\ & C_{n2} & (a_{np2}, \ b_{np2}) \\ & \vdots & \vdots \\ & C_{nm} & (a_{npm}, \ b_{npm}) \end{bmatrix}$$

式中，$(a_{np1}, \ b_{np1})$ 为节域，即二级指标 C_{nm} 所有的取值范围。

（3）确定待评价物元矩阵。根据已知的各指标实测数据，确定待评价物元 $\boldsymbol{R}_n$。

$$\boldsymbol{R}_n = \begin{bmatrix} N_n & C_{n1} & v_{n1} \\ & C_{n2} & v_{n2} \\ & \vdots & \vdots \\ & C_{nm} & v_{nm} \end{bmatrix}$$

式中，$\boldsymbol{R}_n$ 为待评价物元；N_n 为待评价对象；v_{nm} 为 N_n 关于 C_{nm} 的取值。

7.3.3.2　确定待评价对象的关联函数

在可拓理论中，通常采用关联函数来表达待评价对象各项指标关于各设定评价等级的隶属程度，用 $K_j(V_{nm})$ 表示。其计算公式如下：

$$K_j(V_{nm}) = \begin{cases} -\dfrac{\rho(v_{nm}, \ V_{njm})}{|V_{nm}|}, & v_{nm} \in V_{njm} \\[2ex] \dfrac{\rho(v_{nm}, \ V_{njm})}{\rho(v_{nm}, \ V_{npm}) - \rho(v_{nm}, \ V_{njm})}, & v_{nm} \notin V_{njm} \end{cases}$$

其中

$$\rho(v_{nm}, \ V_{njm}) = \left| v_{nm} - \frac{1}{2}(a_{njm} + b_{njm}) \right| - \frac{1}{2}(b_{njm} - a_{njm})$$

$$\rho(v_{nm}, \ V_{npm}) = \left| v_{nm} - \frac{1}{2}(a_{npm} + b_{npm}) \right| - \frac{1}{2}(b_{npm} - a_{npm})$$

$\rho(v_{nm}, \ V_{njm})$ 为点 v_{nm} 到区间 $[a_{njm}, \ b_{njm}]$ 的距离；$\rho(v_{nm}, \ V_{npm})$ 为点 v_{nm} 到区间 $[a_{npm}, \ b_{npm}]$ 的距离。

7.3.3.3　计算关联度和等级评定

利用步骤（2）计算得出二级指标对各评价等级的关联度矩阵 $K_j(V_{nm})$，将根据划定的权重 w，与 $K_j(V_{nm})$ 相乘得出针对各评价等级的各一级指标的关联度矩阵 $K_j(V_n)$，即：

$$K_j(V_n) = w \cdot K_j(V_{nm})$$

由各一级指标的权重向量 w 与一级指标的关联度矩阵 $K_j(V_n)$ 相乘确定待评价对象针对各评价等级的关联度矩阵 $K_j(V)$，即：

$$K_j(V) = w \cdot K_j(V_n)$$

最后可以得出待评价对象的等级为：

$$K_j = \max K_j(V)$$

一般情况下，根据最大隶属度原则即可判断出等级 j_0 情况。但为了避免信息丢失，可以进一步比较处于同一层级的待评价对象，加入并计算级别偏向特征值 j^* 的大小，其数值越大代表越优秀。

$$j^* = \frac{\sum_{j=1}^{n} j \cdot \overline{K}_j(P)}{\sum_{j=1}^{n} \overline{K}_j(P)}$$

$$\overline{K}_j(P) = \frac{K_j(P) - \min K_j(P)}{\max K_j(P) - \min K_j(P)}$$

7.3.4　基于属性综合的评价方法

属性综合评价是基于已构建的指标体系，利用数学算法或数学模型分别对单指标和多指标进行属性分类，将指标体系中的多个评价指标值转换成一个全面的综合评价值，最后根据置信度准则判定级别，可以解决具有多个模糊属性系统的综合评价问题。该评价方法主要分为三个步骤：（1）确定单指标属性测度；（2）确定多指标属性综合测度；（3）确定置信区间，进行属性识别。

假设属性空间 $F =$ ｛某某绩效评价水平｝，若将其分为四个等级：$B_1 =$ ｛优｝，$B_2 = $｛良｝，$B_3 = $｛合格｝，$B_4 = $｛差｝，则 (B_1, B_2, B_3, B_4) 组成 F 的一个有序分割类，且满足 $B_1 > B_2 > B_3 > B_4$，其综合测度取值范围为 $[0, 10]$，具体分类见表7-4。

表7-4　绩效水平不同等级的综合测度

B_1	B_2	B_3	B_4
(9, 10]	(7, 9]	(5, 7]	(0, 5]

7.3.4.1　单指标属性测度的确定

为保证评价的公正性和客观性，邀请从事相关专业的专家、学者对三级指标 C_{ij} 进行打分得到分值 x_{ij}，指标的属性测度 $\mu_{ijk} = \mu(x_{ij} \in B_k)$。这里 $B_1 > B_2 > B_3 > B_4$，取其区间中间值，则有：

(1) 当 $X_{ij} \geqslant B_1$ 时，$\mu_{ij1} = 1$，$\mu_{ij2} = \mu_{ij3} = \mu_{ij4} = 0$；

(2) 当 $X_{ij} \leqslant B_4$ 时，$\mu_{ij4} = 1$，$\mu_{ij1} = \mu_{ij2} = \mu_{ij3} = 0$；

(3) 当 $B_k \leqslant x_{ij} \leqslant B_{k+1}$ 时，$\mu_{ijk} = \dfrac{x_{ij} - B_{k+1}}{B_k - B_{k+1}}$，$\mu_{ijk} + 1 = \dfrac{x_{ij} - B_k}{B_k - B_{k+1}}$，$\mu_{ijl} = 0 (l < k$ 或 $l > k + 1)$。

7.3.4.2　多指标属性测度的确定

(1) 二级指标 C_i 隶属于级别 B_k 的属性测度为 μ_{ik}，其计算式如下：

$$2\mu_{ik} = \sum_{j=1}^{k_i} \omega_{ij}\mu_{ijk}(1 \leqslant i \leqslant 4 \text{ 且 } 1 \leqslant j \leqslant k_i)$$

式中，k_i 为二级指标 C_i 下三级指标 C_{ij} 的个数；w_{ij} 为三级指标 C_{ij} 的权重。

(2) μ_k 为绩效评价水平隶属于级别 B_k 的综合属性测度，则有：

$$\mu_k = \sum_{i=1}^{n} w_i\mu_{ik}(1 \leqslant k \leqslant 4)$$

7.3.4.3　确定置信区间，进行属性识别

(B_1, B_2, B_3, B_4) 为属性空间 F 的一个有序分割类，这里通过置信度准则来判定绩效水平的评价类别，常取 $\lambda = 0.6$，有：

$$k = \min\{k: \sum_{k=1}^{4} \mu_k \geqslant \lambda, 1 \leqslant k \leqslant 4\}$$

那么，绩效水平隶属于 B_k 类。

为了使评估结果简单明了，可将绩效水平转换成一个综合分值，用 q 表示，则有：

$$q = \sum_{k=1}^{4} r_k \cdot \mu_k$$

式中，r_k 为表 7-4 中指标综合测度 B_k 的中值，最后可根据评分准则来确定绩效评价中需要改进的地方。

7.3.5　基于 TOPSIS 的综合评价方法

TOPSIS 法（technique for order preference by similarity to an ideal solution）又称为优劣解距离法，是经典的多因素、多目标决策有效方法，具有计算过程简

便、分析原理直观、样本量要求小的特点，应用时只要求各效用函数具有单调递增（或递减）性。TOPSIS法是一种逼近于理想解的排序法，其基本原理是根据有限个评价对象与理想化目标的接近程度进行排序，从而评价相对优劣。理想解是一个虚拟的最优解，它的各个评价指标属性值都达到评价对象中的最优值，负理想解是虚拟的最劣解，它的各个评价指标属性值都达到评价对象中的最差值。若评价对象最靠近最优解且又远离最劣解，则是最好的，相反则是最差的。该方法能够客观的对多个方案进行综合评价，可加入评估者主观意见偏好。

评价过程如图7-3所示，具体步骤如下。

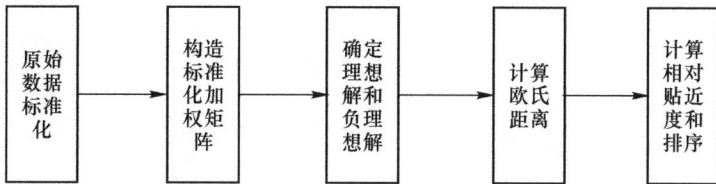

图7-3　TOPSIS法评价过程

设有m个对象空间或方案，$A = \{A_1, A_2, \cdots, A_m\}$，每个对象空间或方案组成的评价指标集$X = \{X_1, X_2, \cdots, X_n\}$，$X_{ij}$表示第$i$个对象空间或方案下的第$j$个指标值。

（1）原始数据标准化。对于决策矩阵，常用的标准化方法为：

$$y_{ij} = \frac{X_{ij}}{\sum_{i=1}^{m} X_{ij}}$$

（2）构造标准化加权矩阵。利用已知的指标权重值，与各自标准化数据相乘，构造出加权矩阵V：

$$V = (v)_{m \times n} = \begin{pmatrix} a_1 y_{11} & a_2 y_{12} & \cdots & a_n y_{1n} \\ a_1 y_{21} & a_2 y_{22} & \cdots & a_n y_{2n} \\ \vdots & \vdots & \ddots & \vdots \\ a_1 y_{m1} & a_2 y_{m2} & \cdots & a_n y_{mn} \end{pmatrix}$$

（3）确定理想解V^+与负理想解V^-。

$$V^+ = \{(\max v_{ij} | j \in J_1), (\min v_{ij} | j \in J_2), i = 1, 2, \cdots, m\}$$

$$V^- = \{(\min v_{ij} | j \in J_1), (\max v_{ij} | j \in J_2), i = 1, 2, \cdots, m\}$$

式中，J_1、J_2分别为效益型指标和成本型指标。

（4）计算欧氏距离。

$$d_i^+ = \sqrt{\sum_{j=1}^{n} (v_{ij} - v_j^+)^2}$$

$$d_i^- = \sqrt{\sum_{j=1}^{n} (v_{ij} - v_j^-)^2}$$

式中，d_i^+、d_i^- 分别为备选与理想解、负理想解的距离。

（5）计算相对贴近度 C_i，并比较排序。

$$C_i = \frac{d_i^-}{d_i^- + d_i^+}(i = 1, 2, \cdots, m)$$

8 混合所有制企业绩效管理实施流程

　　与其他类型企业相比，混合所有制企业的绩效管理实施流程并无本质区别。但由于混合所有制独有的资本混合和人员混合特征，决定了绩效管理要体现为市场化机制改革、战略的融合、融合多样化人员的文化融合，这使得混合所有制企业绩效计划和绩效实施内容上有其独有的特征。

　　理论界对绩效管理是一个动态循环过程已经达成共识，但是，对绩效管理过程有着不同的观点。有学者认为绩效管理不断循环的过程应当包含衡量和标准、规划、监督等。也有学者认为绩效管理包括指导与计划、管理与支持、考察与评估和发展与奖励四个环节。有学者指出绩效管理可分为绩效计划、考评以及反馈三个步骤。也有学者认为绩效管理由三个环节构成：绩效计划、改进以及考察。绩效管理引入到中国后，中国学者结合国内企业的情境展开了相关研究。国内学者提出绩效管理由绩效目标、绩效管理实施过程、绩效考核制定以及绩效内部分配四部分构成。绩效管理是循环上升的螺旋体，其构成可分为契约博弈、绩效跟踪、评估、反馈和奖励等环节。也有国内学者认为绩效管理需要综合考虑组织和个体两个层次，绩效管理划分为绩效计划、沟通、信息记录、评估和诊断以及最后的改进提升五个环节。着眼于企业战略，绩效管理过程分为绩效计划、监督、考核、沟通和改进计划。

　　综上可知，学者们对绩效管理过程描述存在一定差异。无论绩效管理描述成几个环节，实际上绩效管理过程的内容是基本相似的，没有本质的区别。研究的视角、方法或是侧重点不同导致了绩效管理过程构成有所不同。绩效管理系统的过程构成有狭义和广义之分。其中，狭义的是指管理系统理论中的 PDCA 循环，即计划、实施、检查、纠正这 4 个环节。而广义的绩效管理过程是在狭义的基础上，增加了绩效管理的前期准备、绩效考评之后的反馈和具体应用措施等内容。值得注意的是，无论是狭义还是广义的绩效管理，沟通交流作为其中重要的环节。在参考广义说法的基础上，界定绩效管理系统过程构成如图 8-1 所示。

8.1　绩效计划

　　绩效计划是依据组织目标确定对各层级员工经营活动的期望，并通过沟通使双方认可的过程。绩效计划是绩效管理的第一步，是实施绩效管理的前提，其对绩效管理具有根本性影响。绩效计划强调计划本身的契约性，以及计划目标多方

图 8-1　绩效管理系统的过程构成

沟通达成一致、标准的过程性。实践表明，很多企业的绩效管理工作开展困难或成效不佳的主要原因在于忽视绩效计划重要性所导致的绩效计划制定不合理、各层级目标不一致、组织与员工间的矛盾和对抗。因此，科学、合理和有效地制订绩效计划对企业绩效管理的成功具有重要的意义。对于混合所有制企业来说，面临战略融合、人员混合、资本混合等复杂情景，绩效计划尤为重要。

　　绩效计划的制订主要包括混合所有制企业未来发展的各单位绩效管理目标以及关乎员工工作诉求的具体职责目标、权重等结果部分，以及包括在制定绩效目标过程中所表现出的行为发展的过程部分。大体上来讲，绩效计划以混合所有制企业战略为基础，遵循具体、可度量、可实现、相关性和时限性 SMART 原则，由人力资源管理专业人员、直线管理者和员工等多方参与制定，各参与主体根据各自出发点积极沟通交流，明确未来发展方向和满足各方需求，从而形成双向认可的统一目标及其衡量标准，在此基础上制定企业、部门与员工的绩效考核指标、权重、方式等具体书面协议，然后再分发到各子企业或是各部门，最终分解到每位员工日常工作中。此外，这一环节还需要做好宣传和培训等计划准备工作，保证下一环节的绩效实施能发挥最佳效果。需要注意的是，员工态度和正式承诺是影响绩效计划未来实行效果的两大关键因素，因此员工参与是绩效计划的首要前提。混合所有制企业人员混合，对绩效管理有着不同的态度，非国有企业员工对绩效管理持积极支持态度，希望薪酬发放能体现多劳多得、少劳少得，而原国有企业员工则大多不愿意改变薪酬发放现状，即使多干也不愿意多发薪酬，因此，要使员工对绩效计划认可和接受，宣传和培训至关重要。在达成重大事件共识的沟通过程中，管理者应当阐述组织、部门的目标规划以及具体期望、工作标准和完成时间，被管理者应当阐述对工作目标的认识、具体打算以及可能遇到的各种困难、资源需求等。

　　绩效计划的制订从程序上包括准备阶段、沟通阶段和确认阶段三步。第一步，事先通过各种方式准备好三类信息：企业的年度经营计划等组织信息，部门及团队任务等信息，以及关于个人工作描述和以往绩效结果数据等个人信息。然后确定出针对不同目的采用的沟通手段，例如涉及全企业的动员采用职工大会，除此以外还有问卷调查、访谈小组会，面对面交谈等方式。第二步，在营造宽松的沟通氛围下，坚持平等、信任、协调、共同决策等原则，在回顾准备好的信息基础上，切实具体的了解各层级需求和困难，经过多次的沟通过程直到达成共识。第三步，在上述两步的基础上初步形成的绩效计划，还要审定组织、部门、员工三级目标的整体联系情况，依据现有环境修改和反映主要工作内容，明确任务过程的权限、工作目标、衡量标准和工作权重等文档信息，并多方签名确认。

8.2　绩效实施

绩效实施又可称为"绩效辅助"环节，是在规定的时间内负责绩效计划的执行和监督。要求在规定的实施周期内，依照绩效计划主要完成两项工作内容：第一是监督和辅导，指在绩效实施过程中对员工不合理的行为进行引导和控制，管理者帮助员工尽可能地理解和解决工作中涉及的误解与困难，辅助员工尽快投入正确工作任务中。第二是沟通和汇报，指管理者与员工保证正向的沟通交流，管理者随时根据计划变动向员工传达有关调整的关键信息，并不断鼓励员工积极工作；员工根据实际情况主动向管理者汇报和反映存在的问题，征求管理者具体的修正方案。除此以外，根据绩效工作的需要，管理者应该定期进行进展回顾，并纳入自己的工作计划中。如短期的工作目标可以每月或每周进行一次。这个过程要符合业务或工作的实际，不是正式或最后的绩效反馈和回顾，其实质目的是收集信息，进一步为实现目标提供保障。同时，鼓励员工进行自我管理，主动调整自己工作的绩效表现，不应过分依赖管理者。

管理者要避免绩效实施是员工自己独立面对的过程、绩效实施过程中时刻检查和关注员工工作以及工作分配后无需花时间记录等错误的认识。一份制订成功的绩效计划，不等于后期的绩效实施过程是完全顺利进行的。因为企业或员工绩效在实行过程中可能遇到各种各样的困难和问题，能否在规定的期限内达到要求，关键还是在日常经营等工作中绩效是如何管理和实施的。所以管理者不能仅仅依靠员工独立自我的工作过程，要积极肩负方向指导与提供帮助的责任，适当地给予认可和鼓励，营造热情、宽松的工作氛围。要正确对待监督过程，在不违背国家和企业规章等情况下不能过分过多关注和干涉员工工作细节，这其实是对个人的一种不信任，会影响实施过程中绩效实现。管理者在实施过程中扮演的更类似于教练这样一个引导性角色，而不是严苛的监督者。

持续的绩效沟通是保证绩效正常实施和运行的必要条件。随着企业内外部环境的日益变化，不确定因素也随时出现和发生，原本制订的绩效计划可能发生不可逆的改变而导致偏离或无法实现，而通过工作日志等书面报告、召开会议、一对一会谈等正式方式以及走动式管理、开放式办公、间歇交谈等非正式方式进行持续、有效的绩效沟通能够有助于及时调整和应对变化，使绩效计划切实可行的落实。同时，各层级参与者能够分享和获取有关的信息，主要包括工作进展的情况、是否偏离目标、过程中遇到哪些问题、如何解决的问题、哪些绩效内容需做出调整以及员工情绪状况等。

特别注意的是，在绩效实施过程中要注意绩效信息的记录和收集工作，为下一阶段的绩效考评提供充足的客观依据。管理者如果不在实施中进行这一工作内容，只凭感觉等主观臆断进行考评判断，容易引发争议。而通过绩效信息的记录和收集，能够在争议时用事实支持考评结果。绩效作为重要的信息来源，既提供相关决策依据和保护企业利益，也能给予员工利益的保护。绩效实施过程中，可以通过观察法、工作记录法、他人反馈等多种方法记录和收集信息。同时，要确保记录和收集的信息与关键绩效指标密切相关，还要注意要有目的地进行，要采用抽样或多种方法综合运用，要让员工参与记录和收集过程，要区分事实和主观推测信息的内容。

8.3 绩效考评

绩效考评是绩效管理系统中尤为关键的一环，同时也是研究者们关注最多的一环，需要以绩效计划和实施两个阶段的成效为基础。主要侧重于结果的考察，需要在一个绩效实施周期结束后，根据绩效计划中严格的标准对设定的各层级绩效目标的具体数据进行收集和统计，然后按照科学的评估方法对分解任务的完成情况等展开有效的判断和评估过程。考评的结果信息是后期绩效环节的重要参考依据，员工可积极提供相关数据，管理者也要处理好数据的审查，充分保证绩效考评数据的真实性以及方法判断过程的公平性、合理性。

绩效考评与混合所有制企业战略密切关联，绩效考评体系的合理性、有效性对于企业战略、员工利益实现等具有重要意义和作用。科学合理的绩效考评体系能够增强企业的运行效率，推动企业转型或发展的良性提升，提高员工日常经营工作绩效所表现的行为、态度和能力，最终实现企业和个人双方目标和利益。需要通过宣传使企业各层级员工正视绩效考评的作用。在绩效考评中，以系统的观点为基础，根据混合所有制企业具体情景有选择的选取直属上司、同事、小组成员、自身和客户等人员进行考评，获得全面且准确的绩效。据研究显示绩效考评者自身主观错误是导致绩效考评失败的主要原因，为避免这一问题以及绩效考评者可能存在的过分宽容、过分苛刻、偏见误差等问题，在绩效考评前，必须对相关考评人员等进行培训，保证主观考评信息的有效性和可信性。

绩效考评方法的选择和应用直接影响绩效结果的正确性、可信性和绩效管理的效果。一个被企业接受的、有代表性的、具备效度和信度的考评方法能够客观的进行评价，保证企业和个人双方的利益。绩效考评方法经过发展，从最初重视结果演进到对行为过程的关注，并将两者融为一体，内容上也从单一性发展成复合性的综合考评管理，兼顾企业内外部状况，覆盖面更加广泛，还有绩效考评指标和方法选择上也使得结果更加科学和令人信服。大体来讲，企业所采用的绩效考评方法差异性比较大，传统的考评方法有以个性特质导向的图解评估法、文字叙述法和强制分步法等；有以行为导向的比较法、行为锚定等级评级法、混合标准量表法等；有以结果导向的目标管理法等。随后，经济全球化和信息时代的到来，出现了许多新的绩效考评方法，如关键绩效指标法、360度考核法、平衡计分卡、积分制等。世界范围内广泛应用和认可的绩效考评方法主要有以下几种，见表8-1。

表8-1 绩效考评主要工具对比

工具	主要内容	优势	劣势
经济增加值法（economic value added, EVA）	考虑一定时期内税后净利润与实际投入总成本之间的差额关系，是衡量企业财务增加量，目的在于价值最大化，具有激励作用	（1）宏观性强； （2）不受会计准则的限制； （3）从利益博弈角度建立多方联系	（1）缺乏非财务指标的内容； （2）顾客涉及内容很少； （3）各部门平衡差距大
目标管理法（management by objectives, MBO）	由彼得·德鲁克提出，依据设定的总体目标而制定下层目标和标准。侧重目标与员工行为的统一，强调自我控制与员工参与	（1）有利于提升员工的积极性； （2）组织与个人利益高度相关； （3）员工具有明确的职责安排	（1）人、财、物以及时间等成本高； （2）灵活性不足，横向比较差； （3）具体目标难以量化和科学确定； （4）过多关注短期效益，容易出现急功近利事件
关键绩效指标管理法（key process indication, KPI）	坚持SMART原则，将战略目标自上而下层层分解和细化，落实到员工正常工作当中	（1）具有分解且易量化的指标，考虑到主观因素的影响； （2）可操作性强； （3）只涉及关键指标，成本低； （4）初步描述企业战略内容	（1）忽视非关键工作的作用； （2）缺乏完整的部门与战略关系指导体系； （3）各层级指标有时设计困难或逻辑不清

工具	主要内容	优势	劣势
360 度考核法 （360-degree feedback）	又称全方位考核法，从自身、上级、平级、下级以及顾客多个主体角度全方位地对员工绩效进行管理	（1）涉及考核层面广； （2）上下各级信息综合，有效避免主观臆断	（1）定性指标比重过多； （2）信息收集等相关成本高； （3）信息失真可能性高
平衡计分卡 （balance score card，BSC）	侧重于企业战略或计划的改善，从财务、客户、企业内部运营流程以及个体成长与发展各方面这四个维度实施绩效管理的模式	（1）涉及多个角度维； （2）以战略目标为导向	（1）指标数量多，设计和考评成本较高； （2）实际操作难度高
积分制管理法 （integrating system management）	以积分的形式，通过奖罚等手段对员工行为、态度、能力等方面进行全方位的量化考评，最终通过积分的结果实施反馈和应用	（1）积分不与金钱等价换算； （2）有利于分权管理； （3）公平性较强； （4）兼顾短期和长期利益； （5）激发员工自主性	（1）初期成本高，落实见效慢； （2）适用范围具有局限性

绩效考评方法各有侧重点和优劣势，想要寻找到一种适用于各种情景的绩效考评方法基本上是不可能的。绩效考评方法的选择需要综合考虑绩效考核的目的、成本、被评估者的类型等多方因素，通常来说需要多种方法组合应用才能保证绩效测评的准确性，才能更好地推进绩效管理的顺利实施。

8.4 绩效反馈

绩效反馈是绩效管理系统中极易被忽略的环节，也是影响绩效管理效果的重要环节。企业绩效管理不是以考评结果为结束，还需要通过会议、面谈等方式将绩效结果通知到每位员工。如果被考核人员对绩效结果有异议，可以及时上报申诉，管理者应予以解释或按照程序对错误结果进行处理，并达成共识；如果对绩效结果无异议，管理者应分析绩效考评结果反映的问题，对优秀的表现给予适当的肯定和表扬，使员工认识到自己的成就和优点；对不足之处要找出原因，通过谈心等沟通方式反馈到个人，使其了解自身不足，通过惩罚措施激励其改进，并给予必要指导，争取在下一绩效考核周期明显提高绩效；为下一绩效管理循环周期的目标和绩效标准做准备，沟通和协商是否变动、改进等，从而形成连贯的绩效活动。

绩效反馈给予了管理者和员工一次正面讨论的机会，能够通过讨论绩效来开发或挖掘未来工作经营中可能提高和发展的领域，同时还能够使管理者更好地了解和认识绩效管理工作中的困难和问题，以及下属员工所表现的态度和感受，促进双方的交流和互相理解。同样的，在绩效反馈沟通中要提前通知面谈日程，根据反馈的目的采取恰当的面谈形式，坚持信任原则、直接原则、鼓励原则、倾听原则、就事论事原则、优缺点并重原则、积极主动等原则进行绩效反馈面谈，更容易使员工接受反馈的信息，从而更有成效地发挥该环节的作用，不影响员工的满意度和未来期望的积极性。除此以外，绩效反馈的工作回顾部分和未来发展计划部分最好应当分割开来，以此来明确每次反馈面谈的重点，减轻沟通的压力和抵触情绪，更好开展工作。

除此之外，对于混合所有制企业，绩效反馈还要做好以下几方面的沟通：一是阐述绩效管理带来的公平和公正，改变干多干少都一样的局面，多劳多得，少劳少得，不劳不得，绩效实施能够切实给员工带来收益增加；对于绩效不佳、绩效评价有异议的地方，一定进行充分详细解释，要有理有据，要有绩效改进的办法，要让员工信服。

8.5 绩效结果应用

作为绩效管理系统的最后环节，绩效结果应用是根据当前绩效周期的最终考核结果进行具体应用，包括薪酬奖惩与调整、岗位晋升与解雇等工作调整、招聘与选拔等人事安排、人才储备以及激励、培训与再教育等。混合所有制企业要向市场化改革，通过绩效考评结果发放薪酬、决定员工是否晋升、保级或是降级，改变国有企业干多干少都一样的局面，改变能上不能下的局面，要让员工深刻体会到干多干少不一样，能者上，激励员工的工作积极性。绩效考评的结果还可以帮助企业管理者发现企业、员工存在的不足和问题，通过绩效考评结果的合理、恰当应用，为员工指明行为、能力等改善方向，重视员工，激励员工认真工作、做出成绩，对企业未来发展和员工职业成长起到导向性作用。

综上所述，绩效管理系统的每一个过程构成都有不可替代的地位和作用，各环节互相影响、紧密联系，推动企业和员工绩效的持续改进。绩效计划属于事前控制环节，绩效实施属于事中过程控制环节，而绩效考评、绩效反馈和绩效结果应用属于事后控制环节。因此，要重视每个环节的重要性，不能偏失任何环节，积极做好每个环节的工作，公平公正的评价员工绩效，引导和激励员工，树立榜样，不断激发员工的潜力，建立管理者与员工之间开放的沟通渠道和监督渠道，进而保证整个绩效管理过程的完整性、封闭性和循环性。通过可靠和可控的绩效管理五环节，来满足企业总体目标发展和个人成就目标的需要，进一步提升和改善企业和个人的绩效水平。对于混合所有制企业来说，要尤其注重资本混合和人员混合下的战略融合、文化融合以及市场化机制转变，人力资源管理转变等。

实践篇

SHIJIAN PIAN

9 鞍钢矿业爆破有限公司概况

9.1 公司背景概述

鞍钢矿业爆破有限公司（以下简称鞍钢爆破）成立于 2013 年，地处辽宁省鞍山市，由广东宏大爆破股份有限公司与鞍钢矿业公司（以下简称鞍钢矿业）共同出资组建的具有独立法人资格的混合所有制企业，公司注册资金为 1.88 亿元，其中宏大爆破占 51%的股权，鞍钢矿业占 49%。

鞍钢爆破是在新经济形势下鞍钢矿业响应国家深化国企改革的背景下成立的，是推进国有企业深化改革打造新经营模式的一个混合所有制"试验田"，承担着先行先试多项改革试点任务。在面对全球经济下滑和国际四大矿业巨头实施"降价清场"策略的严峻形势背景下，鞍钢集团在全国范围内海选战略合作者，积极开创矿山经营新模式，对矿山的经营模式进行优化创新，对一些劳动密集型、粗放型、高危型生产环节进行资源整合，引进行业战略合作伙伴，分离负担型生产工序，轻装上阵，专注做矿山的优秀资源所有者，形成轻资产运营模式。

通过国有企业改革，涉爆业务均划归鞍钢爆破，将鞍钢矿业采矿生产工序与爆破行业技术优势进行整合，实现了炸药的生产、储存、运输、使用等环节的一体化闭环管理，打破了传统国有企业采矿生产组织模式，由生产型向经营型转变，减少了管理环节，提高了工作效率，降低了管理成本。鞍钢爆破主要从事矿山工程总承包、爆破服务、土石方施工、设备租赁、危险品运输等业务，公司具有营业性爆破一级作业资质和矿山总承包二级资质，具备每年 8 万吨的工业炸药生产能力，并通过 ISO9001 质量管理体系、OHSMS18001 职业健康安全管理体系认证。公司是辽宁省工程爆破协会副理事长单位，先后获得国家级、省部级科技奖、有色金属行业协会、爆破行业协会等多个科技奖项。

9.2 主要营业状况

公司经营范围聚焦于民爆业务和工程业务两大模块。民爆业务模块包括混装炸药生产和民爆一体化，工程业务模块包括爆破服务和合同采矿工程。相关业务、生产能力与水平情况如下。

9.2.1　民爆业务板块

9.2.1.1　混装炸药生产

鞍钢爆破现有地面站制乳系统 2 套、粒铵上料塔 2 座、现场混装炸药车 32 台。炸药年生产能力为 8 万吨，主要生产乳化粒状铵油炸药（5 万吨/年），多孔粒状铵油炸药（3 万吨/年）。

公司生产炸药均采用现场混装技术，在辽宁鞍山、大连和辽阳均设有地面站，使用澳瑞凯公司的地面制乳系统及现场混装车乳化炸药生产工艺，生产的乳胶基质可实现远距离配送，最远配送距离达 300 千米，开创目前国内最远距离乳化基质配送的先河。该技术具有国际领先水平，炸药及乳化基质在生产过程中安全和质量方面非常稳定，为实现炸药生产本质安全奠定了坚实基础。

9.2.1.2　民爆一体化

民爆一体化是指集民爆器材的生产、储存、配送，爆破作业及相关技术研发、输出等业务于一体，高效整合与充分利用民爆资源的一种新型模式。民用爆炸物品行业"十二五"发展规划指出：民爆一体化是民爆行业发展的主要方向。近年来，鞍钢爆破确定了推进市场化改革、产业化发展的思路，力求生产活动企业化、运行机制现代化、作业方式科学化、企业管理规范化、成长模式产业化、经济效益一体化，发挥民爆一体化模式的整体优势，公司推行民爆一体化，实施效果颇丰。

9.2.2　工程业务板块

9.2.2.1　爆破服务

公司具有营业性爆破作业一级资质，其中高、中、初级爆破技术人员 60 余人，具有牙轮钻和潜孔钻等多种专业钻孔设备，专业技术力量雄厚、协同配套能力强，爆破为公司核心业务板块，具备解决复杂环境下的采矿和爆破施工能力，可承担各类大型和复杂环境下的岩土爆破、地下采矿爆破、硐室爆破、拆除爆破，为用户提供炸药生产、储存、配送、爆破施工、爆破信息咨询、爆破评估和监理等民爆一体化服务。目前承担鞍钢矿业集团所属 9 座大型露天矿山、一座地下矿山的爆破业务，年爆破总量达 2.5 亿多吨，具有爆破类型丰富、技术要求高、爆破强度大等特点。

9.2.2.2　合同采矿工程

合同采矿是矿山业主将矿山开采的穿孔、爆破、挖装、运输、排岩整个生产链以合同方式委托采矿承包商进行采矿作业的新型采矿模式，尤其在新建矿山，采用合同采矿模式可大大减轻矿山业主投资负担和组织准备工作。鞍钢爆破作为专业化矿业服务公司，具有矿山总承包二级、聚集了鞍钢矿业在矿山开采方面娴熟的专业管理和技术人才，拥有专业工程技术人员 90 余人，熟练矿山开发的整套系统工艺流程，在采矿、爆破、地质、测量、设备等专业控制环节可以进行有效的管控。特别是在矿山整体开发方案优化、设备需求配置与调整、人员配备与培训等方面具有丰富而灵活的运营机制。目前公司拥有关宝山合同采矿项目、齐矿二期合同采矿项目、鞍千矿业二期合同采矿项目和本溪同顺源矿业合同采矿项目，年均采剥总量约 6000 万吨。

9.3 公司组织架构

鞍钢爆破下设 5 个职能部门，4 个生产经营单位，公司组织架构如图 9-1 所示。现有在职人员 500 余人。

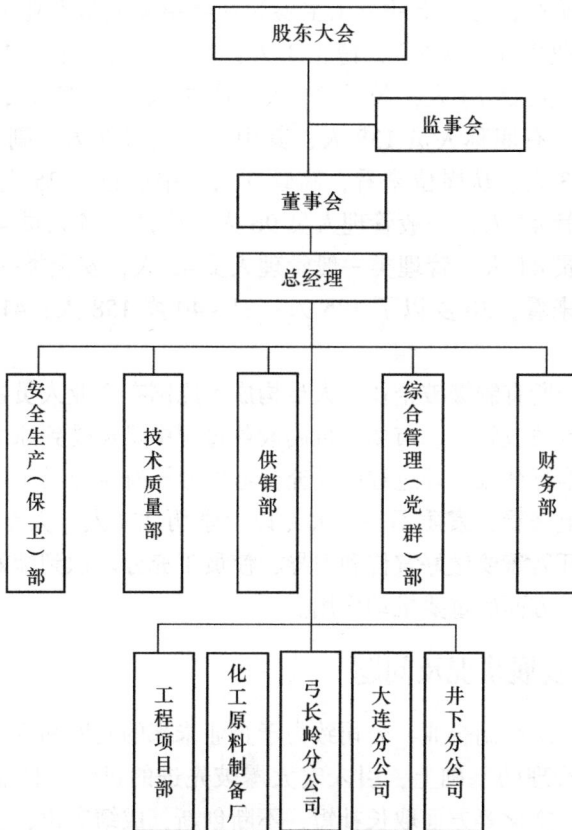

图 9-1 公司组织架构

公司的成立和经营运行，实现了人员、业务、资本、技术、管理等多种资源的整合。人员方面，能够将鞍钢各大矿山的涉爆人员、炸药生产厂人员、民爆库房人员一起整合并入新成立的鞍钢爆破。业务方面，鞍钢矿业将爆破业务以前三年成本平均价承包给爆破公司，在爆破生产方面不多增加成本。资本方面，广东宏大占51%的股权以资金的形式注入新公司，鞍钢矿业以工艺设备、厂房等固定资产抵价占49%股权。技术方面，广东宏大派驻技术人员与鞍钢矿业划拨的技术人员组成技术创新团队，相关技术由爆破公司承接。管理方面，广东宏大派驻管理人员与鞍钢矿业划拨的管理人员组成经营管理团队，新公司以现代企业法人治理模式进行自主经营，植入市场化基因和形成融合包容的企业文化，在体制和机制方面有充分的自主权。

9.4　人员构成与特点

从人员构成来看，由鞍钢划拨、宏大调入、社会招聘构成。接近一半的员工是来源原鞍钢矿业，另一半的员工主要为社会招聘人员和业务外协人员。从学历来看（除了业务外协人员），博士1人，硕士8人，本科144人（其中双学位本科5人），大专76人，技校21人，高中/职高142人，初中/中专61人。从职称来看，有职称人员138人，其中，正高级2人，副高级16人，中级87人，初级33人。从岗位来看，高管9人，中层正职25人，中层副职20人，中层业务主管44人，一般管理人员96人，生产服务人员403人。其中技术类一般管理人员41人，管理类一般管理人员45人，安全类一般管理人员10人。从人员年龄来看，30岁以下135人；31~40岁158人；41~50岁159人；51~60岁144人。

作为一家混合所有制爆破企业，人员构成上原国有企业人员占公司总人数的一半，企业在推行绩效管理、市场化机制改革过程中难免受到原国有企业文化的影响，因此，在推行绩效管理过程中要充分考虑原国有企业员工的利益、文化特征。从员工素质上来看，素质不一，大专以上学历229人，大专以下200余人，绩效管理的顺利开展需要做好宣传和引导，使员工充分认识到绩效管理在提升公平、提高个人收益方面的重要推动作用。

9.5　公司经营发展状况及问题

作为一家混合所有制企业，公司致力于企业未来的发展和双方组建的模式融合，在鞍钢矿业管理的基础上，引入宏大爆破先进的机制、体制和技术，在管理、机制、体制、文化等方面取长补短，不断创新，成绩突出，企业实力不断提升，经济效益和社会效益显著提升，主要表现在：

（1）生产经营管理逐步规范。公司建立了健全技术标准体系，制定了矿用炸药制备与配送、露天穿孔、露天爆破、质量检测等工艺技术标准。通过爆破技术创新、民爆系统改造等先进技术的推广，炸药单耗逐年下降，创鞍钢矿山历史最好水平，专业化管理的优势得到有效发挥。

延伸产业链，打造合同采矿品牌。以爆破为龙头，以挖装为核心，采取穿、爆、装、运、排一体化的生产组织方式，扩展公司业务范围，实行项目经理负责制，同时建立以考核目标为核心的激励机制，释放体制机制的优势，促进生产效率大幅提高。合同采矿项目在鞍钢矿业内部获得了良好评价。

安全管理以实现"无违章、无隐患"为目标，推行安全专业化管理和党政工团齐抓共管相结合的管控模式，落实安全生产责任制，建立全员安全兑现激励机制，公司成立以来，实现了零伤亡的目标。获得辽宁省民用爆炸物品生产企业安全生产标准化达标企业。2016 年获得辽宁省公安厅"全省企业事业单位安全保卫工作集体二等功"。

（2）公司外部市场拓展，行业的影响力得到提升。通过加强与各类矿山企业、设研院所、行业协会的联系，获得市场信息和营销资源，积极开拓外部市场，先后中标辽阳灯塔及周边爆破项目、鞍山金和矿业爆破项目、辽阳万利矿业爆破项目、首钢河北马城地采项目、本溪东方集团下马塘铁矿总承包项目。

推进资质升级，公司资质从无到有，逐年得到提升。2013 年取得营业性爆破一级资质，2016 年完成营业性爆破一级资质的换证工作。2015 年完成三大体系认证，2016 年取得矿山总承包三级资质，2017 年取得矿山总承包二级资质，同时取得了建设厅和安监局两项安全生产许可证，市场竞争力逐步提高。公司是国家高新技术企业，中国爆破行业常务理事单位，辽宁省工程爆破协会副理事长单位，成为辽宁省最大的民爆一体化服务公司。

（3）企业内部管理实现信息化。公司注重加强制度建设，各项基础工作逐步规范，制度建设实现了全覆盖，公司修订 129 项经营管理主要业务流程，提高了管理效率。推进公司信息化建设，生产计划、工程审批、消耗管控、财务管理等 15 个模块上线运行，提升了公司信息化管控能力。

全面实施目标责任管理，完善激励机制。董事会与经营班子，经营班子与部门，事业部与项目部、作业区，层层签订目标责任书，充分调动全员的积极性。

突出抓好成本管控。公司成立以来，面对严峻形势，深入挖潜降耗。实行大宗原材料季度招标，降低物资采购费用，同时降低外委项目价格和非生产性费用支出，执行鞍钢工人居家制度，降低公司成本。

（4）经济效益攀升。公司成立时投资总额 3.19 亿元，鞍钢矿业出资 9253 万元（以化工原料制备厂净资产出资），2019 年年中公司净资产为 4.47 亿元，实现了国有资产保值增值。

公司在保障鞍钢矿业内部每年 2.5 亿吨爆破产量的同时，实现了走出去释放

炸药产能的效应，在近年来矿价深度波动的市场环境下，先后在辽宁鞍山、辽
阳、本溪承接了多个外部工程，合同额约 3.55 亿元，其中鞍山金和矿业爆破项
目成功复制民爆一体化服务模式，连续签订了 6 年项目合同。

截至 2019 年公司收入 419484 万元，实现净利润 27761 万元。鞍钢矿业实现
投资收益 13603 万元。历年产值见表 9-1。

表 9-1　公司 2013~2019 年产值完成情况

年度	收入/万元	净利润/万元	净利润率/%
2013 年	19685	146	1
2014 年	84139	5706	7
2015 年	53899	240	0
2016 年	58210	1383	2
2017 年	84000	5633	7
2018 年	54864	6852	12
2019 年	64578	7800	12
开累至 2019 年	419484	27761	7

（5）社会效益显著。由于从事的是涉爆行业，高危行业，公司被评为辽宁
省民用爆炸物品行业安全生产标准化一级达标单位。专业的活由专业的人做，以
与用户共同创造价值的能力，适时提供增值服务为宗旨。为业主卸下人员、安
全、环保、资金投入的包袱。

公司成立时，承担了鞍钢划拨的 440 名职工，并承诺不低于原单位的年收入
水平，经过这些年的稳健发展，不但不低于原单位的年收入，还实现了年均 5%
的递增，解决了鞍钢人力资源改革和矿业划拨职工的再就业问题。同时开展合理
化建议和丰富多彩的文化体育活动，树立共享理念，建立郭明义爱心团队，关爱
一线员工，职工幸福指数逐年提升。

实现生态环境标本兼治，专业化的矿山服务企业，通过科技创新，从提高爆
破技术和工艺着手研究，采用标本兼治，减少爆破环境危害效应，使环城矿山爆
破振动效应达到环保标准，激活停采、限采区域资源，释放企业产能，提高生产
作业效率，让爆破行业成为矿山工程中的资源节约型和环境友好型先导型基础服
务业，为用户提供了优质的服务产品，实现人与自然和谐共生。

（6）科技创新能力不断提升。公司通过加大科技创新力度，营造公司科技
创新环境。积极与科研机构、知名院校进行合作，研究出一批具有国内外先进水
平的科研成果，获技术创新成果奖项 26 项，其中有多项研究成果填补国内行业
空白。取得发明专利技术 14 项，软件著作权 20 项，在国家核心刊物发表科技论
文 20 多篇。其中，"露天矿山数字爆破研究与应用技术"获中国工程爆破协会科

技进步奖一等奖;"露天矿山地下复杂采空区精确探测和爆破治理关键技术研究与应用"获中国爆破行业协会科学技术奖一等奖;"大型铁矿山精准爆破技术研究与工程示范"荣获冶金矿山科学技术奖一等奖和鞍钢矿业2016年度科技进步奖一等奖。"高效靠帮控制爆破技术研究"科研成果取得突破,已在我公司露天矿山全面推广,达到国内先进水平;2017年"基于采选总成本的爆破技术优化研究"获鞍钢矿业科技进步奖一等奖和中国冶金矿山科学技术奖一等奖,"乳化粒状铵油炸药配方优化研究"获鞍钢矿业科技进步奖二等奖;由我公司主持完成的"现场混装乳化铵油炸药关键技术研究与工程应用"和"露天铁矿矿石破磨全成本优化与工程示范"两科研项目,分别获得中国爆破行业协会二等奖和中国冶金矿山科学技术奖一等奖;2019年"矿山爆破环境振动效应评价及控制技术研究"获中国爆破行业协会科学技术奖一等奖。

同时,新技术、新产品引进取得新成果,引进了北矿亿博BMO复合油相材料用于乳化炸药生产,经实验室检测、现场工业试验,满足了地面制乳工艺技术条件,通过了由鞍钢矿业科技部门组织的成果认定,目前,该产品已作为我公司乳化炸药关键原料之一进入正常生产流程序列,不仅提升了公司关键物资供应的质量保障与供货安全性,而且使采购价格大幅下降。

公司在取得一系列成果的同时,还存在一些问题,具体包括:

(1)外部业务拓展有待进一步突破。鞍钢爆破成立初期,公司的主要任务是建立完善组织构架和制度体系,2014年下半年公司才开始组建营销部,经过近两年的努力,公司取得了爆破一级资质,土石方资质、矿山施工总承包二级以及完善了其他相关资质,并陆续签订外营项目合同。虽然公司在外部业务拓展方面取得了一些突破,但总体占公司业务比重较小,与双方股东的期望值还有很大的距离。

(2)高效运营模式尚未完全形成。公司成立旨在通过强强联合,应用先进技术和管理经验,实现各项资源的最优组合。经过多年发展,鞍钢文化和宏大文化经过融合逐渐形成了具有鞍钢爆破特色的企业文化。不过,鞍钢和宏大的体制和机制优势还有待进一步融合,还需要进一步嫁接优秀的宏大文化,尤其是在激励机制和用人模式方面,还需要进一步提高员工工作热情、凝聚人心。由于多种原因,形成一般管理、服务人员偏多,专业技术人员少的不合理人员结构,从而制约了公司技术创新的能力。

(3)核心竞争力有待进一步加强。公司目前以工程爆破、民爆一体化、合同采矿为核心业务,发展模式与宏大下属很多子公司发展模式相同。同时,国内同类型发展模式的成功企业较多,竞争力较强,作为成立时间较短的鞍钢爆破,在国内竞争中竞争优势还不够明显。公司高效运营模式尚未完全形成,科技创新能力比较薄弱。鞍钢爆破需要进一步明确发展方向,增强企业发展的内生动力,实现鞍钢和宏大优秀企业文化的有效融合，创建鞍钢爆破品牌，增强企业的核心竞争力。

（4）强化公司绩效管理与战略计划的关联性。公司在发展中充分意识到了战略计划的重要性和必要性，规划和建立了有利于发展的长远战略计划书。高层领导也在足够重视绩效管理的思维下，从公司整体出发来倡导和联系战略计划，并积极下发各类相关文件到分公司和各项目单位。不过，部门和个别单位在制定绩效考核内容和标准时，过多的从本部门的利益出发去关注绩效目标的实现。绩效管理与鞍钢爆破的整体战略计划联系性有待加强，需要将战略的思想实践于各级绩效指标的层层分解，与各自部门和员工制定的部分绩效管理内容，如薪酬、晋升等内容联系起来，以实现公司整体目标。

（5）绩效评价有待进一步完善。公司开展绩效管理，是一个不断完善的过程。早期，绩效评价法在应用过程中仅根据几个部门选取了评价指标，指标选取方式、评价过程、相关制度需要改进和完善，以保障评价过程的实质性以及评价结果的准确性。由于获取的信息相对匮乏，缺乏说服力，难以反映出准确的评价信息。在评价过程中注意量化，考虑员工对评价过程以及结果的意见，否则无法保证评价结果可信度，无法使员工信服，更无法达到绩效管理的目的。

（6）员工对绩效管理认识有待加强。公司还有部分基层员工甚至个别管理者对于实施绩效管理的目的认识不清，他们并没有认识到绩效管理是为了提升企业和员工的绩效、促进企业战略目标实现而开展的一种管理模式，只是把绩效管理作为协调和分配薪酬的一种手段。这种认识上的误区和偏差直接导致了绩效管理的实施大打折扣，不仅无法提升员工的绩效和潜力，还不利于企业战略目标的实现。而且公司在绩效管理方面与员工达成共识的程度还不够高，导致员工思想认识差，甚至部分员工产生了抵触心理，不能很好地配合相关绩效管理工作者开展正常的工作，影响绩效管理效果的发挥。

10 企业绩效管理体系总体构建

10.1 基于战略导向并融合多种理念的企业绩效管理模式的确定

企业绩效管理的目标，对模式的选择起着关键作用。鞍钢爆破自成立以来，坚持以习近平新时代中国特色社会主义思想为指导，以党的十九大精神和国家"十三五"发展纲要为指南，以"致力打造国内最卓越的矿业服务商"为宗旨，依托现有稳定业务，充分挖掘潜力，围绕"工程爆破、民爆生产、露天合同采矿、井下合同采矿"四大业务板块，努力提升公司综合实力和发展水平。企业绩效管理以战略目标实现为最根本出发点，为实现这一根本目标，需要开拓市场，提高项目部管理水平、安全管控能力、劳动生产率，改善服务质量，改变薪酬分配方式，在员工层面上薪酬分配要体现按劳分配原则，提升员工综合素质，改变员工思想，从"要我工作"转变为"我要工作"。

在对部门和员工进行绩效管理时，将战略目标进行层层分解并落实到部门、个人，并应用关键绩效指标、目标管理、积分制等多种绩效管理理论和方法。因此，鞍钢爆破的绩效管理采用以战略为导向并融合 KPI、目标管理、积分制等多种绩效管理理念的绩效管理模式。

为顺利开展绩效管理，首先需要明确企业战略目标。为明确企业战略目标，首先要分析企业愿景、使命和价值观，在此基础上对企业外部环境进行 PEST 分析、行业分析、地域分析和同行业竞争对手分析，对企业内部环境分析优势和劣势，并最终确定企业战略规划目标，包括品牌文化目标、营销拓展目标、人力资源目标、财务管理目标和科技创新目标。以企业制定的战略目标为牵引，整合企业各项经营活动和任务，进行战略统筹，并对各个企业战略目标进行层层分解，然后确定关键绩效指标、绩效指标考评实施、绩效考评监控与反馈等一系列的系统化安排，最后将企业内部协同与员工工作投入进行统一，构建基于战略导向的企业绩效管理体系，如图 10-1 所示。

10.2 三层次绩效管理体系构建

10.2.1 绩效管理的准备工作

绩效管理的准备工作有以下三方面：

（1）制度和流程梳理奠定绩效管理基础。为加强绩效管理，公司通过积极

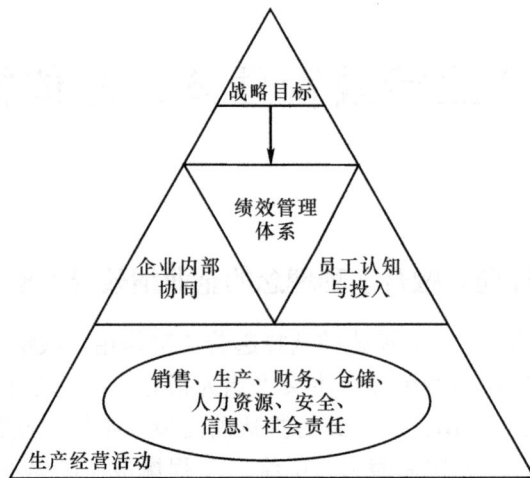

图 10-1　基于战略导向的企业绩效管理体系

引导、合理评估、持续改进员工工作绩效，使员工工作目标与企业目标保持一致，以确保公司战略目标的实现。为进一步完善激励与约束机制，在员工业绩评价方面持续改进，使其更加客观、公平、公正，并将绩效评价结果与薪酬分配进行有效关联。

　　在梳理原有制度的基础上不断认识、梳理和完善制度建设，标准化企业经营活动的制度过程，奠定了基于战略导向的绩效管理基础。企业以《鞍钢矿业爆破有限公司制度汇编》为基础梳理企业业务活动、优化相关管理与流程。同时，从企业生产价值链出发，将企业生产经营活动的众多标准进行系统、合理的分类，并将活动中所处位置和关键内容以逻辑图的形式更为直观地展现出来。最后特制订了《鞍钢矿业爆破有限公司绩效管理制度》，从设计、编制、解读等角度，对企业绩效管理体系进行说明，让使用者了解绩效体系的设计思路，便于使用及后续的维护。

　　（2）强调绩效管理与战略目标的方向一致性。绩效管理与战略目标保持方向一致，换句话说就是基于企业战略形成绩效管理体系运行框架，引导各项企业经营活动围绕战略目标开展工作。战略目标建立在企业愿景、使命和价值观的基础之上，是企业战略的具体内涵，基于战略导向的绩效管理体系的设计和构建也必须要考虑企业愿景、使命和价值观。鞍钢爆破致力于打造"国内最卓越的矿业服务商"的美好愿景，坚持以爆破为公司核心业务板块，并在深化推进改革的新时代背景下打造民爆一体化服务和合同采矿经营模式的一个混合所有制"试验田"，先行先试担起多项集团改革试点任务，在已经成为辽宁省最大的民爆一体化服务公司的基础上，深入思考企业存在的价值和意义，进一步明确"追求客户满意，引领行业发展"的企业使命，培养出了"科技动力嫁接矿业资源精心服务驱动企业发展"的经营理念，为了企业在如何迈向美好愿景和使命的前进道路上，凝练企业文化和精神，思考、体现和提炼出"创造价值，共享发展"的核心价值观、"创新奉献，服务担当"的企业精神、"敬业，诚信，务实，高效"的工作理念和"生命至高无上，绿色环保先行"的安全理念。这些都是企业对未来的展望，将战略目标和绩效目标立于上述愿景，将战略目标分解为企业具体绩效目标任务，部门及员工按照职责落实相关目标任务。因此，企业绩效管理只有在战略导向下，才能最大限度强调和保持方向一致性，发挥绩效管理的重要作用。

（3）改善员工认知促进绩效管理的推行。企业绩效管理体系的运行需要组织全体员工参与。如何激励员工和管理者，减小绩效管理阻力，发挥绩效管理的变革作用是绩效管理实践的重要问题。首先，在鞍钢爆破绩效管理推行前，要改变传统人力资源管理的盲目绩效认知，让员工真正理解企业绩效管理的核心内涵，提升员工工作积极性和创造性。其次，按照目标管理的要求明确绩效目标任务。由于矿产服务劳动人员知识水平普遍较低，企业各部门及相关岗位的员工应当适当简化企业的考核任务，通过培训、QQ群或微信通知、部门员工大会等手段传达绩效考核相关内容，让员工能够清楚工作内容和绩效目标，并且得到员工认同。最后，企业内部绩效考核要适当地强化团队成员的协作意识和团队凝聚力，在绩效考评工作过程中指导和反馈组织内员工的公民行为和利他行为，重视对员工个体能力的开发及优势能力的使用，帮助员工提升绩效。

10.2.2　绩效管理体系的总体构建

绩效管理体系的总体构建，从企业战略目标出发，整合企业、部门（团队）员工三个绩效层次，实现绩效管理各层次目标、绩效管理内容的融合和协调，通过低层次绩效目标的实现完成高层次绩效目标，最终实现企业总体战略目标，并促进个人和公司的发展。因此，绩效管理体系要根据企业战略进行系统性、科学性构建。基于战略导向的绩效管理体系强调企业长期发展规划的战略目标，引领企业绩效管理目标向正确的方向经营，部门或团队以及各岗位员工的目标来源于企业绩效目标的分解，具有一定的战略意义，并与企业目标在一定程度保持上下贯通，达到整体绩效管理的协调统一。

针对鞍钢爆破的企业特点和各部门的业务流程，从总体设计三层次的绩效管理体系，具体设计步骤如下：

（1）建立企业级绩效管理体系。企业目标是在企业愿景、使命和价值观的基础上精心制定的长期的发展路径，能够体现高层领导的未来追求和各岗位员工共同工作的努力方向。企业目标的制定及其分解也必然要求全体员工的参与，而且也分为直接可以实现的可控目标和多个部门、员工共同协作实现的目标，后者是绩效管理实践中的难点，需要针对不同类型的目标采取不同的管理方式。此外，预期目标值的设定也不宜过高或过低，过高的预期绩效目标值会造成负面的心理压力，可能实现不了，而过低的目标则不利于绩效达成的成就感，可能造成懈怠行为。因此，在确定绩效目标的过程中应遵循目标导向、SMART 原则、综合性等多种原则，促进目标一致性的形成。

基于战略地图的思想进行自上而下的系统思考，根据最终的企业目标从财务、客户、内部流程、学习与成长四个维度出发，考虑绩效目标的实现路径和事件，并识别当前企业存在的短板和不足，考虑绩效考核具体指标及其目标设置。在战略地图绘制基础上，利用平衡计分卡工具，采用头脑风暴法、德尔菲法等方法，确定目标实现的关键要素，提炼关键绩效指标，形成企业级绩效指标体系，之后确定各绩效指标的权重，实行试点绩效考评，然后根据结果进行反馈和调整，最后将企业绩效考评结果应用，实现下一个阶段的绩效循环，具体如图 10-2 所示。

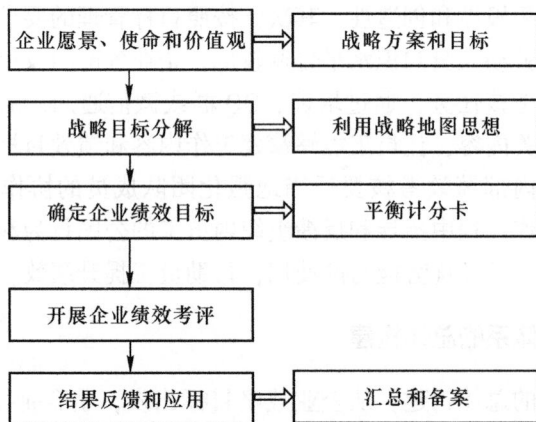

图 10-2　企业级绩效管理体系设计

（2）建立部门级绩效管理体系。企业级的绩效目标大多是战略层次上的，无法落实到具体的运营任务上，需要再进行分解和细化到企业的各个部门中，保证部门与企业整体绩效目标的一致性。部门级绩效指标主要来自部门的关键职责和工作任务，部门绩效目标来自企业级的目标分解，部门绩效具体实现情况掌握在不同的部门，其具体指标项考核由相应数据掌握部门等进行考核，如采购供销部采购物资质量数据来源于物资使用的安全生产单元，该指标项由物资使用部门进行考核。鞍钢爆破根据组织架构、岗位职责细分考核部门，初步分析包括安全生产单元、技术质量部、供销部、财务部、综合管理（党群）部等，运用目标管理理论等，设计恰当的绩效指标考评标准，绩效考核负责部门并与被考核目标沟通交流达成一致，确定目标责任书，然后进行考核，根据考核结果进行奖惩，具体如图 10-3 所示。

```
┌─────────────────┐      ┌─────────────────┐
│根据企业目标分解各 │ ───> │各部门绩效指标体系构建│
│部门任务          │      └─────────────────┘
└─────────────────┘
        │
        ▼
┌─────────────────┐      ┌─────────────────┐
│各部门签署目标承诺书│ ───> │     备案         │
└─────────────────┘      └─────────────────┘
        │
        ▼
┌─────────────────┐      ┌─────────────────┐
│  开展绩效考评     │ <─── │考核人员收集       │
└─────────────────┘      │实际绩效数据       │
        │                └─────────────────┘
        ▼
┌─────────────────┐      ┌─────────────────┐
│  结果审批和反馈   │ ───> │  汇总和备案      │
└─────────────────┘      └─────────────────┘
        │
        ▼
┌─────────────────┐
│   考评结果应用    │
└─────────────────┘
```

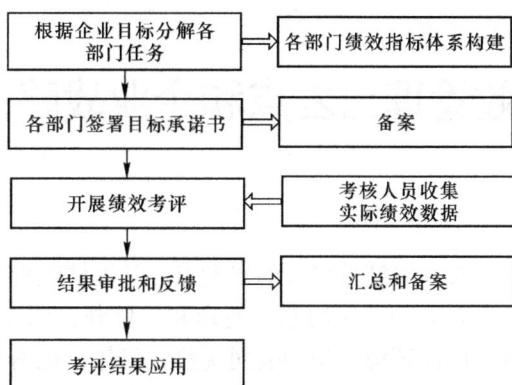

图 10-3　部门级绩效管理体系设计

（3）建立员工级绩效管理体系。企业和部门两级绩效管理体系完成后，利用相同的方法再将各部门的目标分解到各岗位的员工中，除任务目标外，还要从岗位职责与任务对员工能力要求、企业对员工行为要求等角度设置绩效考核指标，不仅关注企业的短期目标，还要考虑企业长期发展、个人发展角度设计考核指标。

通过目标层次分解，将目标压力层层传递，使得企业整体目标找到了各自承担的员工。在实际过程中，员工个人往往无法独立完成一个目标，需要团队协作完成，需要结合工作技术水平、难度等考核任务完成的贡献度，对于任务容易量化的采用积分制进行考核。针对鞍钢爆破的员工分布特点和岗位性质，将员工划分为中层管理人员、一般管理人员、技术人员、关键生产人员、其他生产和辅助生产人员五类人员的绩效评价体系，不同部门和不同岗位的因为岗位要求等不同使得具体指标有差异。从岗位职责、行为、能力、结果等方面梳理企业相应岗位人员的绩效指标，并从基础性、奖励性和发展性三个角度提炼关键绩效指标，通过调研、结合更高层次的绩效目标确定绩效指标权重及其考核标准，从而构建出员工级绩效评价指标体系，员工级绩效管理体系构建和实施过程如图 10-4 所示。

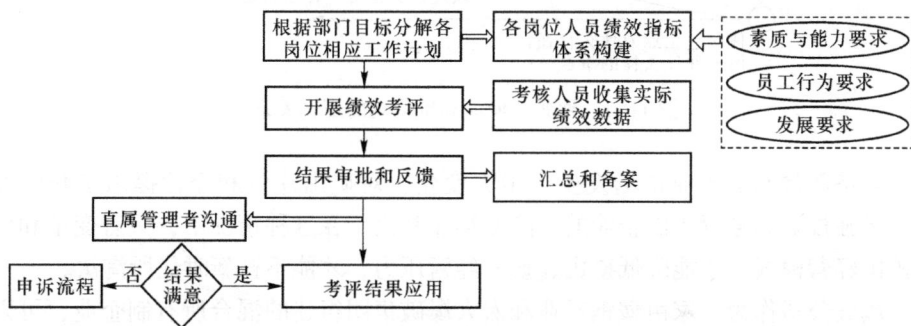

```
┌─────────────────┐   ┌───────────────┐    ┌─────────────┐
│根据部门目标分解各 │──>│各岗位人员绩效指标│    │素质与能力要求 │
│岗位相应工作计划   │   │体系构建        │    └─────────────┘
└─────────────────┘   └───────────────┘    ┌─────────────┐
        │                                   │ 员工行为要求  │
        ▼                                   └─────────────┘
┌─────────────────┐   ┌───────────────┐    ┌─────────────┐
│  开展绩效考评     │<──│考核人员收集实际 │    │  发展要求    │
└─────────────────┘   │绩效数据        │    └─────────────┘
        │             └───────────────┘
        ▼
┌─────────────────┐   ┌───────────────┐
│  结果审批和反馈   │──>│   汇总和备案    │
└─────────────────┘   └───────────────┘
        │
        ▼
┌──────────────┐
│直属管理者沟通  │<──────────┐
└──────────────┘            │
        │                   否
        ▼                  ◇─────┐
┌──────────┐    否    ╱结果╲  是  ┌──────────┐
│ 申诉流程  │<────────╲满意╱────>│考评结果应用│
└──────────┘          ◇──── ─    └──────────┘
```

图 10-4　员工级绩效管理体系设计

11　企业绩效管理出发点和企业战略目标的确定

战略目标是鞍钢爆破开展绩效管理的出发点。开展绩效管理，首先确定企业战略目标，这需要分析企业的公司愿景、使命和价值观，明确公司的发展方向，再分析公司外部环境、内部环境，识别公司优势、劣势、机遇和挑战，以确定企业战略目标。外部环境分析包括政治环境、经济环境、社会环境、技术环境分析以及地域环境、同类企业竞争环境分析。

11.1　公司愿景、使命和价值观

愿景是企业在未来追求达到一种状态的蓝图，如常说的省市区域第一、世界百强等，其阐述了企业存在的最终目的。使命是企业对自身发展详细定位的阐述，代表了企业存在的理由，使其区别于其他行业。很多企业在描述愿景和使命的时候，通常把二者合二为一。价值观是以组织的共同愿景和使命等为基础，对未来预期状况所持有的标准观念、准则等。换句话说，价值观是对企业愿景和使命的具体展开，是组织内成员的共识。三者逻辑关系如图 11-1 所示。

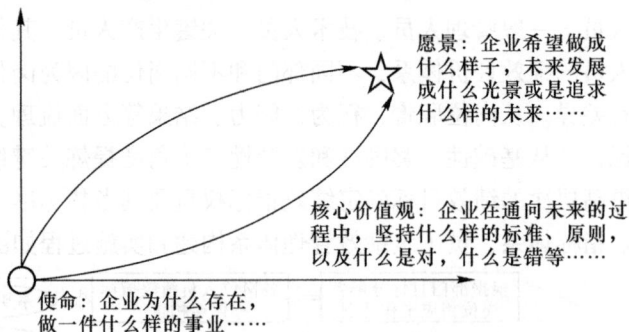

愿景：企业希望做成什么样子，未来发展成什么光景或是追求什么样的未来……

核心价值观：企业在通向未来的过程中，坚持什么样的标准、原则，以及什么是对，什么是错等……

使命：企业为什么存在，做一件什么样的事业……

图 11-1　愿景、使命和价值观的逻辑关系

经济新常态下矿业市场发生了很大变化，对矿山建设和经营提出了新的要求，单独投资和经营矿山企业的风险变得非常大。在这种情况下，只有变革和创新矿山经营模式，才能降低矿山建设和经营压力，才能不被新时代所淘汰。

爆破公司作为一家由鞍钢矿业和宏大爆破集团组建的混合所有制企业，可以借助鞍钢矿业所拥有的品牌优势、丰富的矿产资源、规范化的管控、国际化的经验、雄厚的技术和人才实力，融合宏大所拥有灵活的激励机制、完善的体制、市

场化的活力、融资的上市平台、为客户提供星级服务的理念，打造了"鞍钢的实力+宏大的活力=企业的核心竞争力"的核心竞争力公式。也正是凭借这一公式，指导着公司从组建到壮大发展，从小到大，从弱到强，并取得了各种阶段性的成果业绩，在已成为辽宁省最大的民爆一体化服务公司基础上，全面开启高质量发展新征程，进一步创新企业经营模式，做强做优做大企业。积极打造公司优秀企业文化和理念，明确公司发展战略，不断提升核心竞争力，加快产业生态链的发展，构造在技术、管理、规模、竞争力、文化等方面全面领先国内行业的优秀民爆企业，并成为冶金矿山服务行业的践行者和引领者。

对于鞍钢爆破的未来发展，高层领导提出：将继续坚持以习近平新时代中国特色社会主义思想为指导，以党的十九大精神和国家"十四五"发展纲要为指南，不忘初心、牢记使命，以创新文化为引领，以市场为导向，以客户为中心，以效益最大化为目标，开创新型企业运营模式，通过强强联合，应用先进技术和管理经验，实现各项资源的最优组合，提高安全生产能力和市场竞争力，形成具有鞍钢爆破特点的企业文化和经营机制，最终把鞍钢爆破建成国内最具竞争力、最卓越的矿山承包服务商。

11.2 公司外部环境分析

近年来，受到全球经济持续低迷、国家去产能政策和经济结构调整等因素影响，矿产包括铁矿石等价格经过断崖式下滑后一直在低位徘徊。此外，国内行业产能过剩，使得矿业行业盈利能力持续走低，甚至一度出现全行业亏损局面。但是，随着我国基础建设逐步趋于平缓和稳定，中国钢铁工业已经开始由快速成长阶段向低速、平稳发展阶段过渡。面对供给侧结构性深化改革，推动经济高质量发展的新形势，矿山企业需要在经营模式上进行变革，引进和创新矿山运营开采模式，综合考虑资源、市场、技术等因素，以减少投入和消耗、提高经济效益、降低经营风险，来实现矿山的可持续发展。

11.2.1 PEST 分析

外部宏观环境分析，可以帮助理解、指导和制定正确的企业战略。PEST 分析法是外部宏观环境分析的常用方法，包括政治环境（P）分析、经济环境（E）分析、社会环境（S）分析、技术环境（T）分析。

11.2.1.1 政治环境（P）分析

政治环境一般具有强制性，是不受企业单独控制的，很大程度影响企业战略的方向。当今，中国供给侧改革、产业结构调整、资源配置方式转换等正推动企业转型升级，其对传统行业的影响尤为深刻，特别是传统矿山多以自营为主，其矿权和经营权统一，矿权所有者负责矿山的建设、生产运营和销售等整个产业链条，矿山企业担负起安全、环保、人力资源、资金投入等巨大压力。矿山业主也开始采用新的采矿模式——合同采矿，即"穿孔、爆破、挖装、运输、排岩、配矿"整个矿山开采生产链委托给采矿承包商。

公安部推出了大量针对矿业爆破的强制性规定，以加强和规范民用爆破的管理。工信和信息化部发布《民用爆炸物品行业"十二五"发展规划》，指出民爆一体化是民爆行业发展的主要方向。所谓"民爆一体化"是指集民爆产品的生产、储存、配送，爆破作业及相关技术研发、输出等业务于一体，高效整合与充分利用民爆资源的一种新型模式。

环境恶化使国家大力推进大气污染防治行动，区域产能调整进入实质性阶段，钢铁产业面临着技改和重组的巨大压力。

11.2.1.2　经济环境（E）分析

经济环境的变动或改善都会对企业产生直接影响，尤其是经济全球化走向。具体分析内容分为：

（1）全球经济增长缓慢，外部需求萎缩。政府对宏观经济采取市场主导的稳健、不刺激的经济政策，以建筑业、机械制造业、造船业等为主的八大钢材消费行业，表现出明显的周期波动性。同时铝合金、高强度泡沫塑料等新材料已成为钢铁替代品，进一步影响了铁矿石等需求量。

（2）行业产能严重过剩。"十二五"以来，由于钢铁产能释放较快，国内市场继续供大于求，钢材价格同比回落且低位运行，加上钢铁行业产业布局不合理，银行信贷规模收紧，钢铁企业资金链紧张等瓶颈短期内难以改变，行业仍处于亏损边缘。

（3）铁矿石对外依存度居高不下。因国内铁矿石贫细杂散，矿物加工成本高，导致钢铁企业对进口铁矿石依存度高，议价能力弱的状况在短期内难以改变。

（4）"一带一路"建设将带来新的发展机遇。习近平总书记提出的"一带一路"倡议构想的顺利实行，促进中国和有关各国的经济合作，输出资本、产品和设备，转移过剩产能，带动国内的相关产业发展，对于爆破行业来说，是一个巨大的发展机遇。

11.2.1.3　社会环境（S）分析

人民的环保意识增强，对矿山等其他爆破飞石、爆破地震、爆破毒气和爆破空气冲击波的控制要求也越来越高。企业为了关注自身形象，必须履行社会责任，同时需要提高施工的安全性，注重环境保护。

随着信息化发展，人民群众对爆破服务行业的理解和认识逐渐增加，爆破职业危险性逐渐透明化，员工和企业更加注重安全防护，这对整个行业的发展来说，起到了非常积极的作用。

就业观念转变，劳动力短缺。80 后和 90 后逐渐成为市场上的主要劳动力，由于居民收入水平大幅上升，再加上独生子女政策和高等教育的普及，新生代劳动力的择业观念发生巨大变化，倾向于工作环境好、安全性高的职业。爆破行业工作环境差、危险性高，劳动力供给大幅下降，再加上劳动力成本持续增加，爆破行业在劳动力方面面临严重短缺的问题。

11.2.1.4 技术环境 (T) 分析

新技术、新产品不断出现，互联网、信息技术的发展促进了行业技术的发展，主要包括信息管理系统的应用、爆破新技术与产品、数值模拟技术应用。利用大数据建立的"民用爆炸物品信息管理系统"等可以对爆破范围、危险物品流向、现场作业行为以及对周围环境影响的有效控制，加强了相关人员的专业水平和管理能力。高精度导爆索、高精度延期雷等新技术、新产品的不断出现，为复杂环境下的作业提供巨大的支持。炸药现场混装车的出现和普及应用，尤其是为大规模露天爆破作业中带来了福音，不仅有效避免和稳定控制了炸药生产、运输过程中的危险因素，实现安全风险最小化，而且还提高了作业的自动化程度，大幅降低了生产成本。以数值模拟软件的模拟爆破的过程，有助于技术人员确定最佳爆破参数和影响，达到爆破效果和成本最优化。

11.2.2 行业环境分析

由于经济复苏远未达到预期，世界范围的矿产品需求不旺，矿业投资持续下降，矿产品价格低位徘徊，矿业界普遍存在一种悲观或消极情绪。不过，经过几年的持续下行，矿业经济已经开始出现缓慢复苏迹象。

从国内市场来看，一是需求回暖，矿产品价格上涨。自 2016 年 4 月以来，国内煤炭价格开始从多年低迷态势中强劲反弹，市场供不应求。据中国钢铁工业协会监测，2016 年以来钢材价格整体呈现上涨态势。有色金属也是集体崛起，全面补涨。二是国土资源调控和监测司发现，2016 年前三季度矿业权出让价款同比上升。三是矿产品进口贸易总体呈回升态势。四是中国企业的海外并购业绩引人关注。2016 年 11 月 20 日，习近平总书记在秘鲁连签三个矿业大单，轰动整个矿业界。现国内有十余家矿业公司和投资机构布局海外，涉及的矿种繁多，主要为油气、黑色金属、有色金属类（金、铜、铝）等，可谓全面开花。此外，煤炭、石油和黑色金属行业的固定资产投资，环比分别增长 16%、10% 和 18.1%。专家们认为，这些现象可以解读为全球矿业行业触底回升的重要信号。

矿业服务外包主要业务范围有矿山基础建设、供药与穿孔爆破、矿石采装、岩石排弃、选矿厂运营及设备维修等服务等。业主可以通过合同采矿模式，集中精力开展资源运营、融资和销售业务。目前，国际以合同采矿方式开采的矿石产量占总产量的60%，其中合同采矿的职工数已占40%。国内合同采矿模式在国企矿山中正在兴起，露天煤矿岩土剥离、铁矿石和有色矿石开采已经逐步采用合同采矿模式。

在国内矿业行业采用矿业服务的市场方面，目前我国铁矿露天开采的大约占90%，按照采剥总量和合同采矿市场价格核算，国内铁矿山开采服务市场规模可达几百亿元。而有色金属，作为支持工业产品生产的重要原材料，十种常用有色金属的铜、铝、铅、锌、镍、锡、锑、汞、镁、海绵钛等应用比较广。中国十种有色金属资源相对于国际大型矿山，一般品位较低，有色矿石总产量已突破22亿吨，年均增长10%左右。有色矿山地采比例较高，对应矿业服务市场服务空间较小。除此以外，煤炭开采服务上，我国煤炭开采采用地采比例高达85%，基于历史形成原因和目前国家煤炭行业政策，煤矿业主自身的井工作业能力是煤炭企业核心能力，《国务院关于预防煤矿生产安全事故的特别规定》中明文规定煤矿井下采掘和井巷维修作业不能进行外包，煤矿的地下开采较少外包，因此煤矿地采市场价值大约为2500亿元只是理论上的服务市场需求。国内煤矿的矿建工程每年约有300亿元市场容量。

在国内经济进入新常态的形势下，依赖要素驱动、规模扩张的传统矿业发展模式已不可持续，不能指望今后矿业再像前几年那样呈现井喷式发展态势，也不能期望通过炒作矿业权就可以获取高额利润，但这并不意味着我国的矿业就已经走到尽头。只要准确把握当前及其今后一个时期经济发展的总体脉络，特别是矿业发展的大势，严格遵循节约高效、环境友好、矿地和谐的绿色矿业发展模式，正确处理政府与市场、当前与长远、局部与整体、资源与环境、国内市场与国际市场的关系，沉着应战，抓住机遇，科学施策，矿业完全可以在更加广泛的领域与空间大有作为。

鞍钢矿业爆破作为依存矿业行业发展的服务型企业，需要在双方股东的支持下，推进企业发展规划，以精准高效的发展模式和更加灵活的运行机制做强做大公司规模，这是本公司的使命和目标。

11.2.3　地域环境分析

鞍钢爆破地处辽宁省鞍山市。鞍山市是辽宁省第三大城市，东北第五大城市，也是东北地区最大的钢铁工业城市。东北地区作为我国老重工业基地，多年以来经济发展不景气。2003年中央提出振兴东北老工业基地的战略，至今已有近二十年的时间，然而，东北三省的经济仍然处于全国较低的位置，尤其是2014

年以后，东北经济出现断崖式下跌，全国 14 个 GDP 负增长的地级城市中，有 6 个在东北地区。东北三省中，辽宁的经济形势最为严峻，统计数字显示，2016 年前三季度辽宁工业增加值同比下降 11.1%，经济增速为 -2.2%，位列倒数第一。在民爆行业，东三省地区呈增长趋势。

11.2.3.1　辽宁省

辽宁省 2017 年民爆生产总值 16.07 亿元，同比增长 15.49%，民爆销售总值 16.17 亿元，同比增长 14.46%。民爆工业炸药生产 24.5 万吨，同比增长 11.71%，销售 24.61 万吨，同比增长 12.47%，期末库存 0.25 万吨。随着矿业行业形势的好转，许多停滞项目开始恢复生产，辽宁省 2017 年采矿证延期、扩采、新项目共 140 余个，其中本溪地区 26 个申请中项目，丹东地区 26 个申请中项目，朝阳地区 30 个申请中项目，其他地区 64 个申请中项目，并且辽宁省采矿证的审批越来越严格，各项手续相对复杂了许多。

以本溪地区而言，新开项目没有大规模露天开采，全部为民营企业开采，多数为年产 10 万~20 万吨小规模矿山，并且多数矿山储量已经不多，开采年限也不长。其他市级城市申请项目成规模的较少，多数为民营小型露天矿山和小型地下开采矿山。

11.2.3.2　黑龙江省

黑龙江省 2017 年民爆生产总值 7.29 亿元，同比增长 2.45%，民爆销售总值 6.89 亿元，同比降低 7.01%。民爆工业炸药生产 6.93 万吨，同比增长 14.91%，销售 6.92 万吨，同比增长 13.12%，期末库存 0.26 万吨。从黑龙江省有关部门获悉，民用爆破器材使用方向大体有四个部分，煤矿占大头使用炸药 60%，4 万多吨，有鹤岗矿、鸡西矿、双鸭山矿、七台河矿；其次是宏大爆破合作的华安民爆公司，使用炸药 1.2 万吨，其他是各种铁矿、采石场等，大约使用炸药只有 1.5 万吨。

黑龙江省经信委是个开放的部门，对民爆行业整合持积极态度，对产能外出和进入都是采取开放思路。民爆产品分为三大系列，炸药、工程雷管、石油射孔弹。2017 年炸药生产 6.93 万吨，销售 6.92 万吨，在全国 30 个省市排列第 21 位；工程雷管生产 6300 万发，销售 5700 万发，在全国排列第 8 位。

11.2.3.3　吉林省

吉林省 2017 年民爆生产总值 3.11 亿元，同比增长 18.94%，民爆销售总值 3.05 亿元，同比增长 18.65%。民爆工业炸药生产 3.29 万吨，同比增长 18.82%，销售 3.29 万吨，同比增长 19%，期末库存 0.07 万吨。

吉林省有爆破公司 30 多家。有爆破一级资质 2 家，分别在长春市、吉林市注册。抚顺隆烨化工在吉林收购 2 家炸药生产厂，9 家爆破公司，占据吉林省半壁河山。吉林省矿山分为煤矿、铁矿、采石场、有色金属矿四个部分，炸药使用量仅和我省大连市相当，矿山都不是太景气，出现相互压价，承揽工程，形成新的欠款资金链。吉林磐石县冀东水泥矿山与吉林鑫鼎化工签订了混装车使用合同。

东北三省作为老工业基地，是典型的资源型省份，面对国家经济趋势的变化，亟须经济转型。辽宁省采矿行业于 2016 年开始逐渐回暖，很多停产多年的矿山企业陆续重新开始生产，一些小型矿山已经进入正常生产状态。对民爆行业，黑龙江省经信委领导思维开放，对行业整合、市场开放持有积极的姿态，允许外地企业进入当地市场。公司业务拓展到黑龙江省大有希望，但是，黑龙江省主要以煤矿为主，金属矿山较少。吉林省属于矿山贫乏的省份，现有矿山规模小，不利于混装车进入，另外，抚顺隆烨化工有限公司将当地有价值的爆破公司进行了收购，市场进入难度大。

东北经济的下滑有多重因素，营商环境不够完善是其中一个重要的原因，体现在政务环境、市场环境、社会文化环境、法律环境等，特别是非国有企业在东北经营环境下发展比较困难。自成立以来，公司在经营过程中承受了来自外部政府乃至社会方面的较大压力，可喜的是近年来政府部门正在逐步转变思路，并成立了经商环境局，随着时间的推移，经商环境的改变也会为公司的发展创造有利条件。

11.2.4　行业同类企业竞争分析

目前，公司业务范围主要有工程爆破、总承包合同采矿、民爆生产和井下采矿，主要经营思路是巩固铁矿山民爆一体化市场、开拓有色金属矿山和煤矿矿业市场，拓展矿业服务领域，为矿山业主提供全方位的采矿管理和施工服务。通过调查，国内开展同类业务的优秀企业有宏大爆破、中铁十九局、葛洲坝易普力、金诚信、保利民爆等。行业同类企业主要竞争策略有以设计拓展工程总包业务、以区域民爆产能和爆破服务为依托来突破下游矿山开采服务业务、建采一体化等多种方式。具体分析如下：

(1) 以设计拓展工程总包业务。部分具备资质的大型设计院，依托矿山设计领域的丰富经验与客户关系，逐步拓展矿建、采矿环节工程总包。采取这种竞争策略开展合同采矿业务的主要有中国恩菲、北京矿冶研究总院等具备采矿资质的矿业研究院、行业性矿业设计院。由于设计单位人力结构、资金、设备、机制等方面的原因，采用这类业务模式的企业，短期内设计业务仍为其重点业务，采矿工程业务体量有限，一般都会将爆破、采装、运排等环节分包给下游施工分包商。

（2）以区域民爆产能和爆破服务为依托，突破下游矿山开采服务业务。借助民爆业务发展和客户关系，以及民爆器材技术和成本优势，拓展下游矿山工程服务，如葛洲坝易普力，民爆仍为其战略业务，矿山业务体量不大，集团内部对矿山服务业务重视和资源支持有限，民爆和爆破业务自营，工程业务一般以转包为主。宏大爆破也是利用民爆一体化业务带动合同采矿业务的主要案例，但是由于过分强调矿山服务拉动整体业务，忽视了易普力的成功模式。

（3）建采一体化，以矿建带动采矿和选矿业务。以大型矿山特别是井下矿山的矿建项目带动采矿项目。行业龙头金诚信的业务中采矿规模较大，但基本都是矿建与采矿一体化项目，几乎没有单独的采矿项目。金诚信在营销过程中发现，直接获取大型业主的生产型项目阻力较大，因此金诚信将营销重点放在大型的建采一体化项目。宏大系的涟邵建工也在利用矿建项目的优势拓展合同采矿业务，并取得较好的效果。

（4）以基建经验和央企行业地位强化矿山服务。凭借矿山基建、大型工程方面的丰富项目经验、较强的资金和设备实力，以及央企地位与行业资源，强化大型矿山服务拓展业务。这类企业具备矿山总承包资质，主要是中铁建系统企业，如中铁十九局等。

中铁十九局集团有限公司是宏大爆破采矿业务的典型竞争对手。该公司从铁路建设转到矿山开采，成为国内较成熟的合同采矿服务商，不过，其矿山服务多停留在项目运营阶段，品牌运营还有待提升。其典型项目有伊春鹿鸣铁钼矿工程（30亿元），乌努格吐山铜钼矿Ⅰ期露天采剥工程（14.94亿元）、太原钢铁袁家村铁矿（200亿元）等。

（5）以海外大项目突破国内矿山外包市场。通过技术创新获得国际大型矿山，从而建立矿山外包知名品牌并拓展国内矿山工程业务，如金诚信矿业管理股份有限公司，其业务相对集中于有色金属矿山服务。

有色金属矿山市场竞争者主要是金诚信和原冶金系统矿建公司（华冶、中冶系），金诚信公司在企业发展早期着力拓展海外项目，借助中国有色集团谦比希铜矿矿建工程获得初期资金、口碑和海外经验积累，回归国内后大力开发有色金属矿山，先后获得江铜德兴铜矿、贵州开磷集团等大型有色矿地采项目，专注有色矿山坚持项目自营，不搞项目挂靠，在技术、设备和管理上全面领先。金诚信在有色金属地采领域具备较高的行业地位和品牌影响力。

（6）通过资本纽带建立稳定客户关系。依靠与大型矿山业主的资本纽带（相互参股、合作合资等）建立稳定的矿山服务关联业务关系。这类企业一般业务体量较大，客户关系稳定，盈利性较好。如紫金矿业股东之一新华都，其在紫金矿业基础上拓展了较多的有色金属矿山采矿项目，且快速进入了有色金属矿地采领域。

（7）通过大型设备投资和卓越服务建立稳定业务。通过大型矿山设备的投资和卓越的技术服务提升竞争实力，保障矿山生产稳定。大型矿山一般业务体量较大，技术水平要求高，业务风险较大，需要建立和维护良好的客户关系。宏大爆破在神华集团哈尔乌素项目就采取中大型采矿设备为主的合同采矿模式，获得竞争优势。

（8）以特定行业经验积累控制行业市场。依赖多年同行业的协作关系、专业技术能力以及相关政策支持形成特定的矿山服务壁垒。这种情况下，企业的业务体量一般比较大，技术过硬，但企业营销不够灵活，典型的就是煤矿行业的矿建和开采项目。

中煤第三建设集团前身为淮北煤矿基本建设局，后由安徽省国资委重组，成立中煤矿山建设集团有限公司，业务范围包括矿山、道路、房屋，目前是煤炭行业最大的承包商，拥有特级资质，收入超过100亿元，拥有各类工程机械设备13500余台（套），业务跨越20余个省市，拥有若干鲁班奖，主要客户包括神华集团、潞安集团、国投新集等。

从国内合同采矿模式应用情况来看，矿山服务外包还处于初级阶段，没有出现集团层面的合作，较为常见的仍是单个项目（尤其是新矿）的外包，在数量众多的外包服务商中，尚未出现占据较大市场份额的市场领先者，见表11-1。

表11-1　目前中国矿业市场主要服务外包商

业主名称	主要外包商	业主名称	主要外包商
云南铜业	金诚信、中国华冶、浙江华冶	神华集团	宏大爆破、中煤三建公司
江西铜业	金诚信	昆钢集团	金诚信
中国黄金	金诚信	马钢集团	温州矿山井巷集团、中国华冶
西部矿业	中国华冶、温州建设集团	宝钢集团	中国华冶、金诚信
金川集团	金诚信、中国华冶	中钢集团	金诚信
山东黄金	温州矿山井巷集团	河北钢铁	浙江华冶、中国华冶
驰宏锌锗	金诚信	西宁特钢	金诚信
中色集团	金诚信	武钢集团	金诚信、中国华冶
紫金矿业	温州矿山井巷集团、新华都	莱钢集团	浙江华冶
五矿集团	温州矿山井巷集团、五矿二十三冶建设	招金矿业	温州矿山井巷集团
本溪钢铁	本钢矿山建设公司	山东黄金	山东黄金建设公司
首钢集团	首钢建设公司	太钢集团	中铁十九局
大同煤矿	大同煤矿宏远工程公司	冀中能源	中煤河北煤炭建设第四工程处

11.3 公司内部环境分析

SWOT 分析法又称态势分析法，分别是优势、劣势、机会和威胁四个组成内容。其中，优势和劣势属于企业内部分析，关注企业自身实力和竞争对手的基本对比情况，包括技术、资产、管理制度、物流服务等多个方面。因此，借鉴该战略工具的核心思想，主要从优势和劣势两个方面调查、寻找并列出企业内部环境分析结果。

11.3.1 公司优势分析

（1）民爆一体化矿山服务模式。爆破公司整合鞍钢矿业涉爆业务后，对各个生产环节进行优化，在各大矿山实现了生产组织的民爆一体化，充分发挥民爆一体化模式安全、高效、低成本等整体优势，极大地提高了爆破施工的安全水平、施工效率。

鞍山金和矿业开采是一个典型工程，目前该工程已经施工 4 年，公司采用民爆一体化生产组织模式，通过整体规划，优化爆破方案设计，采用先进的混装炸药生产技术，对矿岩采取"分穿分爆"，提高了爆破效果，为业主降低爆破成本 30%，提高矿石回采率 5%，克服了过去盲炮多、大块率高等爆破质量问题，获得了业主高度评价。

（2）超委托精细化采矿矿山服务新模式。爆破公司在履行合同采矿的实践中，创立了超委托精细化采矿模式，这种生产模式是将精细化管理、信息互享机制、激励共享机制、增值服务业务融入合同采矿模式中，形成一种超越普通委托代理关系的管理模式，实现双方资源更高层次的优化配置，为双方合作带来更多利润空间，实现了双赢和共同发展。

典型工程关宝山矿业采矿工程，通过超委托精细化合同采矿模式的有效应用，取得了较好经济效益和社会效益。该项目负责穿、爆、铲、运、排、配等所有采矿工序的生产组织，通过运用超委托精细化合同采矿模式提高了采矿设备利用率和劳动生产率，降低了矿石采选的能源和碳排放，在采矿成本上，对照剥采比相近矿山，成本大幅降低；在设备效率上，实现设备低投资高效率。同时坚持以习近平总书记提出的"环境就是民生、绿水青山就是金山银山、人与自然和谐共生"的指导思想，提出矿山"无扰动开采爆破"的绿色工作目标，从降低爆破振动、控制爆破噪声等方面开展技术攻关，使爆破产生的振动和噪声得到了有效控制，增大了矿山一次爆破规模，减少作业频次，大幅度降低了安全风险。

（3）混合所有制"试验田"，为资源型企业注入了新动力。实现了传统经营模式向现代化经营模式过渡，剥离了非核心竞争业务环节，逐步将资产、人员等过重包袱抛开，规避涉爆业务风险，使得采矿主业安全、健康发展，将可支配更多的资源用于核心竞争力的取得，实现资源效用的最大化。

　　实现了专业化经营，发挥了爆破技术、决策效率、激励机制等优势，提高了资源利用率和施工效率，降低成本。

　　鞍钢矿业减少了资金和人员投入，实现低投入、高产出。资源型的鞍钢矿业与矿山服务型的爆破公司形成了协同效应，实现外部资源产能扩张，为鞍钢矿业公司的快速扩张拓展了更大的空间和平台。

　　（4）财务状况良好，业务稳定，推行现代化管理。鞍钢爆破公司成立以来，全面推行现代化企业管理模式，设立了股东会、董事会、监事会和经营层的法人治理结构，坚持以效益为导向，以经营责任目标、预算管控、成本分析和评价考核等为主要工作，推进公司稳步发展。截至2019年上半年鞍钢爆破累计实现收入38.21亿元，实现净利润2.35亿元，鞍钢矿业公司按49%的占股取得投资收益1.04亿元；另外，在钢铁行业低迷期间，鞍钢矿业公司面临成本压力，因此对鞍钢爆破进行多次调价，鞍钢爆破承担起了鞍钢矿业公司成本的压力，直接为矿业公司创造的经济效益约1.3亿元。公司成立时投资总额3.19亿元，鞍钢矿业公司出资9253万元（以化工原料制备厂净资产出资），到目前为止公司现有净资产4.47亿元，实现了国有资产保值增值。

　　目前，公司承担鞍钢矿业所属9座大型露天矿山、一座地下矿山的爆破业务，年爆破总量达2.5亿多吨。同时，公司拥有关宝山合同采矿项目、齐矿二期合同采矿项目、鞍千矿业二期合同采矿项目和本溪同顺源矿业合同采矿项目，年均采剥总量约6000万吨。公司在保障鞍钢矿业每年2.5亿吨爆破产量的同时，积极走出去，释放了炸药产能。在近年来矿价深度波动的市场下，先后承接了多个外部项目，如鞍山金和矿业爆破项目、本溪同顺源铁矿总承包项目等，签订合同额约3.55亿元，开辟了向外部拓展业务的新局面。

　　（5）专业技术力量雄厚。鞍钢爆破现有地面站制乳系统2套、粒铵上料塔2座、现场混装炸药车32台。炸药生产能力为8万吨/年，主要生产乳化粒状铵油炸药（5万吨/年）、多孔粒状铵油炸药（3万吨/年）。地面制乳系统引进奥瑞凯公司生产技术，具有国际先进水平。

　　公司生产炸药均采用现场混装技术，在辽宁鞍山、大连和辽阳均设有地面站，使用澳瑞凯公司的地面制乳系统及现场混装车乳化炸药生产工艺，生产的乳胶基质可实现远距离配送，最远配送距离达300千米，开创目前国内最远距离乳化基质配送的先河。该技术具有国际领先水平，炸药及乳化基质在生产过程中安全和质量方面非常稳定，为实现炸药生产本质安全奠定了坚实基础。

　　目前公司各项企业资质完善，实现了从"非营业性"到"营业性"的模式转变。公司拥有营业性一级爆破作业资质、矿山总承包二级资质、建设厅和安监局颁发的两项安全生产许可证，具备走出去的资质门槛。公司是国家高新技术企业，中国爆破行业常务理事单位，辽宁省工程爆破协会副理事长单位，成为辽宁省最大的民爆一体化服务公司。并且拥有国内最先进的炸药地面生产线，为辽宁省民爆行业安全生产标准化达标企业，同时，公司拥有精良的施工设备和露天矿山机械设备，可以有效解决复杂环境下的采矿和爆破施工难题。同时，公司成立以来，有四个单位晋级为安全标准化作业区，实现了轻伤以上事故为零，环境污染为零的目标。

公司现有在职员工 500 余人，其中专业工程技术人员 90 余人，高、中、初级工程师 107 人，拥有爆破作业人员许可证高、中、初级 62 人；注册建造师 31人；注册安全工程师 6 人。公司继承两家股东的先进技术和管理经验，实现各项资源的最优组合，提高安全生产管理能力和核心竞争力，具备大中型露天矿山和井下开采的生产实力。

（6）科技创新成果显著。公司打造安全生产动态信息化，在所有危险品车辆安装 GPS 动态监控系统，实现对车辆具体位置、运行速度、停车时间、停车地点进行动态监控，确保车辆安全。同时，对生产区域、库房视频监控系统进行升级改造，爆破作业现场，爆材领取环节实现现场录像，保证了危险源点和作业过程全程受控。

一直以来，鞍钢爆破高度重视科技创新工作，密切跟踪民爆行业和相关产业科技研发进展，积极拓展与科研机构、高等院校和相关企业的合作渠道，多项成果在生产经营中得到推广应用，为企业发展提供强大的技术支撑。近年来公司共获技术创新成果奖项 24 项，其中省部级一等奖 3 项、二等奖 2 项，发明专利技术 9 项，软件著作权 20 项，在国家核心刊物发表科技论文 20 多篇。

公司依托鞍钢矿业和宏大爆破股东技术优势，不断完善公司专业技术团队建设和自主创新能力，将科技成果转化为生产力，通过对炸药能耗和炸药品种的优化研究，采用空气间隔技术，优化孔网参数，为专业化爆破提供有力支撑。近五年，通过技术攻关，累计降低爆破炸药成本 15427 万元，降低爆材成本 1191.7万元，降低穿孔成本 1608.56 万元，降本增效效果显著。被辽宁省工信厅评为省民爆企业安全生产标准标杆企业。

11.3.2　公司劣势分析

（1）外部业务拓展尚未有大的突破。鞍钢爆破成立初期，公司的主要任务是建立完善组织构架和制度体系，2014 年下半年公司才开始组建营销部，恰逢国家经济结构调整，矿业行业断崖式下滑，又加之公司缺乏相关资质，外部营销没有大的突破。经过近两年的努力，公司取得了爆破一级资质，土石方资质、矿山施工总承包二级以及完善了其他相关资质，2016 年开始，营销工作逐渐取得进展，陆续签订外营项目合同。

　　虽然公司在外部业务拓展方面取得了一些突破，但总体占公司业务比重较小，与双方股东的期望值还有很大的距离。营销策略有待于进一步创新、营销团队建设有待于进一步加强、营销能力有待于进一步提升。

　　（2）高效运营模式尚未完全形成。公司成立旨在通过强强联合，应用先进技术和管理经验，实现各项资源的最优组合。虽然，鞍钢文化和宏大文化经过融合逐渐形成了具有鞍钢爆破特色的企业文化，但是从整体来看，体制和机制优势没有充分发挥出来，特别是嫁接宏大文化方面特别欠缺，表现在激励机制和用人模式方面。由于双方的优势及好的机制体制得不到有效融合，导致员工工作热情不高、向心力不足。

　　由于公司员工来自矿业公司 14 家不同的单位，薪酬水平各不相同，为公司的规范管理带来了新的难题。特别是成立之初承诺保证划拨员工工资增长幅度不低于矿业公司的增长幅度，造成现在员工工资水平参差不齐，目前仍没有形成鞍钢爆破自有的薪酬体系。

　　而在人才培养方面，还延续国有企业能上不能下的用人模式，不能建立能下能上的用人机制。由于多种原因，形成一般管理、服务人员偏多，专业技术人员少的不合理人员结构，从而制约了公司技术创新的能力。

　　（3）核心竞争力需要加强。公司目前仍是以工程爆破、民爆一体化、合同采矿为核心业务，发展模式与宏大下属很多子公司发展模式相同。国内同类型发展模式的成功企业较多，竞争力较强，作为成立时间较短的鞍钢爆破公司，在国内竞争中没有太明显的竞争优势。公司高效运营模式尚未形成，科技创新能力还很薄弱，特别是在公司顶层设计方面，股东双方对爆破公司的发展没有系统的定位。爆破公司需要一个明确的发展方向，要增强企业发展的内生动力，实现鞍钢和宏大优秀企业文化的有效融合，创建鞍钢爆破品牌，增强企业的核心竞争力。

11.4　企业战略目标的确定

　　通过梳理公司愿景、使命和价值观，明确公司的发展方向，并达成共识。分析公司外部的政治、经济、社会和技术环境，分析行业环境、地域环境、同类型企业，识别公司发展的机遇与挑战；分析公司内部环境识别企业优势和劣势，制定公司总战略。围绕公司总战略目标，在品牌文化、营销拓展、人力资源、财务管理、科技创新五大方面确定相应战略目标。

11.4.1　公司战略总目标

　　鞍钢爆破规划瞄准行业发展方向和矿业的市场需求，针对鞍钢爆破内部优势及短板，从企业管理体制创新、企业文化建设、营销拓展采矿服务、项目运营管理和科技创新水平提升诸多方面，规划战略发展目标，为发展奠定坚实的基础。

　　总的来说，公司将以"致力打造国内最卓越的矿业服务商"为宗旨，依托现有稳定业务，充分挖掘潜力，围绕工程爆破、民爆生产、露天合同采矿、井下合同采矿四大业务板块，努力提升公司综合实力和发展水平。对内逐步实现鞍钢板块产业链延伸，早日实现穿、爆、挖、运一体化及合同采矿模式；对外拓展市场，提高市场占有率，开展多种经营，培育新的经济增长点，努力将鞍钢爆破建成中国冶金领域中的矿山服务标杆企业。

　　具体的战略目标为：

　　(1) 提升公司内部管理：

　　1) 公司管理流程化。以现代计算机技术、通信技术和网络技术等为手段，围绕公司业务类型建立覆盖广泛的信息平台和高速的信息网络，提升信息化水平，为智能化建设奠定基础。

　　2) 项目管理标准化。围绕公司四大板块业务，采用目标管理、质量管控模式，以具体管理办法来支撑，形成标准化的项目管理模式。

　　3) 安全管理军事化。以安全生产责任制为依托，以实现"本质安全"为目标，完善公司工序流程安全管理制度，严格安全管理，打造高标准的安全管理队伍，实现"令行禁止、安全高于一切"的军事化标准。

　　4) 财务管理精细化。从预算管控、合同和定额管理等方面打造财务管理的精细化，通过资金调配与运作，努力降低财务成本。

　　(2) 做强做大四大业务板块：

　　1) 工程爆破板块。取得矿山工程总承包一级资质，未来将逐年加大外部工程营业收入。

　　2) 民爆生产板块。通过技术研究提升炸药性能，优化炸药品种，降低炸药生产成本；借助资本并购或战略合作整合周边民爆企业，增加炸药产能，为工程板块业务量的攀升提供支撑。

　　3) 露天合同采矿板块。完成鞍钢矿业穿孔业务划拨，实现穿爆一体化，优化穿爆工艺技术方案，实现穿孔、爆破、铲装、运输、破碎、磨矿等流程系统成本最优，提高企业核心竞争力。

　　4) 井下合同采矿板块。建设培养井下开采技术和管理团队，拓展井下采矿业务，扩大公司业务范围。随着国家对环境保护的高度重视，未来矿山将大力推崇绿色开采，地下采矿将是矿山开采的主要模式。

　　(3) 打造公司核心竞争力：

　　1) 通过技术创新提升技术竞争力。建立技术创新管理、考核与激励机制，打造专家、工程技术人员等多层次科技研发团队，以强大的技术优势，提升鞍钢爆破核心竞争力。

　　2) 利用品牌效应增强品牌竞争力。利用市场对鞍钢的认可度，强化品牌建设，在对内做好鞍钢内部服务、稳定内部市场的同时，利用品牌优势拓展外部市场。

3) 强化管理创新发挥机制体制竞争力。采用现代化的管理模式，激发企业活力，在用人制度、绩效考核、市场营销等方面大胆革新，发挥人的主观能动性，形成高效规范的企业管理体系，确保公司在市场竞争中具有明显优势。

(4) 加大对外业务拓展力度：

1) 完善公司营销体系。一是打造一支强有力的营销团队。注重营销人才的培养、引进，学习先进的营销思想和营销策略，及时了解评价市场信息，把握市场脉搏，做出科学决策。二是建立一支高质量的营销团队。聘请国内知名专家学者等加强营销力量，利用专家的才智，制定营销策略，指导营销业务。三是制定营销管理办法及有效的考核激励政策，充分调动营销人员的积极性。

2) 以鞍钢矿业为依托开拓外部市场。充分利用鞍钢内部市场这一平台，锻炼队伍、培养人才，在目前以爆破服务为主的情况下，逐步实现穿、爆一体化和采矿总承包。集中精力努力开拓外部市场，实现外部营销业务的重大突破。

3) 做强做大民爆业务。借势资本并购或战略合作对相关区域和相关国内民爆企业进行业务整合，增加炸药品种和产能，为工程板块业务量的攀升提供先决条件。

11.4.2　品牌文化战略目标

11.4.2.1　品牌形象构建

品牌形象是企业竞争的有效利器，是公司持续发展所需要的长期性系统工程。品牌的竞争力不容忽视，鞍钢集团是新中国第一个恢复建设的大型钢铁联合企业和最早建成的钢铁生产基地，被誉为"中国钢铁工业的摇篮""共和国钢铁工业的长子"，是引领冶金矿山行业发展的龙头企业。宏大与鞍钢合作，坚持新公司保持原有鞍钢的企业名号，就是为了利用鞍钢的品牌影响力去开拓市场，利用原有鞍钢的市场认可度创建鞍钢爆破品牌。鞍钢的品牌是公司隐形的竞争力，使公司一开始就步入了高大上的行列，这是一般的爆破公司不具备的品牌优势。

公司一定要打造好鞍钢爆破这块行业品牌，致力打造国内最卓越的矿业服务商，要将服务意识贯穿在公司整个经营过程中。通过确定统一、专用、指定的印刷字体，统一的媒体标志等方法打造企业形象，形成自己的品牌特色，公司经营层必须将品牌建设作为一项重要任务纳入工作日程。

11.4.2.2　企业文化战略

企业文化的核心是价值观，体现在理念和行动上，它需要通过明确企业价值与使命，战略规划与愿景，确立公理与规则，实施激励与约束，教育与培训等措施来建立、引导核心理念的广泛认同与普遍的自觉行动。具体如下：

核心价值观：创造价值，共享发展。

企业精神：创新奉献，服务担当。

发展愿景：致力打造国内最卓越的矿业服务商。

企业使命：追求客户满意，引领行业发展。

工作理念：敬业、诚信、务实、高效。

安全理念：生命至高无上，绿色环保先行。

经营理念：科技动力嫁接矿业资源，精心服务驱动企业发展。

11.4.3 营销拓展战略目标

营销拓展战略要以公司《营销管理手册》为工作依据，加大对矿业服务的营销开发力度，以民爆一体化和合同采矿为先导，加大目标市场内的铁矿、有色矿山的业务开发，实施高端大项目营销计划。提升企业资质、加大对营销人才培育力度，优先引进外部优秀的营销专才。根据目标市场拓展情况设立区域营销机构，加强对各类资源龙头企业、设计院、研究机构、协会和政府机关的宣传推广，突出本公司业务定位，获得市场信息和营销资源。

11.4.3.1 鞍钢内部投标项目规划

爆破公司要将鞍钢矿业内部项目作为主要业务，这些项目是爆破公司发展的基石。爆破公司应紧跟鞍钢矿业发展，拓展在鞍钢矿业的项目，除现有爆破服务项目外，综合采矿项目现有齐矿二期扩建项目、鞍千项目和关宝山项目，确定2018~2020年公司投标项目的重点见表11-2。

表 11-2 投标项目规划

年份	齐矿		鞍千		关宝山	
	剥岩量/万吨	产值/万元	剥岩量/万吨	产值/万元	剥岩量/万吨	产值/万元
2018	6000	48000	3500	35000	750	6000
2019	6000	48000	3500	35000	750	6000
2020	8500	68000	5240	52400	650	5200
合计	20500	164000	12240	122400	2150	17200

11.4.3.2 外部拓展项目规划

2017~2020年外部营销规划见表11-3。未来三年，鞍钢爆破应大力开展外部项目的营销工作，争取实现营销产值的重大突破。同时，鞍钢爆破要利用鞍钢品牌及混装优势拓展外部市场，应逐年加大外部业务开拓份额，为实现公司的愿景、使命目标打下坚实的基础。目前，爆破公司通过混装业务这一核心竞争力，已经在鞍山附近开辟了一些项目，建立了客户资源和良好口碑。但混装业务有着运输距离的局限性，远距离的项目我们不具备优势，还存在资质等级不够、外部成品炸药价格竞争激烈等问题。

表 11-3   2017～2020 年外部营销规划

序号	项目名称	合同工期	合同额/万元	产值/万元			
				2017 年	2018 年	2019 年	2020 年
1	金和矿业	3 年	7500	500	2500	2500	2000
2	灯塔爆破项目总和	3 年	3200	800	800	800	800
3	本溪同顺源矿业总承包项目	3 年	10755	2500	3500	3500	3500
4	首钢马城铁矿项目	3 年	5000	1000	2000	2000	0
5	凌源翅冀矿业	3 年	6000	0	2000	2000	3000
6	本溪宇航总承包	5 年	100000	0	20000	20000	20000
7	丹东首钢硼铁矿	3 年	4000	0	1000	1500	1500
8	富贵鸟北漂龙潭矿业	3 年	7500	0	2500	2500	2500
9	其他项目		2000	0	1000	2000	2000
合　计			145955	4800	35300	36800	35300

11.4.4　人力资源战略目标

人力资源战略要以人为本，充分调动激发员工的工作热情，促进鞍钢爆破的健康发展。人力资源战略包括组建稳定的专家团队、打造勇于创新和敢于担当的高管团队、打造一支关心热爱企业的高素质员工团队三大部分。专家团队能够从事技术咨询、技术评审、技术成果鉴定、制定营销策略、对重大课题进行研究和公关等工作。高管团队应该具有思想上高度统一、行动上协调一致，具有很强的战斗力和责任担当精神。员工团队通过加强学习教育，提高思想道德素质和业务能力，还要建立科学公正的创新选拔机制和有效的考核激励政策。

目前，鞍钢爆破人力资源管理基础工作薄弱，人力资源管理相关制度还不完善、不健全，如员工晋升、人才培养和培训等方面还不规范。人力资源的规划要结合公司发展战略及人力资源现状，遵循"立足当前、面向未来"的指导思想。用三年时间建立一支与"鞍钢爆破"战略目标相适应、精干高效、高度团结的一流人才队伍。同时构筑一个适应并且支撑"鞍钢爆破"快速发展和高效运作的自我激励、自我约束和促进人才脱颖而出的现代人力资源管理开发机制。

人力资源战略的具体指标内容为：

（1）提升人力资源部门的战略支持作用，储备人才做好人才梯队建设。

（2）完善人力资源信息，建立人才库，培养或引进一批专业的管理人才与技术专才，特别是关键岗位人才培养。

（3）建立公司员工晋升渠道和内部岗位流动机制，将人力资源盘活。

（4）健全公司薪酬及劳动保障体系，完善公司绩效考核制度。

（5）制定科学明确的部门及岗位职责，编制岗位说明书，实现分工合理，权责明确，高效协作。

（6）加强培训管理工作，建立内部讲师队伍，提升员工素质。

11.4.5 财务管理战略目标

通过业务计划、全面预算、资金管理、报告体系以及绩效管理等手段，建立规范有效的财务管理体系，促进公司经营活动的效率和效果进一步提升，保证各业务单元和职能部门高效、协调一致，实现企业整体价值最大增值。

11.4.5.1 财务职能规划

（1）会计核算管理。完善各项财务管理制度，充分利用外部监督工作，强化会计审核、加强会计检查，优化会计集中核算模式。通过会审、税审和集团公司内审工作，对检查出来的问题，举一反三，及时整改，不断提高会计核算水平。

（2）全面预算管理。继续推进信息反馈系统的建设，完善预算管理的控制要素。加快公司财务管理信息化进程，完善全面预算管理软件的应用，充分重视过程控制，严格预算执行。建立重大预算项目特别关注制度，对于工程项目、对外投融资等重大预算项目，应当密切跟踪其实施进度和完成情况，实行严格监控。同时完善全面预算管理绩效考核体系。

（3）资金管理。建立和健全管理机制，推进信息化建设，在公司内部设立资金管理机构，强化资金计划约束，改善资金管理手段，加强筹资管理，确保资金来源。一是加强与银行等金融单位的联系和协作，融洽企业与金融单位的关系；二是利用商业信用的各种形式，进行负债融资。

（4）成本管理。以成本为中心，促进整个公司管理水平的提高；规范和理顺财务、采购、生产等核心业务，保证成本费用预算的实现。同时理顺与成本密切相关的生产、采购、库存、销售、固定资产、工薪、成本核算等关联部门的业务及流程。凡涉及物资采购、费用的合同，物资的出入库、费用支付等各项业务，在原流程的基础上强化成本审核和控制环节。

11.4.5.2 财务团队建设规划

（1）财务人员绩效考核。对每个财务人员的本职工作、上级交付的工作任务的完成情况进行评价，考核要素由工作质量、工作交期及工作跟进等构成。对具体职务所需的基本能力及经验性能力进行测评，基本要素包括担当职务所需要的理解力、创造力、指导和监督能力以及从工作中表现出来的效率和方法等。对工作过程中表现出来的责任感、工作勤惰、协作精神以及组织纪律等进行测评。

（2）财务人员培训。财务人员培训包括岗位入职培训、岗位技能培训、最新行业及专业知识培训、专业发展重点培训、经营能力培训。

岗位入职培训：岗位入职培训的对象为新进财务人员，其培训内容包括公司的简介、公司发展战略、企业文化介绍、公司组织架构及各项管理制度等。一般财务人员的入职培训由所在单位财务部门负责人安排，新进财务负责人的培训由公司财务部安排。

岗位技能培训：岗位技能的培训对象为各岗位财务人员，其内容主要为岗位专业技能、管理技能培训和制度、流程优化培训。专业技能培训侧重于岗位所需的财务专业知识和管理类知识，同时进行流程优化培训，提高工作效率，减少人力成本，有效控制风险。

最新行业及专业知识培训：其培训对象为各单位财务负责人及业务骨干，培训目的是了解当前宏观经济形势、新专业政策和行业最新动态，及时了解享受相关政策优惠和减少政策风险，提前做好应对策略。

专业发展重点培训：培养财务人员财务工作的专业性，不仅熟悉实务操作、业务流程，而且能对现有流程进行优化，提高财务部门内部及与外部对接工作的效率，减少内耗，创造财务价值。

经营能力培训：财务人员不仅要熟悉财务的数字描述和数字指标的含义，更要理解数字的来源和构成，掌握数字产生的根源和业务组成，从而通过量化的数据来研究如何优化业务，提高企业经济效益。

11.4.6　科技创新战略目标

公司成立以来，依托鞍钢矿业和宏大爆破公司两大股东的研发团队及技术储备优势、技术资源优势，为专业化爆破提供了有力的技术支撑。在研发创新和技术创新方面取得了一定的成绩，2017 年取得了高新技术企业称号。但是整体来看，还存在一些亟待解决的问题，主要表现在：自主创新能力薄弱，科技领军人才匮乏，科技人才培养激励机制不完善，科技经费投入不足。近年来，开展的科研项目多为短期适用型项目，基础性研究和中长期项目少，很难在工艺技术原始创新上取得重大突破。未来鞍钢爆破应将科技创新作为企业发展的重要支撑。

11.4.6.1　科技创新规划目标

（1）科技投入。实施科研项目计划管理模式和评价制度，开展重点科研项目攻关。加大对民爆、爆破、矿建、采矿和选矿等领域新技术、新装备、新工艺等创新项目的投入，每年科技投入递增10%。组织参与鞍钢矿业研究机构的项目研究工作，制定科研项目规划。

（2）科技创新关键指标。到2020年，利用三年时间目标申请专利20件，开发科研项目15项，获得省级以上科研成果奖6项，公开发表论文20篇，制定企业标准10项，科技增效2000万元。

（3）高新技术企业维护。未来三年是公司高新技术企业维护的关键期，公司取得高新企业后为公司减少了税费，但是高新企业的维护是重点，科技部门要根据高新企业的要求做好相关工作。

11.4.6.2 关键技术研发

（1）爆堆形态控制与采矿效率优化研究。建立爆堆形态影响因素的模糊数学模型，研究爆堆形成过程与爆堆形态评价指标，通过优化爆破参数实现对爆堆形态有效控制。

（2）基于遥感技术的爆破质量评价方法研究。基于遥感技术的岩石块度分布测试与分析系统，主要包图像采集系统、图像处理系统、块度测试系统和块度数据输出系统等。研究内容主要包括爆破块度理论与试验研究；使用遥感技术与无人机结合，找出获取可靠爆堆岩块图像的方法；爆破块度的图像处理方法；爆破块度预测技术。

（3）矿山爆破智能管理系统研究与建设。建立露天矿山的三维模型。利用先进的三维空间建模技术与计算机可视化技术，建立三维矿山爆区地形模型，为其后的爆破设计、分析工作打好基础。

露天台阶爆破设计。阐述台阶爆破参数、布孔方式、连线网路等理论知识，针对台阶爆破专家系统的布孔设计、装药结构设计、爆破网路设计、爆破设计成果文档与图纸设计等方面开展研究。

GPS在矿山测量中的应用。使用GPS对矿山地形进行数据点的采集，并进行数据后处理，生成三维地形模型。利用GPS高精度的特点实现布孔、验孔的精确化。

（4）民爆一体化智能管控系统研究。民用爆破技术和工程爆破一体化，与信息化深度融合，将有利于提升民爆企业运营质量。该系统拟建立炸药生产制备—配送—爆破设计—现场混装爆破施工—爆破施工全过程动态实时监控的智能化大数据管控系统，将现有信息化管理系统进行优化整合和系统集成，建立矿山爆破现场混装作业智能调度系统，实现矿山生产爆破作业调度智能化；建立爆破作业现场无线视频监控系统，在每个爆破区域布置一套无线视频监控信息采集终端，可进行远程控制，管理人员在办公室计算机或手机终端调取爆破现场视频并可根据需要调整监控角度、焦距及范围等（通过无线操纵功能的云台），具有三个月的数据储存回放功能，协助专业人员进行爆破分析和生产指挥，进而建立起全新的智能化爆破监控数据平台。

（5）矿用炸药工艺技术改进：

1）乳化粒状铵油炸药配方优化研究。该项目与鞍钢矿业设计研究院合作开展，目前已完成了将多孔粒状硝酸铵比例提高5个百分点的研究和现场应用，技术路线是对现有露天爆破乳化铵油炸药的组分进行优化，在改善炸药爆炸性能的前提下，降低炸药制备成本。研究团队完成了新型复合油相材料研制和制备，在鞍山地区露天矿山爆破中进行二十批次的现场工业试验，取得了较好的经济效益。下一步，将继续开展提高多孔粒状硝酸铵组分5~10个百分点的新型乳化粒状铵油炸药的研究应用，进一步降低炸药生产成本、改善炸药性能。

2）井下现场混装乳化炸药的应用研究。我公司眼前山项目部承担的中深孔爆破所用炸药为外购粉状乳化炸药，采用井下装药车或装药器装填上向扇形孔，客观存在返粉率高、作业环境差、工人劳动强度大、成本高、作业效率低等缺陷。拟用我公司自产乳胶基质生产适合井下中深孔爆破的乳化炸药以替代外购炸药。

3）推广应用重铵油炸药。重铵油炸药特指乳胶基质比例小于30%的混合粒状炸药，通常情况，露天矿干孔使用多孔粒状铵油炸药完成爆破作业。有些情况下，如矿石和较难爆的岩石部位，仍使用体积威力较大、爆速较高的乳化铵油炸药，增加了爆破成本。经现场试验研究，重铵油炸药对于坚硬矿岩的爆破可有效改善爆破质量，炸药成本可降低883元/吨，经济效益显著。

（6）矿山爆破环境振动效应评价及控制技术研究：

1）爆破振动的能量干涉理论研究。利用岩石动力学理论和弹性波理论，首先对毫秒延时间隔降低爆破振动效果从理论上进行分析，然后利用地震波能量传播理论、自由面形成所需要的时间，研究振动能量传播问题。

2）炸药单耗、单段起爆药量与爆破振动强度及加速度的关系研究。利用现场试验进行分析炸药单耗、单段起爆药量对爆破振动和加速度影响，选择3~5孔为一组，分别设定不同的单耗与单段药量，进行爆破振动监测和岩石块度筛分。

3）爆破振动速度与加速度的能量等效机理研究。利用高速摄影与数值模拟相结合的手段进一步分析现场试验结果，通过数字图像相关技术获取爆区准确地形参数，研究中深孔岩石爆破振动加速度能量与速度能量在一定条件下可以通过等效互换原则，探索确定基于能量的爆破振动安全控制标准。基于上述的研究成果，进一步分析毫秒延时间隔对爆破振动的影响，通过局部均值分解方法计算振动信号的能量分布特征，研究爆破参数对爆破振动能量分布关系，优化现场爆破

参数

（7）现场混装炸药智能管控与爆破项目绩效管理关键技术研究。包括基于物联网、大数据技术的现场混装炸药智能管控系统，基于装药车状态与路网动态演变精确智能识别的智慧调度系统研究，基于大数据、多目标管理的爆破项目绩效管理系统研究。

（8）开展复合油相材料的攻关研究，解决独家供应和价格难以降低的问题，形成竞争局面。

（9）开展爆破优化技术研究，实现穿孔、爆破、采装、运输、破碎、磨矿系统成本最优，预计全系统可降低成本 $10\% \sim 15\%$。

（10）开展爆破公司流程化管控系统研究。对公司的物质采购招标、工程项目管理、科研项目管理、财务管理等流程进行优化设计，实现流程化科学管控。

12 企业级绩效评价体系构建

12.1 基于战略目标的企业级绩效评价指标方法选择

全球市场环境巨变，地方垄断打破，爆破服务行业企业竞争越发激烈。企业要想长期的生存和发展，仅重视传统绩效管理关注的财务指标、关键绩效指标是远远不够的，还需要从企业战略的角度关注外部市场，努力满足客户需求、提高满意度以及扩大市场份额。只有如此，才能使企业绩效管理与战略目标保持一致，进而保证企业战略目标的实现，实现企业的长期生存和发展。

企业战略为导向的绩效管理模式以平衡计分卡为代表性绩效管理工具，目前平衡计分卡在国际上广泛应用于各个行业。平衡计分卡，以企业战略为核心，从财务、客户、内部流程和学习与成长四个维度展开企业绩效管理，克服了绩效金字塔的维度缺失、以单一财务指标为核心的绩效管理的缺陷，充分体现了静态结果与动态行为、财务指标与非财务指标、短期与长期目标的有机结合。平衡计分卡从指标选择上看，引入股东价值最大化的财务指标，关注质量、性能、成本、时间、成本等客户需求相关指标，制定和明确企业获取竞争优势的关键技术或经营流程相关指标，以及革命性的提出学习与成长指标，使绩效管理内含了更高层次的竞争理念。针对鞍钢爆破绩效管理目标、企业的特点、面临的行业发展形势，本书利用平衡计分卡构建企业级绩效评价体系。

12.1.1 应用平衡计分卡的可行性分析

（1）企业有清晰的战略目标。平衡计分卡，作为一种战略实施工具，其应用和实施企业绩效级评价体系的基本条件之一便是企业的战略目标必须清晰。如果没有这些战略目标，基于战略目标的平衡计分卡法根本无从谈起。面对全球经济下滑和国际四大矿业巨头实施"降价清场"策略的严峻形势，鞍钢爆破明确了企业的愿景、使命和战略目标，对矿山的经营模式进行优化创新，对一些劳动密集型、粗放型、高危型生产环节进行资源整合，引进行业战略合作伙伴，分离负担型生产工序，轻装上阵，专注做矿山的优秀资源所有者，形成轻资产运营模式。上述这些都是能够为企业战略地图的构建提供条件，为应用平衡计分卡提供了基础。

（2）企业内部具有完善而明确的价值链活动。平衡计分卡框架中的四个维度涉及企业经营活动的各个方面，需要企业有自己的产品服务、客户来源、营销渠道和生产设施，企业可以通过日常活动独立或合作的完成整个价值链的创造活动。鞍钢爆破实现了炸药的生产、储存、运输、使用等环节的一体化闭环管理，将鞍钢矿业采矿生产工序与爆破行业技术优势进行整合，业务覆盖了矿山工程总承包、爆破服务、土石方施工、设备租赁、危险品运输等行业价值链的绝大部分环节，并且在生产实践中开创了民爆一体化和超委托精细化采矿矿山服务新经营模式，平衡计分卡具有应用条件。

（3）企业高层领导的重视和全体员工的参与。平衡计分卡的实施是一项复杂、全面的系统工程，能否成功实施离不开高层领导的大力支持和全体员工的积极参与。鞍钢爆破的高层领导者充分认识到了当前绩效管理体系存在活力不足、体系不科学等局限问题，具有绩效改革的意愿和决心，并且企业高层管理者愿意花费大量的精力和成本推进绩效管理，使企业全体员工上下一起参与，这为平衡计分卡的顺利实施提供了前提条件。

（4）企业具有良好的沟通机制。平衡计分卡的实施需要企业内部具有良好的沟通机制，使各层级的信息沟通能够畅通无阻，使得各层级对企业战略目标、计划有正确的理解和认识，平衡计分卡的各个指标在日常活动中被部门、团队和员工所理解、接受和执行，企业最终的长期战略目标才有可能实现。鞍钢爆破实行周例会制度，每周都会召开管理层例会、部门例会以及小组内访谈。为了有效融合鞍钢和宏大优秀企业文化内涵，建立健全各项管理制度，推行目标责任制，层层签订经营目标责任书，积极实施简政放权，完全激发公司各级管理团队的自行沟通和工作激情，提高基础工作管理水平，有效管控各类风险，为企业高速发展提供了动力。

（5）企业具有良好的运营效率和信息化程度。实施平衡计分卡是一个动态的过程，需要跟踪、处理各种数据并进行不断调整。鞍钢爆破下设安全生活部、财务部、技术质量部、综合管理部等多个职能部门，还设有关宝山矿业采矿工程、本溪同顺源铁矿采矿工程等多个项目部，化工原料制备厂、弓长岭分公司等独立子公司，结构合理且部门基本处于满编状态，内部运营制度也已经趋于成熟。同时，企业打造安全生产动态信息化，在所有危险品车辆安装 GPS 动态监控系统，实现对车辆具体位置、运行速度、停车时间、停车地点的动态监控，以确保车辆安全。还引入了自动化办公系统，量化的企业运营和信息化建设为内部流程绩效指标的设定提供了强有力支持，为平衡计分卡应用奠定了基础。

经过以上分析，在鞍钢爆破引入平衡计分卡的框架，建立基于战略目标的企业级绩效评价体系是可行的。

12.1.2 应用平衡计分卡的必要性分析

（1）立足愿景、使命的战略目标导向性。平衡计分卡的"战略观"是使企业绩效管理和企业愿景、使命以及长期战略目标发展紧密结合起来。鞍钢爆破的经营管理大多以战略目标为导向，而战略目标是企业愿景和使命的具体化。在战略分析的基础上，企业制定了2018~2020年的战略发展规划，这些都与平衡计分卡的管理思想吻合，其自身的发展模式也决定了企业绩效管理中引入平衡计分卡是必要的。在《企业战略发展规划中》详细描述了企业必须严格评价战略规划的科学性、战略规划是否符合企业的实际情况、员工对战略的认知程度，以及战略规划实施效果等。尤其是近些年，随着市场经济体制的改革和供给侧改革，一些矿产爆破服务型企业开始意识到企业战略目标的重要性，明确了企业愿景、使命、企业的战略目标。企业的各种管理活动和员工行为都以企业的战略为指导，企业战略可以帮助企业构建科学的绩效评价体系，提高绩效管理水平。现阶段鞍钢爆破的绩效评价体系在实际运行过程中还不能有效协调内外部因素，绩效评价指标有待进一步完善。引入平衡计分卡，不仅考虑到了财务指标，还将非财务指标融合在内，甚至考虑到爆破服务的生产安全、社会环境因素、个人和企业发展性指标，这对于企业战略目标的实现、企业绩效管理的顺利实行有着重要的作用。

（2）较为先进和完善的现代企业管理制度。平衡计分卡利用战略地图等手段，将战略目标转化为详细的、可操作性的、具体的、系统的目标、行动和管理指标，成为支撑企业绩效管理实施的重要工具。随着经济和社会的发展，采用传统的单一的财务指标来衡量绩效，已经很难适应矿产爆破服务企业管理模式和发展的需求，而平衡计分卡不仅包括传统的财务指标，而且还对客户、内部流程、学习与成长等非财务指标进行了评价，从而综合反映出了企业绩效。基于平衡计分卡的绩效评价不仅考虑企业短期目标的实现，还重视企业长期目标的达成，避免了"顾短期不顾长期"的近视现象发生，可以制约管理者片面行为。

（3）增强战略反馈和学习。应用平衡计分卡进行绩效管理，也是一个学习和沟通企业战略的过程。可以有效地激励员工表达自己的看法、发表自己的意见，进而不断深化职工对企业发展战略的理解。在员工充分理解公司战略目标后，其工作积极性会得到充分激发，主观能动性会得到质的提升。从这一角度来说，引入平衡计分卡可以有效地强化组织内部文化建设。除此以外，以计算机处理为基础的管理信息系统在矿产爆破服务企业中的应用，给企业进一步提供了财务、内部流程、客户、员工、环境和资源等各方面的数据信息支撑，这个反馈和学习的过程也提高了平衡计分卡的战略性，使得企业能够在新环境下有足够的适应能力和竞争能力。

综上所述，结合鞍钢爆破的实际特点，引入平衡计分卡的框架，建立基于平衡计分卡的绩效评价体系是可行的和必要的，对于鞍钢爆破的绩效衡量具有重要而深刻的现实意义。

12.2 企业级绩效评价指标体系的构建

12.2.1 指标体系的构建原则与思路

12.2.1.1 指标体系的构建原则

企业级绩效评价指标体系是企业绩效评价体系的一个重要组成部分。为了尽可能达到绩效评价指标体系的科学性、规范性和企业实际使用的适用性等目的，构建企业级绩效评价指标体系应遵循一定的原则，主要包括目标导向原则、"SMART"原则和综合性原则。

（1）目标导向原则。每一个绩效指标的选取，都要与企业的战略目标紧密相关，而且要有利于企业战略目标的实现。研究鞍钢爆破企业级绩效评价指标体系，利用战略地图分析绩效指标体系，将绩效指标与企业战略目标紧密联系起来，通过各绩效维度的因果关系以及目标的分解确定绩效评价指标。因此，每个指标的选取都是有根据的，每个指标都与企业战略的实施有着直接或间接的关系，而不是在绩效指标库中随意筛选。

（2）"SMART"原则。在绩效评价指标设计的研究中，大多数都会遵从"SMART"原则，即所选择的绩效指标必须是具体的（specific）、可以衡量的（measurable）、可以达到的（attainable）、具有一定的相关性（relevant）、具有明确的截止期限（time-bound）。经过大量的实践检验表明，该原则是设计绩效指标和指标标准的"黄金准则"。

所谓可衡量，就是指标选取必须具有明确计算规则或必要的数学模型，从而可以用数值表示。绩效指标应尽可能地简单易懂，便于数学表达和数学计算。平衡计分卡中的企业非财务指标，如员工创新能力、信息化水平等这些绩效指标，很难具体量化，但可以通过一定的规则将这些定性指标转换为定量指标，转化过程主要利用问卷调查法。所谓相关性，是指绩效指标与战略目标相关联，与自己的本职工作相关联。

（3）综合性原则。绩效指标的选择，要有科学依据，且体现矿业爆破服务企业的特点，指标内涵清晰明确。绩效指标不仅要财务类指标，也要有反映客户、内部流程等平衡计分卡其余三维度的非财务类指标；既要有反映企业短期利益的绩效指标，又要有反映企业长期利益方面的绩效指标；既要包括直接采集可使用的定量分析指标，又要包括间接计算或转化得到的定性分析指标。此外，还要用发展的眼光去分析企业绩效影响因素。

除此以外，绩效指标的计算范围要界定清楚，数据来源可靠，测定方法规范科学，尽量真实客观。基于平衡计分卡四个维度进行企业绩效指标设置时，层次之间要相互适应且具有一致性。过多绩效指标不仅指标设计工作量大，还影响后期绩效考评的效率。因此，必须抓住主次轻重，选取关键指标。

12.2.1.2　指标体系的构建思路

鞍钢爆破企业级绩效指标体系构建思路如图 12-1 所示。首先对鞍钢爆破的发展战略进行分析，确定企业战略目标。在此基础上，利用平衡计分卡的框架从财务、客户、内部流程和学习与成长四个维度分析绩效的关键影响因素，绘制鞍钢爆破的战略地图，根据因果关系推导出各个绩效维度的企业级目标 KPI，汇总成鞍钢爆破的企业级绩效评价指标体系，最后利用层次分析法计算出绩效指标的权重系数。

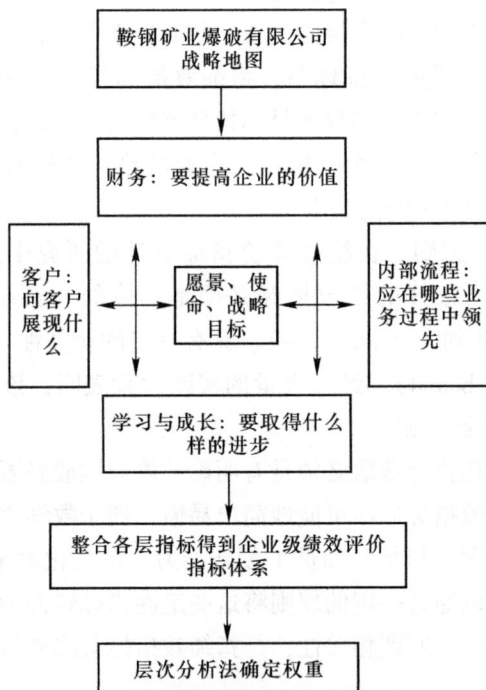

图 12-1　鞍钢爆破企业级绩效指标体系构建思路

12.2.2　战略地图的绘制

战略地图是由平衡计分卡的创始人卡普兰（Kaplan）和诺顿（Norton）经过长期应用平衡计分卡实践后提出，该方法借鉴和结合价值链的分解思路，对战略进行系统和全面的描述，是战略性绩效管理的重要工具。企业战略地图的绘制是高层管理者"自上而下"进行分析的过程，对高层管理者的能力素质要求较高。

　　战略地图从平衡计分卡的四个维度，财务、客户、内部流程和学习与成长维
度为核心进行企业战略目标的分析。与平衡计分卡不同的是增加了两个层次性
质：一是表示每个维度可细分多个因素的颗粒性，二是表示规划与绘制相匹配的
动态性。根据企业管理层对鞍钢爆破基本情况和战略目标的分析和讨论，绘制了
战略地图，如图 12-2 所示。财务维度实现企业经营现金流和利润，为实现战略
目标和转型提供资金保障。客户维度，一方面聚焦于中小型矿产爆破服务，另一
方面要努力发展高端爆破市场客户，通过品牌打造，巩固本地市场，开拓外地市
场。内部流程维度主要聚焦于安全生产、先进技术的应用、管理能力、资源整合
和一体化服务等。学习与成长维度主要聚焦于人才培养与招聘、技术与管理方面
的科研创新、建立全面薪酬体系。

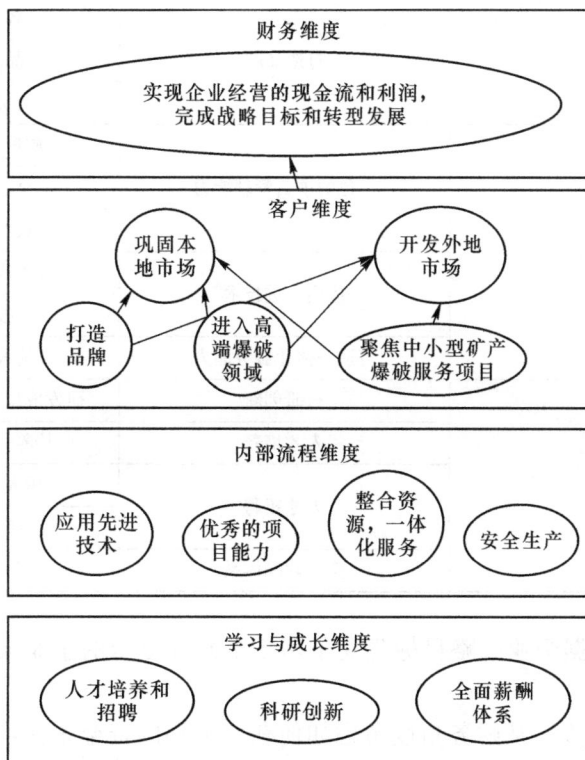

图 12-2　鞍钢爆破战略地图分析

12.2.3　评价指标体系的具体设计

　　根据鞍钢爆破专业化发展、品牌文化、营销拓展、跨区域、科研创新、财务
保障等战略目标主题，利用平衡计分卡的四个绩效维度，分析和提取关键绩效指
标，见表 12-1。

表 12-1　企业战略目标与关键衡量指标的提取

绩效维度	战略目标	关键衡量指标提取
财务	保持利润	营业收入
		利润
		成本费用
客户	巩固本地市场	市场占有率
	开发外地市场	外地市场营运收入
		业务增长率
	进入高端市场，聚焦中小型矿产爆破服务项目	重点工程数量
	打造品牌	客户满意度
		品牌影响力
		社会责任履行情况
内部流程	出色的项目管理能力	质量目标达成率
		安全生产目标情况
		成本控制情况
	应用先进技术	技术成果应用数量
		技术效果
	打造一体化服务能力	流程生产效率
学习与成长	科研创新	研发成果价值和进度状况
	人才培养	培养计划完成情况
	人才招聘	用人部门满意度
		年度招聘任务完成比
	全面薪酬体系	员工满意度

　　鞍钢爆破根据企业战略目标建立了基于平衡计分卡的企业级绩效评价指标体系。

　　(1) 财务维度。从财务角度考虑如何获取足够的资金来保障战略实施。企业运行、研发和对外扩张等都需要有充足的现金流来支撑，没有资金，所有的战略目标都是无源之水。这就要求企业能持续的盈利，使股东满意，企业应达到一定财务目标，实现企业价值最大化。鞍钢爆破通过业务计划、全面预算、资金管理、报告体系以及绩效管理等手段，建立规范有效的财务管理体系，促进企业经营活动的效率和效果进一步提升，保证各业务单元和职能部门高效、协调一致，实现企业整体价值最大增值。企业财务维度的目标是营收和利润的增长，采用常用的营业收入、成本费用、利润绩效指标。

（2）客户维度。主要考虑如何抢占市场，提高公司声誉。客户是企业实现财务目标的源泉，对客户绩效维度的考评反映了企业要对客户展现什么，需要对客户承诺什么。本地市场是鞍钢爆破发展的根本，保证本地市场的营收和利润，是公司生存和发展的前提，主要提取的绩效指标是市场占有率。然而，想要实现鞍钢爆破的战略目标，需要从本地市场走向外地市场开展业务，成为全国性的爆破服务企业，可以利用外地市场营业收入和业务增长率两项绩效指标来测度。当然，很多情况下要想顺利从本地市场走出去，鞍钢爆破需要打造自身品牌。这需要公司不仅要聚焦中小型矿产爆破服务项目，还要完成一定数量的重大工程，与客户建立良好的关系，树立好口碑。此外，公司通过混合所有制改革，实现宏大与鞍钢的整合合作，保留原有鞍钢的企业名号，就是为了利用鞍钢的品牌影响力去开拓市场，利用原有鞍钢的市场认可度创建鞍钢爆破品牌。鞍钢的品牌是公司隐形的竞争力，使公司一开始就步入了高大上的行列。采用绩效指标主要有重点工程数量、客户满意度、品牌影响力和社会责任履行情况。

（3）内部运营维度。主要考虑如何优化内部运营构建核心竞争力以支持企业战略目标实现。在此绩效维度，企业要精准确定影响企业战略目标实现的关键环节，使股东和客户满意。鞍钢爆破按照业务流程价值链梳理企业内部各环节，以《营销管理手册》为工作依据，加大对矿业服务的营销开发力度；以民爆一体化和合同采矿为先导，加大目标市场内的铁矿、有色矿山的业务开发，实施高端大项目营销计划，提高项目管理能力，如质量目标争取100%合格，争取安全生产零事故率；改进矿用炸药工艺技术，如乳化粒状铵油炸药配方优化研究、井下现场混装乳化炸药的应用研究、推广应用重铵油炸药等先进技术的应用，提高生产效益。就技术效果而言，乳化粒状铵油炸药配方在鞍山地区露天矿山爆破中进行二十批次的现场工业试验，取得了较好的经济效益。下一步，将继续开展提高多孔粒状硝酸铵组分5~10个百分点的新型乳化粒状铵油炸药的研究应用，进一步降低炸药生产成本、改善炸药性能。总结来说，这个维度的关键绩效指标主要采用质量目标达成率、安全生产目标情况、成本控制情况、技术成果应用数量、技术效果和流程生产效率。

（4）学习与成长维度。平衡计分卡的思想认为，卓越的人才队伍、高效的信息和科研创新技术、敬业诚信等优秀企业文化、全面薪酬体系是支撑企业战略目标得以实现的根基。该绩效维度主要考虑企业如何能在未来合理配置资源，不断成长。首先是通过科研创新构建核心竞争力。要实现技术领先的战略目标，需要关注行业领域的技术发展，积极研发、应用先进技术。面对竞争激烈的市场环境，如果自身没有科研创新能力，是无法创造出企业核心竞争力的。其次是注重人才的招聘和培养，以人为本，充分调动激发员工的工作热情，促进鞍钢爆破的健康发展。此外，鞍钢爆破致力于打造勇于创新和敢于担当的高管团队和稳定的专家团队，通过加强学习教育，提高员工的思想道德素质和业务能力。建设一个思想上高度统一、行动上协调一致，具有很强的战斗力和责任担当精神的团队。最后是建立全面薪酬体系、科学公正的创新选拔机制和有效的考核激励政策。该维度的绩效评价指标主要包括研发成果价值和进度状况、培养计划完成情况、用人部门满意度、年度招聘任务完成比和员工满意度等。

对于绩效指标进行结果分析量化时，考虑到指标数据量大和定性指标的难量化性，对于结果数据采用百分制进行打分，参考以下量化赋分规则。定量绩效指标根据具体数值按照表 12-2 计算，定性绩效指标根据评语按照表 12-3 计算。

表 12-2   定量绩效指标得分

目标完成率	绩效得分	备注
>150%	100	根据具体数值，可在相应区间依据比例计算
100%~150%	90~99	
80%~100%	80~89	
60%~80%	70~79	
50%~60%	50~69	
<50%	50 以下	

表 12-3   定性绩效指标得分

绩效得分	含义
100	符合程度远超
90~99	达到要求，部分超过目标值
80~89	总体一致
70~79	达标，但部分需改进
60~69	内容有缺漏，需全面改进
0~50	完全未按目标要求完成

12.3   企业级绩效指标权重的确定

基于平衡计分卡确定了鞍钢爆破企业级绩效评价指标，解决了绩效评价指标体系设计的关键指标问题，还需要进一步赋予各绩效指标的在总体评价体系中的所占的分量，即指标权重系数。权重越大代表此绩效指标越重要。同一组数值，如果权重不同会导致截然不同的评价结果，因此指标权重的确定在绩效评价问题中十分关键和棘手。一套科学合理的绩效指标权重的确定方法，能够为企业战略目标的实现提供保障，也能更好地为绩效结果提供合理的计算依据，实现企业内部的公平公正。同时，绩效指标权重的大小也反映和传达出企业一定时期的经营侧重点和内部资源配置状况，这些都要求企业应当慎重和科学设计绩效指标权重。

绩效指标权重设计的方法有很多，传统上主要借助德尔菲法，即在某一领域的知识、经验丰富的专家或是历史数据，对各指标进行简单的排序，然后根据专家主观判断估计各指标的相对重要程度，再取平均值。这种方法计算简单、易于把握对不可量化的因素的评价，但是客观性和一致性较差，个人讨论对指标重要性分配的意见和看法往往信度不高，专家挑选和应用的要求很高。而层次分析法（AHP）作为一种系统化的决策方法，通过分解比较的方式来设定相应的权重，不仅可以克服德尔菲法的不足，而且其结构能够明确量化关系，适用于多目标、多区间的绩效问题。同时，该方法在各个领域普遍应用，不包含高深复杂的数学知识，相互融合了定性和定量两方面内容。相对于其他技术分析方法而言，AHP 所需的数据信息量也较小，还能很好地契合企业级绩效评价体系实际应用的需要。综合上述分析，决定采用层次分析法来对平衡计分卡的各绩效维度和下属绩效指标进行权重系数的计算，最后形成体系汇总关系图。

层次分析法确定绩效指标权重的具体步骤如下：

（1）建立层次结构。根据前文的分析，目标层为最高层，具体为鞍钢爆破绩效，准则层为平衡计分卡的财务、客户、内部流程和学习与成长四个方面，方案层（子准则）为营业收入、费用成本等 21 个绩效指标。

（2）构造判断矩阵。为了能够较为准确、科学合理地比较各绩效指标，鞍钢爆破选取公司总经理、部门主管、项目部经理、重要的客户代表、企业外聘专家以及人力资源专家，在熟悉鞍钢爆破具体人员和人力资源管理方面的情况下，组成了专家讨论小组。由他们按照准则相对重要性表格，将各级准则（即各层指标）进行打分，形成判断矩阵。

其中，判断矩阵能够反映被调查者基于自身经验对各指标重要性的评价，在具体的判断分析过程中，为了使决策判断定量化，通常采用 1~9 级标度法进行判别矩阵赋值。然后，再结合理论分析得到数值。

（3）计算元素相对权重值。运用矩阵的相关知识计算解决判别矩阵的最大特征值和其特征向量的问题。但这一步骤不需要追求特别高的精度，一般采用简便、实用的近似算法。限于篇幅，以一级指标维度为例，具体计算数据见表 12-4。借助计算机 MATLAB 软件，输入即可求解出最大特征值以及对应的特征向量，即为权重值。

表 12-4　平衡计分卡一级绩效维度比较矩阵

项目	财务 C_1	客户 C_2	内部流程 C_3	学习与成长 C_4
财务 C_1	1	3/2	5/2	3/2
客户 C_2	—	1	3/2	1
内部流程 C_3	—	—	1	2/3
学习与成长 C_4	—	—	—	1

计算权重为 $W = (0.3676, 0.2387, 0.1550, 0.2387)$，$\lambda_{max} = 4.0014$。

（4）一致性检验。在解决实际问题时，构造的判别矩阵不一定具有一致性，可能出现相互矛盾的结果，因此，需要进行一致性检验。

度量判断矩阵偏离一致性的指标，用 CI 表示，CI 值越大，表示偏离完全一致性的越大；越小（趋向零），表示一致性越好。

$$CI = \frac{\lambda_{max} - n}{n - 1} = 0.00048$$

引入平均随机一致性指标 RI，可查表获得，见表 12-5。

表 12-5　平均随机一致性指标

矩阵阶数	1	2	3	4	5	6	7	8	9
RI	0.00	0.00	0.58	0.96	1.12	1.24	1.32	1.41	1.45

一致性率 $CR = \dfrac{CI}{RI} = 0.00054 < 0.1$，认为矩阵具有满意的一致性。

（5）确定各层最终权重。只有矩阵通过一致性检验，求得的最大特征向量所代表的相对权重值才认为是有效和可接受的。即 $W = (0.3676, 0.2387, 0.1550, 0.2387)$。

同理，重复上述过程，各绩效维度下的权重即可计算获得：

$W_1 = (0.4126, 0.2599, 0.3275)$

$W_2 = (0.2624, 0.1666, 0.0993, 0.0703, 0.2200, 0.0482, 0.1332)$

$W_3 = (0.1250, 0.0890, 0.1545, 0.1615, 0.2062, 0.2638)$

$W_4 = (0.2411, 0.1704, 0.1611, 0.1308, 0.2965)$

综上，构建完成的企业级绩效评价体系如图 12-3 所示。

```
                                              ┌─ 营业收入(0.4126)C₁₁ ─┐
                          ┌─ 财务维度(0.3676)C₁ ─┼─ 利润(0.2599)C₁₂ ───┤
                          │                      └─ 成本费用(0.3275)C₁₃ ┘
                          │
                          │                      ┌─ 市场占有率(0.2624)C₂₁ ───────┐
                          │                      ├─ 外地市场营运收入(0.1666)C₂₂ ─┤
                          │                      ├─ 业务增长率(0.0993)C₂₃ ───────┤
                          ├─ 客户维度(0.2387)C₂ ─┼─ 重点工程数量(0.0703)C₂₄ ─────┤
  企业级绩效评价体系 ──────┤                      ├─ 客户满意度(0.2200)C₂₅ ───────┤
                          │                      ├─ 品牌影响力(0.0482)C₂₆ ───────┤
                          │                      └─ 社会责任履行情况(0.1332)C₂₇ ─┘
                          │
                          │                      ┌─ 质量目标达成率(0.1250)C₃₁ ───┐
                          │                      ├─ 安全生产目标情况(0.0890)C₃₂ ─┤
                          ├─ 内部流程维度(0.1550)C₃ ┼─ 成本控制情况(0.1545)C₃₃ ─┤
                          │                      ├─ 技术成果应用数量(0.1615)C₃₄ ─┤
                          │                      ├─ 技术效果(0.2062)C₃₅ ─────────┤
                          │                      └─ 流程生产效率(0.2638)C₃₆ ─────┘
                          │
                          │                          ┌─ 研发成果价值与进度状况(0.2411)C₄₁ ─┐
                          │                          ├─ 培养计划完成情况(0.1704)C₄₂ ───────┤
                          └─ 学习与成长维度(0.2387)C₄ ┼─ 用人单位满意度(0.1611)C₄₃ ─────┤
                                                     ├─ 年度招聘计划完成比(0.1308)C₄₄ ─────┤
                                                     └─ 员工满意度(0.2965)C₄₅ ─────────────┘
```

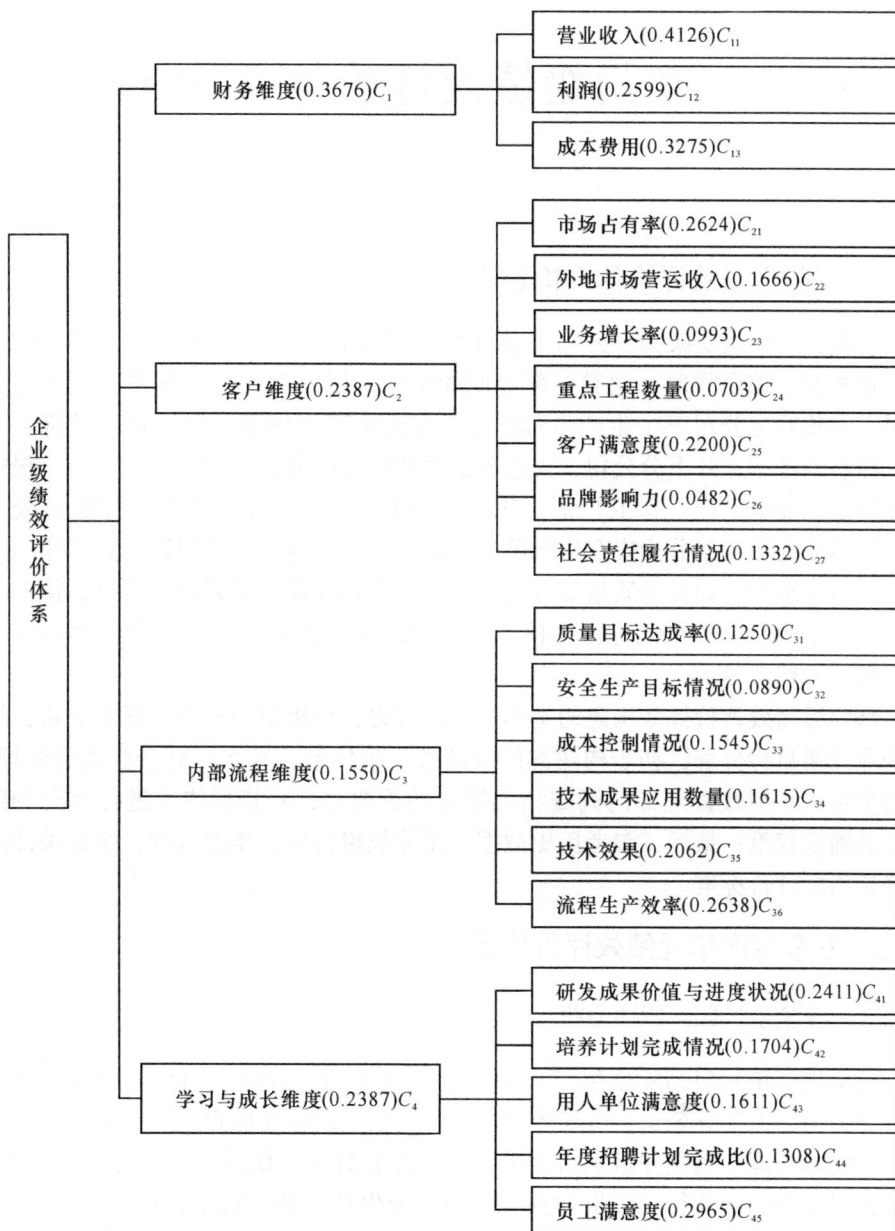

图 12-3 鞍钢爆破绩效评价体系

13 部门级绩效评价体系构建

13.1 部门级绩效评价体系构建步骤

根据公司的组织架构，公司下设安全生产（保卫）部、技术质量部、供销部、财务部、综合管理（党群）部等职能部门，以及化工原料制备厂、大连分公司、弓长岭分公司三个生产经营单位。安全生产（保卫）部下设项目部，与化工原料制备厂、井下分公司、大连分公司和弓长岭分公司均为生产单位。根据职能特点，安全生产（保卫）部、化工原料制备厂、井下分公司、大连分公司和弓长岭分公司都划分为安全生产单元。此外，部门内部根据职责划分相应的进行绩效考核细分，如技术质量部分为技术质量单元和设备单元进行考核，供销部分为采购单元和销售单元进行考核，综合管理（党群）部分为综合管理单元和党群单元进行考核。

部门级绩效评价体系构建的基本过程：首先，分析部门职责、任务分析，结合企业战略目标分解，初步构建部门级绩效评价体系，其次，对企业高层管理、部门负责人、绩效管理部门调查相关指标的重要性，对指标体系进行补充和删减，并确定权重；最后，参考历史数据、企业战略目标、年度目标、企业关注点等确定指标评价标准。

13.2 安全生产单元绩效评价体系构建

13.2.1 安全生产单元职责分析

安全生产单元包括安全生产（保卫）部（下设项目部）、化工原料制备厂、井下分公司、大连分公司、弓长岭分公司。安全生产单元职责主要包括：负责公司生产统筹管理，编制并组织落实公司生产经营计划，统计生产指标完成情况，保证公司生产稳定顺行；分析和预测公司安全生产形势，拟定公司安全、环保、保卫工作规划，依照国家法规及公司安全制度行使安全、环保、保卫监督管理职权，最终完成公司安全生产目标。

13.2.2 安全生产单元任务分析

安全生产相关任务主要涉及制度建设、生产计划、生产统计、安全生产管理、保卫工作、环保及职业卫生管理、安全评审与对外联络、工程项目管理、成本管控和综合管理等。虽然项目部、分公司、化工原料制备厂的具体任务有所不同，不过从更加一般性的角度来看，任务具有较大同一性，综合分析具体如下：

（1）制度建设。宣贯国家、地方政府有关安全生产方面的方针政策、法律法规、标准规范；拟定和完善公司安全、生产、保卫等相关的制度、流程、手册和操作规范；落实和检查本部门职能相关的公司制度、流程和操作规范的执行情况；制定本部门的各项管理制度。

（2）生产计划。负责与公司外部单位和上级部门协调有关生产的计划事项；负责协调公司各基层作业单位的日常生产，贯彻主管领导的生产指令，发布调度指令；负责编制公司年度、季度、月度生产经营计划，监督检查公司各基层作业单位年度及季度生产经营计划落实情况，并据此提出指导意见；负责总结分析月、季、年生产完成情况，分析影响生产的各项因素，并根据月份生产完成情况进行生产计划调整；与负责领导研究确定年度主要技术经济指标，并协助制定目标考核责任书。

（3）生产统计。负责统计月份、年度生产产量、技术经济指标完成情况，能源及材料消耗情况，主要原燃材料库存情况，并依此编制月度和年度报表；对各部门提出的固定资产投资项目计划进行审核，并根据公司实际生产经营需要确定是否纳入年度生产经营计划及执行初审；负责统计编制生产日报表。

（4）安全生产管理。负责制定公司年度安全管理工作目标及安全工作计划，并分解各项指标，组织签订安全目标责任书；组织制定并实施生产安全事故应急救援预案，负责公司应急演练的策划、组织实施工作；落实公司安全管理相关制度，负责组织安全活动、专项安全检查、不定期安全检查等，对安全隐患整改进行监督和复查，查处生产过程中违章违规现象，并进行通报；负责公司安全生产等费用的管理和使用；负责公司安全生产事故的调查处理，参与公司重大突发事件处理；负责工伤认定、办理及其他工作；组织开展安全培训，并对公司各生产单位安全管理工作进行监督或指导；负责公司新、改、扩建和年修等重点工程的设计审查、施工过程、竣工验收中的安全管理，坚持"三同时"原则；督促核查各单位危险、危害因素的辨识、评价，参加A级危险源安全监测、防控措施的制定；建立A级危险源档案，监督生产单位A级危险源监测、预防控制措施落实情况；负责公司压力仪器仪表等特种设备安全监督管理，对达不到要求限期整改。

（5）保卫工作。负责公司治安、消防、防雷、防爆等管理工作，维护正常的生产工作秩序；负责公司车辆交通安全管理；负责与公安、消防、交通等政府部门建立良好联系。

（6）环保及职业卫生管理。负责公司环境保护、职业卫生、防暑降温、绿化工作的实施、监督和检查；组织制定公司环保事故应急预案，负责公司环保应急演练工作；负责震动、噪声、粉尘、排污等日常环保监测管理；负责环保"三同时"、职业卫生"三同时"工作；负责公司职业卫生体检、现场监测等职业卫生工作。

（7）安全评审与对外联络。参加合同安全性评审、供应商（分包商）安全性评审工作；负责与上级安全环保及相关监管部门的业务联系，做好上传下达工作。

（8）工程项目管理。组织工程项目日常经营工作，指导项目部的管理工作、员工队伍建设；根据公司下达的经营指标任务，组织完成工程项目安全生产和经营指标分解；制订工程项目实施计划，组织好各项目施工，保证项目的进度、质量、安全、并合理控制项目成本，保证工程款项的回收；按公司项目管理办法及人力资源管理办法的有关规定组建项目部，提出项目人员调配方案；组织合同的实施，包括合同交底、履行控制和风险控制等；负责制订设备、备件及其他工程材料的采购计划申报；按公司相关制度、要求履行合同审批、签订流程；项目结束后进行总结及归档；对项目进行技术指导、技术支持、参与技术攻关；组织项目施工组织设计、施工方案评审；项目技术总结报告编制；做好工程项目重大业务拓展、定期对项目业主进行友好拜访和回访，做好二次营销工作；负责组织鞍钢内部矿山相关工程项目的投标工作。

（9）成本管控。根据目标分解指标，组织项目部签订各项目目标责任书；负责公司各项目成本控制；制定有效成本控制措施并监督项目部落实；对成本偏差进行分析，提出改进或调整措施；统计分析工程项目生产完成情况，定期开展工程项目成本分析会议，并将相关信息上报至公司相关部门；根据经营计划拟订本部门年度财务预算报公司审核批准后实施；参与分包队伍合同谈判及合同审核。

（10）综合管理。履行部门行政管理职能，配合本部门日常办公管理及费用核销工作；按照公司相关管理制度，配合开展劳资核算、人事信息统计、内部岗位设置、本部门人才培养及调配、技能培训等工作；配合公司完成工程项目年终绩效分配方案，并落实本部门绩效分配。

13.2.3　绩效考核体系构建

根据职责任务内容，安全生产单元分为安全生产计划单元（项目部）、安全保卫单位、化工原料制备厂、分公司进行考核。在确定的企业战略目标框架下，从经营、职能任务、党风廉政建设、能力四个方面提取关键绩效指标。

　　党风廉政建设指标考核党风廉政建设完成情况，能力指标考核工作态度、主动作为、执行力、解决问题能力等，安全生产各单元考核内容相同。对于经营指标、职能任务指标考核各有不同，项目部的经营指标包括营业收入和利润率两个指标，安全保卫单元的经营指标包括安全环保费用控制率和安全隐患整改完成率，化工原料制备厂的经营指标包括营业收入和完全责任成本控制，分公司的经营指标包括营业收入、利润率和地面站安全责任成本控制。对于职能任务指标，项目部考核固定资产计划执行率、爆破质量及工艺纪律管理、生产组织管理、全员劳动生产率、现场管理、安全管理、维稳工作、预算执行率、科技创新与管理提升创效、重点工作完成情况；保卫单元考核安全管理、治安管理、职业病防控、安全事故、证照管理、预算执行率、科技创新与管理提升创效、重点工作完成情况；化工原料制备出考核民爆产品质量及工艺纪律、现场管理、全员劳动生产率、设备运行管理、环保、消防及爆材管理、安全管理、维稳工作、预算执行率、科技创新与管理提升创效、重点工作完成情况；分公司考核分公司资金回笼率、民爆产品或爆破质量及工艺纪律、设备运行管理、现场管理、全员劳动生产率、安全管理、维稳工作、预算执行率、科技创新与管理提升创效、重点工作完成情况。

　　根据历史经营数据、战略目标、年度目标、职能任务与能力的要求设定目标值，具体的考评方式则由绩效考核部门初拟考评方案，经过高层管理人员审核，并由高层管理人员与被考核部门负责人充分交流最终确定。项目部绩效考核体系见表13-1，安全保卫单位绩效考核体系见表13-2，化工原料制备厂绩效考核体系见表13-3，分公司绩效考核体系见表13-4。

表13-1　项目部绩效考核体系

指标类型/权重	考核指标	目标值	评价方式	考核分数	数据来源	考核责任部门
经营指标20%	工程项目营业收入/万元	—	财务分析后，按收入目标完成率乘以考核分计算，完成率不小于100%为满分，完成率小于70%计零分（不含弓长岭、大连项目）	10	财务部	财务部
	工程项目利润率	—	财务分析后，按利润率完成率乘以考核分计算，完成率不小于100%为满分，完成率小于70%计零分（不含弓长岭、大连项目）	10	财务部	财务部

指标类型/权重	考核指标	目标值	评价方式	考核分数	数据来源	考核责任部门
职能任务指标60%	固定资产投资计划执行率	≤100%	实际投资额/计划投资额，计划完成率不大于100%为满分，超过100%为零分	10	安全生产（保卫）部生产计划单元	考核小组
	爆破质量及工艺纪律管理	无	塌炮或其他重大爆破质量事故（责任单位是工程项目），出现1次扣2分，工艺纪律检查违规一次扣0.5分，扣完为止	10	技术质量部	技术质量部
	生产组织管理	0次	保证生产按计划正常运行，出现因生产组织原因的事故扣2分/次，扣完为止	10	副总经理	考核小组
	全员劳动生产率	≥100%	I=当年实际劳动生产率/标准劳动生产率，$I≥100\%$时满分，$I<100\%$每一个百分点减1分	5	综合管理（党群）部	综合管理（党群）部
	现场管理	无	下属项目部因现场管理不善导致政府（公安、安全、质量、环保等部门）的行政处罚，或上级单位给予的处罚，出现一次扣分2分；上级单位通报一次扣0.1分，扣完为止	10	处罚通知或会议通报	考核小组
	安全管理	0次	当年未按要求完成上级单位要求整改项目扣1分/项次（责任单位原因）；安全标准化建设未达标扣2分/个；包保区域轻伤1人扣10分，重伤1人扣20分，出现死亡责任事故1人扣30分，非责任死亡事故1人扣20分	扣分项	安全生产（保卫）部安全保卫单元	安全生产（保卫）部安全保卫单元
	维稳工作	无恶性事件	工程项目发生恶性维稳事件或罢工事件，出现一次扣20分	扣分项	综合管理（党群）部	综合管理（党群）部

指标类型/权重	考核指标	目标值	评价方式	考核分数	数据来源	考核责任部门
职能任务指标60%	预算执行率	偏差率小于10%	预算偏差率=（实际数-预算数）/预算数×100%；偏差率不小于10%，分别扣1分/项（编制预算责任单位）或扣0.5分/项（审核预算责任部门），扣完为止	5	财务部	财务部
	科技创新、管理提升创效	完成	完成科技创新、管理提升工作，考核年度内完成1项加0.5~1分（必须通过考核小组认定，主办单位加1分，协办单位加0.5分），单位加分最多为5分	加分项	—	考核小组
	重点工作完成情况	—	根据季度/年度安排的重大工作事项/任务完成效果和工作亮点进行评价，总经理对乙方本项评价占比50%，分管领导占比30%；其他高管评价占比20%	10	综合管理（党群）部	考核小组
党风廉政建设10%	党风廉政建设完成情况	—	按公司要求完成党风廉政建设各项工作，未完成扣2分/项；本部门（单位）出现违反政治纪律及相关规定的行为扣2分/人次，出现被依法追究刑事责任的扣3分/人次，扣完为止	10	综合管理（党群）部、公司纪委	综合管理（党群）部、公司纪委
能力指标10%	工作态度、主动作为、执行力、解决问题能力等评价	—	公司领导对乙方本项评价占60%（其中总经理占比30%，分管领导占比18%；其他高管评价占比12%）；生产经营单位对乙方本项评价占40%	10	综合管理（党群）部	考核小组

表 13-2　保卫单元年度绩效考核体系

指标类型/权重	考核指标	目标值	评价方式	考核分数	数据来源	考核责任部门
经营指标20%	安全环保费用控制率	≤100%	I=费用支出额/费用预算额（费用包括保卫费、安措费等），I≤100%得满分；I>100%每超 2 个百分点扣 1分，扣完为止	10	财务部	财务部
	安全隐患整改完成率	100%	重点在全面落实项目管理的安全技术措施，公司领导、上级单位或政府部门组织的安全检查中，发现生产单位安全隐患未按要求整改 1 次扣 0.5 分，重大安全隐患未按要求整改 1 次扣 2 分，扣完为止	10	安全生产（保卫）部安全保卫单元	考核小组
职能任务指标60%	安全管理	无	因安全管理不善导致政府（公安、安全、消防、质量、环保等部门）的行政处罚或上级单位给予的处罚，出现一次扣 2 分；公司范围内被上级单位通报一次扣 0.1 分（安全方面），扣完为止	20	处罚通知或会议通报	考核小组
	治安管理	0 次	出现重大失窃、聚众斗殴及其他恶性伤亡治安事件的次数，每出现 1 次扣 5分，扣完为止	10	生产经营单位	考核小组
	职业病控制	0 次	未出现职业病得满分，每出现一人次扣 2 分，扣完为止	10	安全生产（保卫）部安全保卫单元	考核小组
	安全事故	0 次	全公司轻伤 1 人扣 10分，重伤 1 人扣 20 分，出现死亡责任事故 1 人扣 30分，非责任死亡事故 1 人扣 20 分	扣分项	安全生产（保卫）部安全保卫单元	考核小组

指标类型/权重	考核指标	目标值	评价方式	考核分数	数据来源	考核责任部门
职能任务指标60%	证照管理	0 次	公司三大员（爆破员、保管员、安全员）及安全管理相关证书出现证件过期、培训和继续教育遗漏人员，扣 1 分/人次，扣完为止	5	安全生产（保卫）部安全保卫单元	考核小组
	预算执行率	偏差率<10%	预算偏差率=（实际数-预算数）/预算数×100%；偏差率不小于 10% 分别扣 1 分/项（编制预算责任单位）或扣 0.5 分/项（审核预算责任部门），扣完为止	5	财务部	财务部
	科技创新、管理提升创效	完成	完成科技创新、管理提升工作，考核年度内完成 1 项加 0.5~1 分（必须通过考核小组认定，主办单位加 1 分，协办单位加 0.5 分），单位加分最多为 5 分	加分项	—	考核小组
	重点工作完成情况	—	根据季度/年度安排的重大工作事项/任务完成效果和工作亮点进行评价，总经理对乙方本项评价占比 50%，分管领导占比 30%；其他高管评价占比 20%	10	综合管理（党群）部	考核小组
党风廉政建设10%	党风廉政建设完成情况	—	按公司要求完成党风廉政建设各项工作，未完成扣 2 分/项；本部门（单位）出现违反政治纪律及相关规定的行为扣 2 分/人次，出现被依法追究刑事责任的扣 3 分/人次，扣完为止	10	综合管理（党群）部、公司纪委	综合管理（党群）部、公司纪委
能力指标10%	工作态度、主动作为、执行力、解决问题能力等评价	—	公司领导对乙方本项评价占 60%（其中总经理占比 30%，分管领导占比 18%；其他高管评价占比 12%）；生产经营单位对乙方本项评价占 40%	10	综合管理（党群）部	考核小组

表 13-3　化工原料制备厂绩效考核体系

指标类型/权重	考核指标	目标值	评价方式	考核分数	数据来源	考核责任部门
经营指标 30%	营业收入/万元	—	财务分析后，按收入目标完成率乘以目标分计算，完成率不小于100%为满分，完成率70%以下计零分	10	财务部	财务部
	完全责任成本控制	—	I=当年实际单位成本/责任单位成本，$I \leq 100\%$时满分，$I>100\%$每一个百分点减1分（铵油炸药、乳化铵油炸药分开计算）	20	财务部	财务部
职能任务指标 50%	民爆产品质量及工艺纪律	0次	塌炮或其他重大产品质量事故（责任单位是化工原料制备厂），出现1次扣2分，工艺纪律检查违规一次扣0.5分，扣完为止	10	技术质量部科技质量单元	技术质量部科技质量单元
	现场管理	无	因现场管理不善导致政府（公安、安全、质量、环保等部门）的行政处罚，或上级单位给予的处罚，出现一次扣2分；上级单位通报一次扣0.1分，扣完为止	10	处罚通知或会议通报	考核小组
	全员劳动生产率	≥100%	I=当年实际劳动生产率/标准劳动生产率，$I \geq 100\%$时满分，$I<100\%$每一个百分点减1分	5	综合管理（党群）部	综合管理（党群）部
	设备运行管理	≤2%	做好设备维护、保养工作，设备故障率低于2%，故障率超过2%每一个百分点扣1分	10	技术质量部设备单元	技术质量部设备单元
	环保、消防及爆材管理	0次	（1）确保全年无重大、特大环境事故；（2）确保全年无火灾、爆炸事故；（3）确保全年无爆炸品、危险品流失事件，出现此类事件扣20分/次	扣分项	安全生产（保卫）部安全保卫单元	安全生产（保卫）部安全保卫单元

续表 13-3

指标类型/权重	考核指标	目标值	评价方式	考核分数	数据来源	考核责任部门
职能任务指标50%	安全管理	0次	当年未按要求完成上级单位要求整改项目扣1分/项次（责任单位原因）；安全标准化建设未达标扣2分/个；包保区域轻伤1人扣10分，重伤1人扣20分，出现死亡责任事故1人扣30分，非责任死亡事故1人扣20分	扣分项	安全生产（保卫）部安全保卫单元	安全生产（保卫）部安全保卫单元
	维稳工作	无恶性事件	发生恶性维稳事件（罢工、集体上访等），出现一次扣20分	扣分项	综合管理（党群）部	综合管理（党群）部
	预算执行率	偏差率<10%	预算偏差率=（实际数-预算数）/预算数×100%；偏差率不小于10%扣1分/项（编制预算责任单位），扣完为止	5	财务部	财务部
	科技创新、管理提升创效	完成	完成科技创新、管理提升工作，考核年度内完成1项加0.5~1分（必须通过考核小组认定，主办单位加1分，协办单位加0.5分），单位加分最多为5分	加分项	—	考核小组
	重点工作完成情况	—	根据季度/年度安排的重大工作事项/任务完成效果和工作亮点进行评价，总经理对乙方本项评价占比50%，分管领导占比30%；其他高管评价占比20%	10	综合管理（党群）部	考核小组
党风廉政建设10%	党风廉政建设完成情况	—	按公司要求完成党风廉政建设各项工作，未完成扣2分/项；本部门（单位）出现违反政治纪律及相关规定的行为扣2分/人次，出现被依法追究刑事责任的扣3分/人次，扣完为止	10	综合管理（党群）部、公司纪委	综合管理（党群）部、公司纪委

指标类型/权重	考核指标	目标值	评价方式	考核分数	数据来源	考核责任部门
能力指标 10%	工作态度、主动作为、执行力、解决问题能力等评价	—	总经理对乙方本项评价占比 50%，分管领导占比 30%；其他高管评价占比 20%	10	综合管理（党群）部	考核小组

表 13-4　分公司绩效考核体系

指标类型/权重	考核指标	目标值	评价方式	考核分数	数据来源	考核责任部门
经营指标 30%	分公司营业收入/万元	—	财务分析后，按收入目标完成率乘以目标分计算，完成率不小于 100% 为满分，完成率在 70% 以下计零分	10	财务部	财务部
	分公司项目部利润率	—	财务分析后，按利润率完成率乘以考核分计算，完成率不小于 100% 为满分，完成率小于 70% 计零分	10	财务部	财务部
	分公司地面站完全责任成本控制	—	$I=$ 当年实际单位成本/责任单位成本，$I \leqslant 100\%$ 时满分，$I>100\%$ 每一个百分点减 1 分（铵油炸药、乳化铵油炸药分开计算）	10	财务部	财务部
职能任务指标 50%	分公司资金回笼率	95%	$I=$（销售收入×1.17+期初应收账款−期末应收账款）/（销售收入×1.17），$I \geqslant 95\%$ 时满分，$I<95\%$ 每一个百分点减 1 分，扣完为止	5	财务部	财务部
	民爆产品或爆破质量及工艺纪律	0 次	塌炮或其他重大爆破质量事故（责任单位是弓长岭分公司），出现 1 次扣 2 分，工艺纪律检查违规一次扣 0.5 分，扣完为止	10	技术质量部科技质量单元	技术质量部科技质量单元

指标类型/权重	考核指标	目标值	评价方式	考核分数	数据来源	考核责任部门
职能任务指标50%	设备运行管理	≤2%	做好设备维护、保养工作，设备故障率低于2%，故障率超过2%每一个百分点扣1分	10	技术质量部设备单元	技术质量部设备单元
	现场管理	无	因现场管理不善导致政府（公安、安全、质量、环保等部门）的行政处罚，或上级单位给予的处罚，出现一次扣2分；上级单位通报一次扣0.1分，扣完为止	5	处罚通知或会议通报	考核小组
	全员劳动生产率	≥100%	I=当年实际劳动生产率/标准劳动生产率，$I \geq 100\%$时满分，$I < 100\%$每超一个百分点减1分	5	综合管理（党群）部	综合管理（党群）部
	安全管理	0次	当年未按要求完成上级单位要求整改项目扣1分/项次（责任单位原因）；安全标准化建设未达标扣2分/个；包保区域轻伤1人扣10分，重伤1人扣20分，出现死亡责任事故1人扣30分，非责任死亡事故1人扣20分	扣分项	安全生产（保卫）部安全保卫单元	安全生产（保卫）部安全保卫单元
	环保、消防及爆材管理	0次	（1）确保全年无重大、特大环境事故；（2）确保全年无火灾、爆炸事故；（3）确保全年无爆炸品、危险品流失事件，出现此类事件扣20分/次	扣分项	安全生产（保卫）部安全保卫单元	安全生产（保卫）部安全保卫单元
	维稳工作	无恶性事件	发生恶性维稳事件或罢工事件，出现一次扣20分	扣分项	综合管理（党群）部	综合管理（党群）部

指标类型/权重	考核指标	目标值	评价方式	考核分数	数据来源	考核责任部门
职能任务指标 50%	预算执行率	偏差率<10%	预算偏差率=（实际数−预算数）/预算数×100%；偏差率不小于10%扣1分/项（编制预算责任单位），扣完为止	5	财务部	财务部
	科技创新、管理提升创效	完成	完成科技创新、管理提升工作，考核年度内完成1项加0.5~1分（必须通过考核小组认定，主办单位加1分，协办单位加0.5分），单位加分最多为5分	加分项	—	考核小组
	重点工作完成情况	—	根据季度/年度安排的重大工作事项/任务的完成效果和工作亮点进行评价，总经理对乙方本项评价占比50%，分管领导占比30%；其他高管评价占比20%	10	综合管理（党群）部	考核小组
党风廉政建设 10%	党风廉政建设完成情况	—	按公司要求完成党风廉政建设各项工作，未完成扣2分/项；本部门（单位）出现违反政治纪律及相关规定的行为扣2分/人次，出现被依法追究刑事责任的扣3分/人次，扣完为止	10	综合管理（党群）部、公司纪委	综合管理（党群）部、公司纪委
能力指标 10%	工作态度、主动作为、执行力、解决问题能力等评价	—	总经理对乙方本项评价占比50%，分管领导占比30%；其他高管评价占比20%	10	综合管理（党群）部	考核小组

13.3 技术质量部绩效评价体系构建

13.3.1 部门职责分析

技术质量部的部门职责主要包括：负责公司科技技术及设备管理，核定公司目标责任成本，对生产工艺、技术和质量进行监督和指导，组织公司科技研发；提高设备管理工作职能，保障设备安全，保持生产设备最大产能和利用率，实现节能降耗最佳状态，达到设备管理程序化和标准化，以保证公司各类设备的良好运行。

13.3.2 部门任务分析

技术质量部部门任务主要涉及制度建设、技术管理、工艺管理、科技研发与知识产权管理、设备管理、备品备件管理、设备检修及工程管理、能源管理、车辆管理等。技术质量部部门具体任务如下：

（1）制度建设。拟定公司技术及设备方面管理制度，编制工艺技术标准，安全技术操作规程、工艺纪律监察制度等规范性文件，并对制度贯彻执行情况进行监督检查；宣贯国家、行业和上级公司科技研发、新技术开发、引进推广与知识产权管理有关方面的方针政策、法律法规、标准规范；制定本部门的各项管理制度。

（2）技术管理。组织公司重大爆破与采矿工程项目论证；组织重要爆破设计审查和其他工程项目的论证，为公司领导提供决策依据；组织工程施工方案评审，对生产现场进行技术指导、技术支持、组织技术攻关；参与公司重大项目实施方案预算的审查，核定技术经济指标，在满足安全技术条件的前提下，降低工程造价和运营成本。

（3）工艺质量。负责公司爆破质量和采矿工序质量事故的调查分析、整改措施制定与审定、技术措施的实施与监督，并提出考核处理意见；定期组织开展公司工艺纪律监察与爆破业务综合评价工作，促进工艺纪律及生产作业环境持续改进，提高工艺质量和规范性，并对结果进行评比考核；负责质量月活动的开展，组织质量专项检查。

（4）科技研发与知识产权管理。推进和组织公司的科技创新活动，营造适合技术人员技术创新的氛围，充分发挥科技人员的优势，推广应用先进经验，提升业务水平；组织开展科技创新、新技术、新工艺、新材料和重大合理化建议论证、立项、方案审定，负责有关技术开发、技术服务合同与协议的起草与审定；按计划组织科研及重大技改项目的实施，保证达到计划或项目任务书要求；负责征集、整理、审查和申报重大合理化建议、技改项目、专利、专业技术和先进工法等成果，征集并上报学术论文，鼓励在国内外杂志上发表论文和专著，依据文件规定进行考核奖励。

（5）设备管理。贯彻执行上级公司关于设备管理相关制度，与外部设备管理部门进行业务对接；负责公司各类设备大年修、维修工程计划的编制、审核及跟踪实施；统计设备完好率和利用率，进行设备运行状况分析，组织好星级机台评比工作；参与或组织设备事故的抢修、分析，并提出对设备事故处理意见；负责 TnPM 推广及信息化建设工作；审核各基层单位设备检修、车辆运费、能源材料年度预算及备品配件计划；监督检查各基层单位设备维修点检记录台账，并提出整改意见；编制主要设备台账，建立主要设备档案，定期进行设备盘点，做到账目清晰；审核设备更新和增置计划，负责设备购置招标，对新置设备进行验收和把关；负责公司固定资产管理。

（6）备品备件管理。建立健全物资、备品、配件、计划、申报、审批、入库验收登记及出库管理程序；根据各专业上报的材料、备件消耗计划及执行情况，进行维修费用的统计、汇总和分析工作；监督检查备品备件消耗使用台账，核实备品备件使用情况；负责制定备件配件库房管理制度，对报废备件进行技术认定并协助相关部门进行回收处理。

（7）设备检修及工程管理。负责基层单位上报的设备定修、年度大修、设备更新计划的审核，并组织编制预算及招投标；负责协调各部门及外协单位承担检修修项目的实施、监督和验收，并负责对相应费用的控制、分析等工作；负责检修工程的开、竣工管理，组织与指导工程建设项目竣工验收工作，负责组织竣工资料的编制并参加工程竣工验收及移交；负责公司计算机软、硬件，设备类专业软件维护及管理。

（8）能源管理。负责公司用能、节能管理工作。

（9）车辆管理。负责公司车辆管理相关工作，包括危险品车辆安全运输资质办理、车辆安全检测及车辆保险等；建立生产用车管理台账。

（10）其他工作。完成上级领导交办的其他工作。

13.3.3　绩效考核体系构建

技术质量部根据职责任务内容又细分为技术质量单元和设备单元。在确定的企业战略目标框架下，从经营、职能、党风廉政建设、能力四个方面提取关键绩效指标。对于经营指标，技术质量单元考核工程爆破质量和工程技术指标，设备单元考核备品配件管理和设备维护费用；对于职能任务指标，技术质量单元考核工艺纪律、科研技术成果、关键工程项目技术方案论证与设计评审、科研及论文发表、安全事故、预算执行率、科技创新与管理提升创效、重点工作完成情况，设备单元考核工程管理、设备完好率、信息化管理、预算执行率、科技创新与管理提升创效、设备管理、安全管理、重点工作完成情况。根据历史经营数据、战略目标、年度目标、职能任务与能力的要求设定目标值，具体的考评方式则由绩效考核部门初拟考评方案，经过高层管理人员审核，并由高层管理人员与被考核部门负责人充分交流最终确定。最终构建技术质量部技术质量单元绩效考核体系见表13-5，技术质量部设备单元绩效考核体系见表13-6。

表13-5　技术质量部科技质量单元绩效评价体系

指标类型/权重	考核指标	目标值	评价方式	考核分数	数据来源	考核责任部门
经营指标 20%	工程爆破质量	重大爆破质量事故为零，"趴炮"次数为零	本年度内不发生区域性重大爆破质量事故，出现一次扣2分；因公司技术质量管理原因导致的"趴炮"次数为零，出现1次扣0.5分，扣完为止	10	技术质量部科技质量单元	考核小组
	工艺技术指标	准确	公司年度技经指标合理可行，出现不合理（超出偏差范围）扣1分/项，扣完为止	10	技术质量部科技质量单元	考核小组
职能任务指标 60%	工艺纪律	排名最后次数为零	矿业公司季度工艺纪律检查排名中，排最后一名扣2分/次	10	技术质量部科技质量单元	考核小组
	科研技术成果	完成计划	完成行业科技成果鉴定1~2项，省部级科技成果二等奖1~2项，发明专利3件、实用新型专利3件、软件著作权5件，未完成计划扣1分/项，扣完为止	15	科技成果证书	考核小组
	关键工程项目技术方案论证与设计评审	根据工作需要	项目论证符合设计规范，技术方案科学合理可行，出现问题扣2分/项，扣完为止	10	相关部门	考核小组
	科研及论文发表	计划完成率100%	组织科研课题立项1项（智能爆破技术），未完成扣2分；全公司人员在专业刊物发表论文8篇，完成或超过指标满分，未完成1篇扣1分，扣完为止	10	技术质量部科技质量单元	考核小组

续表 13-5

指标类型/权重	考核指标	目标值	评价方式	考核分数	数据来源	考核责任部门
职能任务指标 60%	安全事故	0 次	因科技质量问题发生轻伤 1 人扣 10 分，重伤 1 人扣 20 分，出现死亡责任事故则 1 人扣 30 分，非责任死亡事故 1 人扣 20 分	扣分项	安全生产（保卫）部安全保卫单元	安全生产（保卫）部安全保卫单元
	预算执行率	偏差率 <10%	预算偏差率=（实际数-预算数）/预算数×100%；偏差率不小于 10%，分别扣 1 分/项（编制预算责任单位）或扣 0.5 分/项（审核预算责任部门），扣完为止	5	财务部	财务部
	科技创新、管理提升创效	完成	完成科技创新、管理提升工作，考核年度内完成 1 项加 0.5~1 分（必须通过考核小组认定，主办单位加 1 分，协办单位加 0.5 分），单位加分最多为 5 分	加分项	—	考核小组
	重点工作完成情况	—	根据季度/年度安排的重大工作事项/任务完成效果和工作亮点进行评价，总经理对乙方本项评价占比 50%，分管领导占 30%；其他高管评价占比 20%	10	综合管理（党群）部	考核小组
党风廉政建设 10%	党风廉政建设完成情况	—	按公司要求完成党风廉政建设各项工作，未完成扣 2 分/项；本部门（单位）出现违反政治纪律及相关规定的行为扣 2 分/人次，出现被依法追究刑事责任的扣 3 分/人次，扣完为止	10	综合管理（党群）部、公司纪委	综合管理（党群）部、公司纪委
能力指标 10%	工作态度、主动作为、执行力、解决问题能力等评价	—	公司领导对乙方本项评价占 60%（其中总经理占比 30%，分管领导占比 18%；其他高管评价占比 12%）；生产经营单位对乙方本项评价占 40%	10	综合管理（党群）部	考核小组

表 13-6 技术质量部设备单元绩效评价体系

指标类型/权重	考核指标	目标值	评价方式	考核分数	数据来源	考核责任部门
经营指标 20%	备品配件管理	≤100%	I=备品配件费用支出额/费用预算额，I≤100%得满分；I>100%每超 2 个百分点减 1 分，扣完为止	10	财务部	财务部
	设备维护费用	≤100%	I=当年实际维护成本总额/成本预算总额，I≤100%时满分，I>100%每超一个百分点减 1 分	10	财务部/技术质量部设备单元	财务部
职能任务指标 60%	工程管理	0 次	按要求完成工程审批流程，做好工程检查和验收，出现违规施工或工程质量问题，扣 1 分/次	10	技术质量部设备单元	考核小组
	设备完好率	100%	每低于目标值 1 个百分点减 2 分，扣完为止	10	技术质量部设备单元	考核小组
	车辆管理	0 次	做好维护及管理工作，非客观原因出现保险、车辆运输资质办理延后等问题扣 2 分/车次，扣完为止	10	技术质量部设备单元	考核小组
	信息化管理	0 次	由于信息系统不稳定影响公司正常运行，扣 1 分/次	5	各部门	考核小组
	预算执行率	偏差率<10%	预算偏差率=（实际数-预算数）/预算数×100%；偏差率不小于 10%，分别扣 1 分/项（编制预算责任单位）或扣 0.5 分/项（审核预算责任部门），扣完为止	5	财务部	财务部
	科技创新、管理提升创效	完成	完成科技创新、管理提升工作，考核年度内完成 1 项加 0.5~1 分（必须通过考核小组认定，主办单位加 1 分，协办单位加 0.5 分），单位加分最多为 5 分	加分项	—	考核小组

指标类型/权重	考核指标	目标值	评价方式	考核分数	数据来源	考核责任部门
	设备管理	无	因设备管理不善导致政府（公安、安全、质量、环保等部门）的行政处罚，或上级单位给予的处罚，出现一次扣分2分；公司范围内被上级单位通报设备违规作业一次扣0.1分，扣完为止	10	综合管理（党群）部	考核小组
	安全管理	100%	公司领导、上级单位或政府部门组织的安全检查中，发现生产单位设备安全隐患未按要求整改1次扣1分，重大安全隐患未按要求整改1次扣2分；全公司因设备问题轻伤1人扣10分，重伤1人扣20分，出现死亡责任事故1人扣30分，非责任死亡事故1人扣20分	扣分项	安全生产（保卫）部安全保卫单元	安全生产（保卫）部安全保卫单元
	重点工作完成情况	—	根据季度/年度安排的重大工作事项/任务完成效果和工作亮点进行评价，总经理对乙方本项评价占比50%，分管领导占比30%；其他高管评价占比20%	10	综合管理（党群）部	考核小组
党风廉政建设10%	党风廉政建设完成情况	—	按公司要求完成党风廉政建设各项工作，未完成扣2分/项；本部门（单位）出现违反政治纪律及相关规定的行为扣2分/人次，出现被依法追究刑事责任的扣3分/人次，扣完为止	10	综合管理（党群）部、公司纪委	综合管理（党群）部、公司纪委

指标类型/权重	考核指标	目标值	评价方式	考核分数	数据来源	考核责任部门
能力指标10%	工作态度、主动作为、执行力、解决问题能力等评价	—	公司领导对乙方本项评价占60%（其中总经理占比30%，分管领导占比18%；其他高管评价占比12%）；生产经营单位对乙方本项评价占40%。	10	综合管理（党群）部	考核小组

13.4　供销部绩效评价体系构建

13.4.1　部门职责分析

供销部的部门职责主要包括：围绕公司发展战略，从事市场研究、营销拓展、投标造价、品牌推广、资质申报等业务，完成公司下达的销售目标和任务，为公司各业务板块发展提供龙头保障和后劲支持；全面了解和掌握公司所需物资材料的市场动态及行情，按时保质完成职工及生产所需的物资供应需求，严格执行公司的规章制度，制定严谨的采购计划和采购流程，为公司发展减少浪费，保证优质生产。

13.4.2　部门任务分析

供销部部门任务主要涉及制度建设、营销战略与目标制定、营销拓展、投标造价、市场管理、品牌推广与客户关系管理、分包商管理、资质申报、物资采购全面管理及监督审核、材料和备件的采购、合同管理、供应商管理、计划招标和物资管理等。供销部部门具体任务如下：

（1）制度建设。拟定、完善公司营销、物资采购等相关的制度、流程、手册和操作规范；落实和检查本部门职能相关的公司制度、流程和操作规范的执行情况；制定本部门的各项管理制度。

（2）营销战略与目标制定。根据公司经营战略，拟定并执行公司中长期营销战略与规划；根据营销战略，制订公司年度营销计划及配套营销预算；分解下达公司年度营销工作目标与营销费用预算，并根据市场和公司实际情况及时、有效控制。

（3）营销拓展。负责整合公司营销专家、顾问等内外部营销资源；组织制订各营销小组专项拓展计划并组织实施；参与各业务板块新进项目的立项评估，并提出建议和意见。

（4）投标造价。负责招标信息搜集、记录及整理，建立及维护招标信息资料库；组织投标及商务谈判；包括标书购买，现场探勘、答疑，报名，资格预审，资信文件制作，商务标书、技术标书制作，投标预算，招标技术方案的编制，施工方案制作等；组织测定施工成本，编制项目责任成本与施工定额并报批；负责将中标项目向安全生产（保卫）部交底，并移交项目相关资料；参与项目运营过程中成本监控分析，协助项目部签证变更事宜。

（5）市场管理。全面收集公司各项业务所需的市场信息，拟订市场分析报告；对竞争对手密切关注并进行技术分析；拟订市场推广计划及广告投放计划并组织实施；确定客户商务策略和政策，并在相关部门监督下组织实施。

（6）品牌推广与客户关系管理。负责公司品牌策划、建设与推广；负责与相关行业协会、设计院、矿业类高校以及政府主管部门等建立关系；建立客户资源库，维护目标客户及相关利益者关系，组织开展客户满意度调查；跟进与处理客户投诉；负责重要客户商务接待。

（7）分包商管理。负责分包商制度的制订和完善；建立并维护分包商信息资料库，监控分析分包商运营成本；组织分包商评价；负责项目工程分包；监控分包合同的履行等工作。

（8）资质申报。负责策划、组织矿山总承包等公司经营资质的申报与升级维护。

（9）物资采购全面管理及监督审核。负责制订并下达月度、季度、年度物资采购计划，确保公司正常生产；负责审批原燃材料和备品备件计划、招标采购方案；负责采购物品的验收、仓储、发放、结算、统计、分析等工作；合理控制物资采购成本，降低管理费用，统一采购，提高资金运转效率；与公司内各部门沟通配合，处理生产经营过程中发生的各物流管理需求、协调平衡事项和突发问题；调查研究各部门物资需求和消耗情况，熟悉各种物资的供应渠道和市场变化情况；负责紧急采购，参与采购物资的验收，出现问题及时与供应商联系，协商处理办法；协助有关方面组织对不良品的退货和索赔；协助财务做好仓库物资的中期、年度的盘点工作；对基层单位自行采购材料物品价格、质量进行审查和监管；监督检查各采购员的采购进程及价格控制。

（10）材料、备件采购。根据采购计划制订招标方案并组织招标；签订采购合同、编制付款预算；对物资到货情况进行跟踪；采集所需物资的市场价格动态，确保采购产品具有优良性价比；对材料、备件进行验收、缴库、结算、核销；对所购进产品质量和价格负责；对废旧物资进行回收和管理。

（11）合同管理。负责各类采购合同的签订与管理、落实工作；汇总合同签订、执行情况，提交合同签订、执行情况报告；采购合同档案的日常管理，包括整理、分类、归档、监督执行等；合同谈判工作，执行合同风险防范措施。

（12）供应商管理。建立供应商管理制度；建立并维护供应商信息资料库，对材料价格等各种信息进行搜集和分析；组织对供应商的开发、定期评核，建立稳定的供应商队伍；组织寻价、比价及供应商选点、评审及供货控制。

（13）计划招标。收集招标信息，制作招标文件及实施标书中涉及的相应工作；统计各部门物资采购计划，出具采购、招标计划，编写招标文件；组织考察、询标、评标，编写《评标结果报告》、发放中标通知书；招标材料归档，整理并建立台账；对中标样品进行封样。

（14）物资管理。对到货物资进行验收、保管、发放；按类别建立物资收发存台账，确保账务卡相符；每月结账和物资的盘点并形成统计报表上报。

13.4.3 绩效考核体系构建

供销部根据职责任务又细分为物资采购单元和营销单元。在确定的企业战略目标框架下，从经营、职能、党风廉政建设、能力四个方面提取关键绩效指标。对于经营指标，物资采购单元考核工程爆破质量和工程技术指标，营销单元考核备品配件管理和设备维护费用；对于职能任务指标，物资采购单元考核采购效率、合同管理、供应商管理、库房物资储存管理、预算执行率、科技创新与管理提升创效、物耗管控、重点工作完成情况，营销单元考核自己回笼率、鞍钢内部矿山项目投标工作、下游施工合同管理、销售费用控制率、品牌推广计划、预算执行率、科技创新与管理提升创效、重点工作完成情况；对于党风廉政建设指标，均考核党风廉政建设完成情况；对于能力指标，均考核工作态度、主动作为、执行力、解决问题能力等。

根据历史经营数据、战略目标、年度目标、职能任务与能力的要求设定目标值，具体的考评方式则由绩效考核部门初拟考评方案，经过高层管理人员审核，并由高层管理人员与被考核部门负责人充分交流最终确定。

最终构建供销部物资采购单元绩效考核体系见表13-7，供销部营销单元绩效考核体系见表13-8。

表 13-7 供销部物资采购单元绩效考核体系

指标类型/权重	考核指标	目标值	评价方式	考核分数	数据来源	考核责任部门
经营指标 20%	采购物资合格率	100%	定期进行物资清点验收，确保采购物品质量且有产品合格证，缺失合格证或明显存在质量问题，扣2分/次，扣完为止	10	生产经营单位	考核小组
	采购成本控制率	下降3%	物资总体采购成本同比上一年度下降3%，降幅不小于3%为满分；不足3%每少一个百分点扣2分，扣完为止	10	供销部物资采购单元	考核小组
职能任务指标 60%	采购效率	95%	I=按期到货的采购物资数量/各部门提出的采购物资总量，$I<95\%$，每降低1%扣1分，扣完为止	10	生产经营单位	考核小组
	合同管理	完善、健全	合同签订及管理规范化，做好分类、归档，做好风险防范措施，检查出现失误扣2分/次，扣完为止	10	综合管理（党群）部	综合管理（党群）部
	供应商管理	供应商正常供应	出现供应商突然停止供货影响公司正常生产等恶性事件，出现一次扣2分	10	供销部物资采购单元	考核小组
	库房物资储存管理	火药库周转天数60天、硝酸铵周转天数为8~10天	按季度考核，超、降扣2分/次，扣完为止	5	供销部物资采购单元/财务部	考核小组
	预算执行率	偏差率<10%	预算偏差率=（实际数-预算数）/预算数×100%；偏差率不小于10%扣1分/项（编制预算责任单位），扣0.5分/项（审核预算责任部门），扣完为止	5	财务部	财务部

指标类型/权重	考核指标	目标值	评价方式	考核分数	数据来源	考核责任部门
	科技创新、管理提升创效	完成	完成科技创新、管理提升工作，考核年度内完成1项加0.5~1分（必须通过考核小组认定，主办单位加1分，协办单位加0.5分），单位加分最多为5分	加分项	—	考核小组
	物耗管控	无差错	按要求做好物资总库物资管理工作，出现差错扣2分/项次	10	供销部物资采购单元	考核小组
	重点工作完成情况	—	根据季度/年度安排的重大工作事项/任务的完成效果和工作亮点进行评价，总经理对乙方本项评价占比50%，分管领导占比30%；其他高管评价占比20%	10	综合管理（党群）部	考核小组
党风廉政建设10%	党风廉政建设完成情况	—	按公司要求完成党风廉政建设各项工作，未完成扣2分/项；本部门（单位）出现违反政治纪律及相关规定的行为扣2分/人次，出现被依法追究刑事责任的扣3分/人次，扣完为止	10	综合管理（党群）部、公司纪委	综合管理（党群）部、公司纪委
能力指标10%	工作态度、主动作为、执行力、解决问题能力等评价	—	公司领导对乙方本项评价占60%（其中总经理占比30%，分管领导占比18%；其他高管评价占比12%）；生产经营单位对乙方本项评价占40%	10	综合管理（党群）部	考核小组

表 13-8　供销部营销单元绩效考核体系

指标类型/权重	考核指标	目标值	评价方式	考核分数	数据来源	考核责任部门
经营指标 20%	公司外营收入/亿元	1	外营收入完成率不小于60%得满分，完成率小于60%时，每减少10%扣1分，扣完为止	10	财务部	财务部
	营销业务/亿元	外部合同额2亿元	按外部合同额完成率乘以目标分计算，完成率不小于100%为满分	10	供销部营销单元	考核小组
职能任务指标 60%	资金回笼率	95%	I=（销售收入×1.17+期初应收账款-期末应收账款）/（销售收入×1.17），$I \geq 95\%$时满分，$I < 95\%$每少一个百分点扣1分，扣完为止	10	财务部	财务部
	鞍钢内部矿山项目投标工作	中标率100%	中标率100%得满分，中标率每降低10%扣2分，中标率低于80%不得分	15	供销部营销单元	考核小组
	下游施工合同管理	成本零增加	与上一年度下游合同成本对比，成本无变化或降低得满分，每上涨1%扣2分，扣完为止	10	供销部营销单元	考核小组
	销售费用控制率	≤100%	I=费用支出额/费用预算额，$I \leq 100\%$得满分；$I > 100\%$每超2个百分点扣1分，扣完为止（销售费用包括营销拓展所产生的各项投标费、招待、差旅、交通等）	5	财务部	财务部
	品牌推广计划	2次	当年参加至少2次行业性重大会议并组织品牌宣传推广活动，完成2次及以上得满分，少1次扣2分	5	供销部营销单元	考核小组

指标类型/权重	考核指标	目标值	评价方式	考核分数	数据来源	考核责任部门
职能任务指标 60%	预算执行率	偏差率<10%	预算偏差率=(实际数-预算数)/预算数×100%；偏差率不小于10%，分别扣1分/项（编制预算责任单位）或扣0.5分/项（审核预算责任部门），扣完为止	5	财务部	财务部
	科技创新、管理提升创效	完成	完成科技创新、管理提升工作，考核年度内完成1项加0.5~1分（必须通过考核小组认定，主办单位加1分，协办单位加0.5分），单位加分最多为5分	加分项	—	考核小组
	重点工作完成情况	—	根据季度/年度安排的重大工作事项/任务完成效果和工作亮点进行评价，总经理对乙方本项评价占比50%，分管领导占比30%；其他高管评价占比20%	10	综合管理（党群）部	考核小组
党风廉政建设 10%	党风廉政建设完成情况	—	按公司要求完成党风廉政建设各项工作，未完成扣2分/项；本部门（单位）出现违反政治纪律及相关规定的行为扣2分/人次，出现被依法追究刑事责任的扣3分/人次，扣完为止	10	综合管理（党群）部、公司纪委	综合管理（党群）部、公司纪委
能力指标 10%	工作态度、主动作为、执行力、解决问题能力等评价	—	公司领导对乙方本项评价占60%（其中总经理占比30%，分管领导占比18%；其他高管评价占比12%）；生产经营单位对乙方本项评价占40%	10	综合管理（党群）部	考核小组

13.5　财务部绩效评价体系构建

13.5.1　部门职责分析

　　财务部的部门职责主要包括：根据企业会计制度及相关会计准则的要求，及时、准确地完成企业的会计核算工作，对外提供各种财务报告；对会计数据进行加工整理，为内部管理者提供分析报告，为企业决策提供指导意见，使企业形成和保持健康的管理状态；通过控制企业各种经济活动的过程，使决策者的全面经营计划得到落实并得以实现；组织运作企业资金，通过各种筹资、投资渠道实现企业增值，给投资者带来回报。

13.5.2　部门任务分析

　　财务部部门任务主要涉及制度建设、会计管理、财务管理、预算管理、资金管理、成本管理、资产管理和关系协调等。财务部具体任务如下：

　　（1）制度建设。根据国家各项财经法律、法规和企业经营管理的需要，拟定、完善企业的各项财务管理制度；建立、健全企业内部控制制度，保护企业各项资产的安全与完整，保证会计信息资料的真实、准确；制定本部门的各项管理制度。

　　（2）会计管理。负责公司会计核算工作；处理公司各项日常财务业务；按期及时编制并报送企业各项报表；办理公司各项税收业务，拟订并实施纳税筹划策略；负责管理公司财务信息系统；按照会计档案的管理规定，妥善保管会计档案。

　　（3）财务管理。根据公司发展需要拟订财务战略规划方案，编制各种财务计划；对公司经营状况进行财务分析并提供财务分析报告，为公司的经营决策提供支持；参与公司投资、基建工程、设备购置等的立项可行性研究工作，并参与投标、结算、验收全过程的监管；负责公司的财务风险管理（包括资产负债风险、信用风险）；负责对投资项目进行财务可行性分析论证；协助公司制定产品销售价格；参与各种对外经济合同签订、评审工作。

　　（4）预算管理。建立和完善公司预算管理制度；组织编制公司各项财务预算，审查、平衡各单位、部门的财务预算；检查、跟踪各单位、部门的预算执行情况，必要时提出预算调整建议。

　　（5）资金管理。负责公司职工薪酬的计提及发放工作；办理现金收付和银行结算业务，保管好各种票据、单证；遵照公司各项财务管理制度和财务开支审批权限，审核办理各项费用的资金支付；筹措公司经营发展所需资金，控制合理的资本结构，提高资金的使用效率，保证生产经营资金的良性循环；负责内部项目资金及时回款。

（6）成本管理。根据公司生产技术组织开展工作，不断挖掘公司开源节流的潜力，制定并定期修订成本控制标准；监督各项成本控制措施的实施，以保证按成本控制标准支付各项生产费用，从而达到降低成本的预期目标；定期总结成本控制工作，考核成本指标，分析成本产生偏差的原因，明确经济责任。

（7）资产管理。组织公司资产的会计核算和清查、盘点工作；监督、检查公司各项资产的安全性、完整性、受控性及经济有效使用情况；参与新增固定资产等项目的可行性研究，提出财务意见。

（8）关系协调。协调公司内部各单位、部门的工作关系；加强与税务、银行等政府职能部门及单位的沟通和联系，并与之建立良好的关系，及时掌握各种相关信息，争取更多的资源和支持。

13.5.3　绩效考核体系构建

在财务管理战略目标框架下，从经营、职能、党风廉政建设、能力四个方面提取关键绩效指标。经营指标考核资金理财回报和预算执行率，职能任务指标考核经营性现金净流量、资金回笼率（鞍钢内部业务）、管理费、业务招待费、差旅费控制率、三项资产比率、财务运作合规管理、存货周转率、科技创新与管理提升创效、重点工作完成情况，党风廉政建设指标和考核党风廉政建设完成情况，能力指标考核工作态度、主动作为、执行力、解决问题能力等。

根据历史经营数据、战略管理目标、职能任务与能力的要求设定目标值，具体的考评方式则由绩效考核部门初拟考评方案，经过高层管理人员审核，并由高层管理人员与被考核部门负责人充分交流最终确定。最终构建财务部绩效考核体系见表13-9。

表13-9　财务部绩效考核体系

指标类型/权重	考核指标	目标值	评价方式	考核分数	数据来源	考核责任部门
经营指标 20%	资金理财回报	900万元	按理财收入目标完成率乘以目标分计算，完成率不小于100%为满分，完成率低于70%不得分	10	财务部	考核小组
	预算执行率	偏差率<10%	预算偏差率=(实际数−预算数)/预算数×100%；偏差率不小于10%，分别扣1分/项（财务部编制预算）或扣0.1分/项（其他单位编制预算），扣完为止	10	财务部	考核小组

指标类型/权重	考核指标	目标值	评价方式	考核分数	数据来源	考核责任部门
职能任务指标60%	经营性现金净流量	不低于年度实现净利润的50%	按经营性现金净流量目标完成率乘以目标分计算，完成率在70%及以上计满分，完成率在50%以下计零分	10	财务部或审计报告	考核小组
	资金回笼率（鞍钢内部业务）	95%	I=（销售收入×1.17+期初应收账款−期末应收账款）/（销售收入×1.17），月度及年度 I≥95%时满分，月度 I<95%扣0.5分/月；年度 I<95%每一个百分点减2分，扣完为止	10	财务部	考核小组
	管理费、业务招待费、差旅费控制率	≤100%	I=管理费(业务招待费、差旅费)支出额/该项费用预算额，I≤100%得满分，各项费用高于100%每超一个百分点减1分，扣完为止（预算以最终核定额为准）	10	财务部	考核小组
	三项资产比率	35%	三项资产比率不大于35%为满分，比率每增加5%扣2分，比率不小于50%计零分	10	财务部或审计报告	考核小组
	财务运作合规管理	0次	因税款事项出现税务风险（如查账、行政处罚等）事件的次数，上级部门、董事会或监事会在日常工作或审计中发现重大财务违纪事件次数，未发现得满分，出现1次扣2分	5	综合管理（党群）部/纪委	综合管理（党群）部/纪委
	存货周转率	10次	主营业务成本/存货平均余额，10次为满分，每少1次扣2分	5	财务部	考核小组

指标类型 /权重	考核指标	目标值	评价方式	考核分数	数据来源	考核责任部门
职能任务指标60%	科技创新、管理提升创效	完成	完成科技创新、管理提升工作，考核年度内完成1项加0.5~1分（必须通过考核小组认定，主办单位加1分，协办单位加0.5分），单位加分最多为5分	加分项	—	考核小组
	重点工作完成情况	—	根据季度/年度安排的重大工作事项/任务完成效果和工作亮点进行评价，总经理对乙方本项评价占比50%，分管领导占比30%；其他高管评价占比20%	10	综合管理（党群）部	考核小组
党风廉政建设10%	党风廉政建设完成情况	—	按公司要求完成党风廉政建设各项工作，未完成扣2分/项；本部门（单位）出现违反政治纪律及相关规定的行为扣2分/人次，出现被依法追究刑事责任的扣3分/人次，扣完为止	10	综合管理（党群）部、公司纪委	综合管理（党群）部、公司纪委
能力指标10%	工作态度、主动作为、执行力、解决问题能力等评价	—	公司领导对乙方本项评价占60%（其中总经理占比30%，分管领导占比18%，其他高管评价占比12%）；生产经营单位对乙方本项评价占40%	10	综合管理（党群）部	考核小组

13.6　综合管理（党群）部评价体系构建

13.6.1　部门职责分析

综合管理（党群）部的部门职责主要包括：依据公司战略规划及年度经营计划，组织推动并落实各单位经营目标责任的分解与考核激励，通过调整和优化人员配置、招聘、培训、薪酬、绩效及员工关系等工作，调动员工主动性与积极性，为公司提供行政与后勤保障。贯彻落实党的路线、方针、政策，落实上级党组织和公司党委的决议，加强党的思想、组织、作风和制度建设，开展思想政治工作和企业文化工作；密切联系职工群众，维护职工群众的合法权益，确保职工队伍稳定，构建和谐企业，促进企业持续稳定发展。

13.6.2　部门任务分析

综合管理（党群）部部门任务主要涉及制度建设、企管工作、三会组织、文秘、人力资源管理工作、行政工作、后勤工作、资质证照管理、工会管理、纪检监察、党务管理和宣传管理等。综合管理（党群）部具体任务如下：

（1）制度建设。负责公司各项规章制度的管理，拟定、完善公司企管、人力资源、行政管理等相关的制度、流程和操作规范；落实和检查本部门职能相关公司制度、流程和操作规范的执行情况；制定本部门的各项管理制度。

（2）企管工作。根据公司年度经营计划，组织签订高管及职能部门年度目标责任书，组织推动职能部门各下属机构目标责任的分解与落实；跟踪各级目标责任的考核落实情况，并协助开展高管考核；评估公司内部管理、相关业务流程的规范性和有效性，并督促改进和优化；组织进行宏观政策研究和行业研究，为公司经营决策提供信息支持；协助制订公司战略规划，就公司经营异动或重大事项进行调查、分析、报告；根据年度经营情况协助拟定管理层激励方案；根据年度经营业绩完成情况，完成事业部和分公司的绩效考核方案；推动公司管理创新，维护公司顾问关系，组织咨询类合同签订与实施对接。

（3）三会组织。根据公司治理制度要求，负责董事会、监事会及股东会的会务组织和管理；跟踪监督公司董事会、股东会及监事会的决议执行情况；组织会议纪要及相关材料起草及存档保管等工作。

（4）文秘。拟写总经理和董事长重要会务发言稿、公文函件及其他重要场合发言稿；拟写总经理年度工作总结报告。

（5）人力资源管理工作。依据公司战略目标，组织调查分析人力资源需求，制定公司人力资源战略与规划方案；拟定组织机构设置与调整方案，拟定部门职能、定岗定编方案，组织完善相关岗位说明书；拟定并实施公司人才招聘计划，不断完善人才招聘体系；适时建立、组织推行并不断优化公司绩效管理体系；适时建立并持续优化公司培训体系，组织分析公司培训需求、制定并统筹落实公司培训计划，指导并监督各部门落实人才培养机制，建立后备人才梯队；组织并监督各级管理人员的考察、评估、竞聘、任免与建档管理工作；设计具有激励性和公平性的薪酬福利体系，拟定调薪机制；控制薪酬福利总额，检查薪酬福利政策在公司各单位的执行情况；统筹管理公司劳务派遣/外包工作，审批各单位派遣/外包人员总量及费用；组织开展员工劳动合同签订、劳动争议处理工作，不断促进员工关系；组织公司年度专业技术资格（职称）评审工作；统筹负责各类员工考勤、工资核算、社保、公积金、员工入离职手续办理、人事档案管理等日常性工作；组织开展劳动纪律监察，发现问题及时处理并上报。

（6）行政工作。负责公司层面日常会务组织、会议纪要等工作，督办与反馈相关决议事项；负责组织公司大型活动，协助公司形象推广；组织开展各类专项公关活动；协调处理与公安、工商等外部机构的关系；文秘工作，负责公文草拟及文件收发管理，督办文件流程事项；负责公司制度、文件等编目与归档管理、文件变更管理及外来文件管理；负责工商与法人代码年审、证照管理、印章印信管理。

（7）后勤工作。组织、执行公司日常接待工作，并不断改善与反馈；统筹管理并调度公司行政车辆，办理车辆牌照、年审保险等事宜并控制费用；员工日常用餐管理与宿舍管理；日常办公用品（非固定资产）及劳保用品的采购、发放、保管；规划与管理公司办公场所、宿舍区域各项事宜（如：水、电、设施、环境等）。

（8）资质证照管理。负责管理公司各类经营、资质证件并做好维护；负责保管员工各类职称、执业资格证照并组织安排继续教育、变更等事宜。

（9）工会管理。负责通过职工代表大会、厂务公开等形式，参与民主管理和民主监督；负责职工劳动保护工作，参与协调劳动关系和调解劳动争议，参与职业健康安全危机事件处理；负责组织职工开展劳动竞赛，合理化建议，技术革新和技术大练兵工作，总结推广先进经验；负责开展职工形势任务教育和思想政治教育，组织开展职工文化体育活动；负责开展伤病、困难职工走访慰问工作，并落实帮扶措施；负责做好女职工工作，维护女职工的特殊利益；负责工会组织、制度建设。做好工会会费收缴、经费提取、管理和使用工作。

（10）纪检监察。负责组织学习掌握党的纪检监察工作方针和政策，保证党的路线、方针政策和企业党政决议、决定、指示的贯彻执行；负责对党员、干部进行党风廉政教育和法纪法规教育；负责检查和处理党组织和党员违反党的纪律案件；负责对企业生产经营活动进行行政监察，及时查处违法违纪案件；负责受理来信、来人、来访的控告和申诉，做好处理和保密工作；负责做好信访登记和文件、材料的收发、保存。

（11）党务管理。负责各基层党支部的组织建设和工作指导；根据党员干部管理权限，向公司党委提出各类干部党内职务的调动、使用、提拔和任免意见；负责推广基层党支部建设的经验和党员的先进事迹，增强党组织的战斗力和发挥党员的先锋模范作用；负责年度党内"三先一优"及党内竞赛活动、党内建功立业活动的组织、指导、检查和评比工作；负责组织宣传党的路线、方针、政策和国家企业相关的政策、法律、法规及有关规定；负责公司党费、党组织活动经费的收缴、提取、管理和使用工作；负责制定公司年度发展党员规划，检查、指导基层党组织发展党员和党员教育管理工作情况；负责公司基层党组织和党员基本信息的年度统计报表工作；负责公司党刊订阅发放工作；负责公司维稳工作。

（12）宣传管理。负责公司企业文化建设和精神文明建设；负责公司对内、对外宣传报道工作；负责公司大事记记录和整理；负责公司网站的设计和维护。

13.6.3　绩效考核体系构建

综合管理（党群）部根据职责任务又细分为综合单元和党群单元。在确定的企业战略目标框架下，从经营、职能、党风廉政建设、能力四个方面提取关键绩效指标。对于经营指标，综合单元考核行政费用控制率和人工工资费用控制率指标，党群单元考核费用控制率；对于职能任务指标，综合单元考核"三会"工作、劳资业务管理、目标责任管理、培训计划完成率、公文管理、预算执行率、科技创新与管理提升创效、重点工作完成情况，党群单元考核党组织和党员队伍建设、纪检监察、组织民管和劳动保护、职工生产生活、精神文明建设、维稳工作、预算执行率、科技创新与管理提升创效、重点工作完成情况；对于党风廉政建设指标，均考核党风廉政建设完成情况；对于能力指标，均考核工作态度、主动作为、执行力、解决问题能力等。

根据历史经营数据、战略管理目标、职能任务与能力的要求设定目标值，具体的考评方式则由绩效考核部门初拟考评方案，经过高层管理人员审核，并由高层管理人员与被考核部门负责人充分交流最终确定。

综合管理（党群）部综合单元绩效考核体系见表 13-10，综合管理（党群）部党群单元绩效考核体系见表 13-11。

表 13-10　综合管理（党群）部综合单元绩效考核体系

指标类型/权重	考核指标	目标值	评价方式	考核分数	数据来源	考核责任部门
经营指标 20%	行政费用控制率	≤100%	I=行政费用开支额/行政费用年度预算额，$I≤100\%$ 得满分，$I>100\%$ 每超一个百分点减 1 分，扣完为止（预算以最终核定额为准，行政费用包括行政办公费用和行政车辆费用，不包括劳资、福利、社保、折旧等费用）	10	财务部	财务部
	人工工资费用控制率	≤100%	I=人工工资费用开支额/人工工资费用年度预算额，$I≤100\%$ 时计满分，超过 100% 时每超 2% 扣 1 分，扣完为止	10	财务部	财务部

续表13-10

指标类型/权重	考核指标	目标值	评价方式	考核分数	数据来源	考核责任部门
职能任务指标60%	"三会"工作	完成	按要求召开"三会"，做好会议组织及材料管理工作，出现问题扣1分/项，扣完为止	10	综合管理（党群）部	考核小组
	劳资业务管理	0次	劳资计算失误及业务报表提交推迟或失误，出现一次扣1分，扣完为止	10	综合管理（党群）部	考核小组
	目标责任管理	0次	完成目标责任考核、绩效考核工作，认真评定考核及督办结果，落实赏罚兑现，出现违纪情况，扣2分/次，扣完为止	10	分管领导	考核小组
	培训计划完成率	70%	培训计划完成率不小于70%得满分，每减少5%扣1分，扣完为止	10	综合管理（党群）部	考核小组
	公文管理	0次	公文规范程度、行政执行度。往来公文因管理问题出现延迟及漏发，一次扣1分，扣完为止	5	综合管理（党群）部	考核小组
	预算执行率	偏差率<10%	预算偏差率=(实际数-预算数)/预算数×100%；偏差率不小于10%，分别扣1分/项（编制预算责任单位）或扣0.5分/项（审核预算责任部门），扣完为止	5	财务部	财务部
	科技创新、管理提升创效	完成	完成科技创新、管理提升工作，考核年度内完成1项加0.5~1分（必须通过考核小组认定，主办单位加1分，协办单位加0.5分），单位加分最多为5分	加分项	—	考核小组
	重点工作完成情况	—	根据季度/年度安排的重大工作事项/任务完成效果和工作亮点进行评价，总经理对乙方本项评价占比50%，分管领导占比30%，其他高管评价占比20%	10	综合管理（党群）部	考核小组

指标类型/权重	考核指标	目标值	评价方式	考核分数	数据来源	考核责任部门
党风廉政建设 10%	党风廉政建设完成情况	—	按公司要求完成党风廉政建设各项工作，未完成扣 2 分/项；本部门（单位）出现违反政治纪律及相关规定的行为扣 2 分/人次，出现被依法追究刑事责任的扣 3 分/人次，扣完为止	10	综合管理（党群）部、公司纪委	考核小组
能力指标 10%	工作态度、主动作为、执行力、解决问题能力等评价	—	公司领导对乙方本项评价占 60%（其中总经理占比 30%，分管领导占比 18%，其他高管评价占比 12%）；生产经营单位对乙方本项评价占 40%	10	综合管理（党群）部	考核小组

表 13-11　综合管理（党群）部党群单元绩效考核体系

指标类型/权重	考核指标	目标值	评价方式	考核分数	数据来源	考核责任部门
经营指标 20%	费用控制率	≤100%	I=费用开支额/费用年度预算额，$I \leqslant 100\%$ 时计满分，$I>100\%$ 时每超 2% 扣 1 分，扣完为止	20	财务部	财务部
职能任务指标 60%	党组织和党员队伍建设	90%	加强组织建设，发挥政治优势和组织优势，党支部建设达标率 100%，出现不达标党支部扣 2 分/个。党员出现安全事故，每人次扣 1 分	10	综合管理（党群）部党群单元	考核小组
	纪检监察	100%	开展效能监察及经济责任、管理、工程等审计工作，实现审计监督全覆盖，未完成相关工作扣 1 分/项；信访件要按照时间要求反馈调查结果，未按要求反馈扣 1 分/次	10	综合管理（党群）部党群单元	考核小组

指标类型/权重	考核指标	目标值	评价方式	考核分数	数据来源	考核责任部门
职能任务指标60%	组织民管和劳动保护	100%	职代会各项职权落实，重大决策审议率100%，低于目标值每降低5%扣1分；开展职代会视察活动，职工代表建议和意见处理率达100%，低于目标值每降低5%扣1分；开展劳动保护检查活动，听取职工意见和建议，对职工提案督促整改不到位一次扣1分	5	综合管理（党群）部党群单元	考核小组
	职工生产生活	100%	职工技术大练兵参与率达到95%以上，低于目标值每降低5%扣1分；职工合理化建议参与率达到95%以上，低于目标值每降低5%扣1分；职工文化和体育健身活动参与率达到80%以上，低于目标值每降低5%扣1分；企业困难职工帮扶率达100%，每降低10%扣1分	5	综合管理（党群）部党群单元	考核小组
	精神文明建设	1项	提升职工思想道德建设和科学文化素质，培养先进典型集体和个人，企业获得的外部荣誉或企业人员政治荣誉（含母公司及以上机构）至少1次，未获得任何荣誉扣2分；做好宣传工作，按要求及时完成宣传材料，未及时完成扣1分/次	5	综合管理（党群）部党群单元	考核小组
	维稳工作	无上访事件	开展群众工作，做好政策宣传，化解上访问题，实现上访事件为零，出现一次扣2分，未出现得满分	10	综合管理（党群）部党群单元	考核小组

指标类型/权重	考核指标	目标值	评价方式	考核分数	数据来源	考核责任部门
职能任务指标60%	预算执行率	偏差率<10%	预算偏差率＝(实际数－预算数)/预算数×100%；偏差率不小于10%，分别扣1分/项(编制预算责任单位)或扣0.5分/项(审核预算责任部门)，扣完为止	5	财务部	财务部
	科技创新、管理提升创效	完成	完成科技创新、管理提升工作，考核年度内完成1项加0.5~1分(必须通过考核小组认定，主办单位加1分，协办单位加0.5分)，单位加分最多为5分	加分项	—	考核小组
	重点工作完成情况	—	根据季度/年度安排的重大工作事项/任务完成效果和工作亮点进行评价，总经理对乙方本项评价占比50%，分管领导占比30%，其他高管评价占比20%	10	综合管理(党群)部	考核小组
党风廉政建设10%	党风廉政建设完成情况	—	按公司要求完成党风廉政建设各项工作，未完成扣2分/项；本部门(单位)出现违反政治纪律及相关规定的行为扣2分/人次，出现被依法追究刑事责任的扣3分/人次，扣完为止	10	综合管理(党群)部、公司纪委	考核小组
能力指标10%	工作态度、主动作为、执行力、解决问题能力等评价	—	公司领导对乙方本项评价占60%(其中总经理占比30%，分管领导占比18%，其他高管评价占比12%)；生产经营单位对乙方本项评价占40%	10	综合管理(党群)部	考核小组

14 员工级绩效评价体系构建

14.1 员工级绩效评价体系构建步骤

公司涉及众多部门，员工 500 余人，涉及百余岗位，对每个岗位制定相应的绩效评价体系，工作量和成本巨大。为此，从岗位性质出发提炼岗位的一般化绩效评价指标，制定相对通用的绩效评价指标体系，在此基础上，各部门再根据具体的岗位职能要求、能力要求、任务流程、岗位目标等特征进行评价体系细化，保证绩效评价体系既不失一般性，还具有灵活性和适用性。

根据岗位性质，将员工级绩效评价体系划分为中层管理人员、一般管理人员、技术人员、关键生产人员、其他生产和辅助生产人员五类人员的绩效评价体系。从能力、行为、过程、结果等方面梳理企业对相应岗位人员的要求，从绩效指标的基础性、奖励性和发展性三个角度提炼关键绩效指标。员工级绩效评价指标体系构建的基本过程：首先，通过文献研究初步构建五类员工绩效评价指标；其次，通过对企业高层管理者、直接管理者、相应岗位人员调查相关指标的重要性，对指标体系进行补充和删减，并确定指标权重；最后，参考历史数据、企业战略目标、企业关注点等确定指标评价标准。

14.2 员工级绩效评价体系构建

绩效考核指标包括基础性绩效指标、奖励性绩效指标和发展性绩效指标。基础性绩效指标是工作岗位所需要的基本的员工素质和行为能力，是一种基础性指标，包括安全行为和安全管理、劳动纪律、职业精神、能力、成本意识与质量意识；奖励性绩效指标是结果性指标，包括工作量、工作质量、成本效率；发展性指标是评价个人发展能力和潜力的指标，包括培训、技能证书/执业资格证书、员工使命意识、合理化建议与创新方法、专利等。

根据不同岗位的工作性质，考核内容和侧重点不同，权重分值也不同。在能力考核方面，中层管理人员考核职业能力，包括业务能力、计划能力、组织能力、领导能力、沟通协调能力、控制能力、解决问题能力等；一般管理人员考核从事特定岗位的专业能力和沟通能力；专业技术人员考核所在岗位所需的专业技术知识掌握情况；生产人员和辅助生产人员考核工作技能，即完成工作所需具备的知识、技能、经验等情况，根据具体岗位，部分生产人员需要考核设备管理。

通过对企业员工进行问卷调查，确定各类岗位人员考核内容，确定考核项权重分值。向企业高层管理人员、中层管理人员、一般管理人员、关键生产人员、辅助生产人员等各类岗位人员发放问卷120份，收回问卷120份，有效问卷103份。其中，参与问卷调查的男女比例为92:11，参与问卷调查人员职称情况如图14-1所示。当前，公司员工对绩效考核制度的了解程度如图14-2所示。

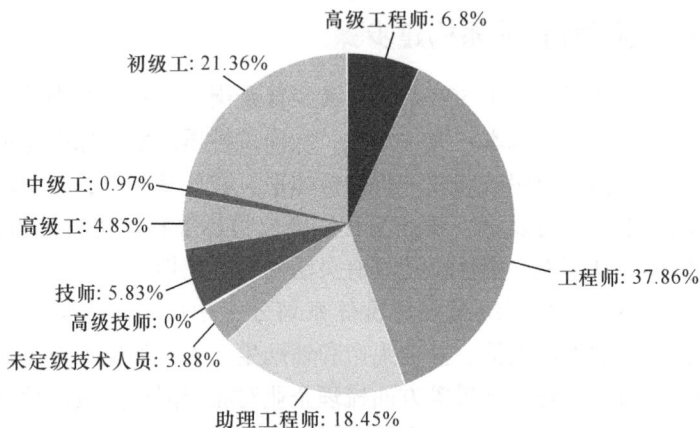

图14-1　参与问卷调查人员职称情况

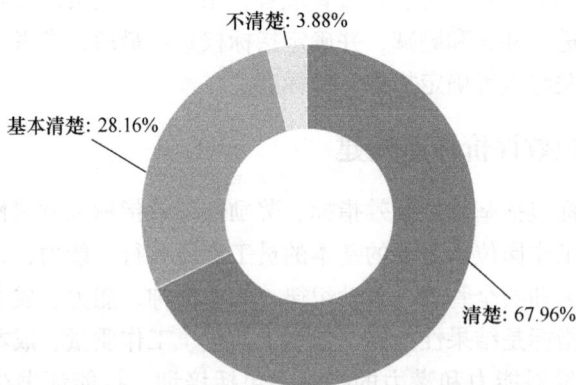

图14-2　公司员工对绩效考核制度的了解程度

分别对中层管理人员、一般管理人员、技术人员、关键生产人员、其他生产和辅助生产人员五类岗位绩效指标重要性调查进行统计分析，确定绩效指标体系。以关键生产人员岗位绩效指标重要性调查为例，基础性、奖励性、发展性绩效指标重要性调查结果分别如图14-3~图14-5所示。

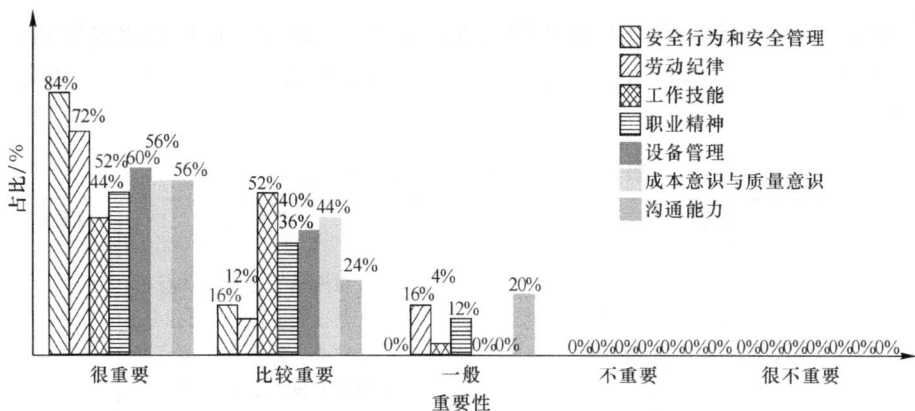

图 14-3 关键生产人员基础性绩效指标重要性调查结果

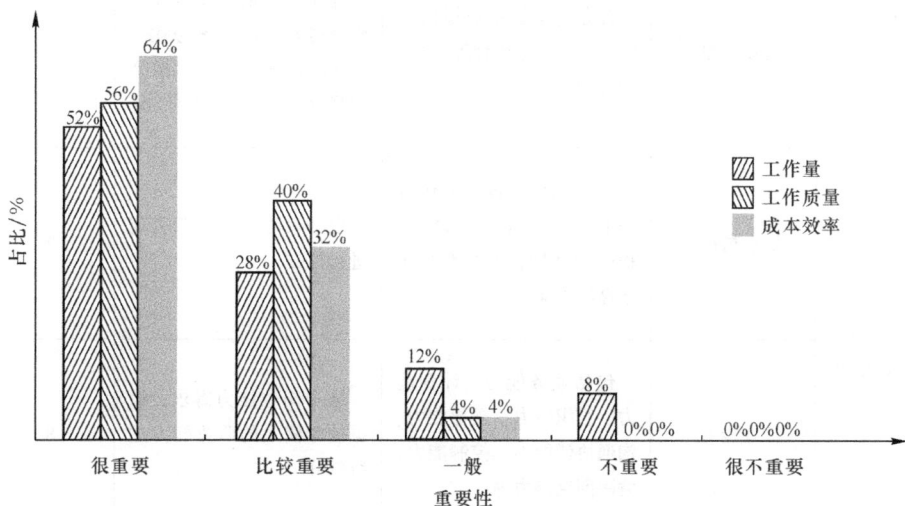

图 14-4 关键生产人员奖励性绩效指标重要性调查结果

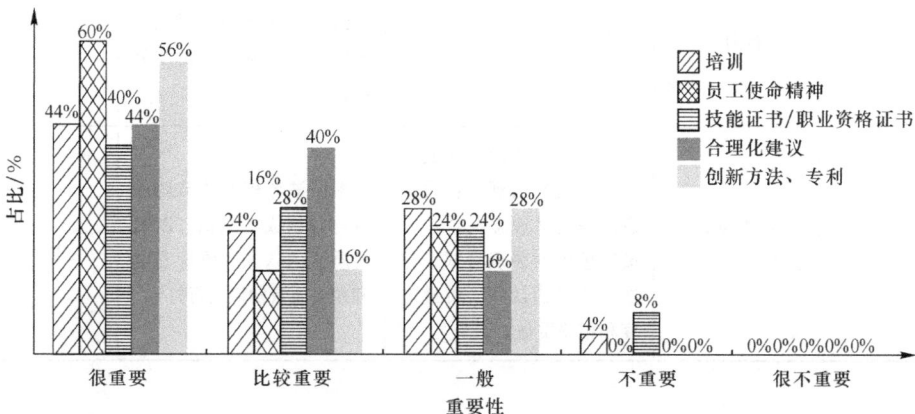

图 14-5 关键生产人员发展性绩效指标重要性调查结果

　　将补充和删减绩效指标后形成的绩效指标体系，根据指标相对重要性调查，利用 AHP 法计算指标权重，最终构建出五类岗位绩效评价指标体系分别见表 14-1～表 14-7。

表 14-1　中层管理人员绩效考核表

类别	考核指标	指标解释	考核方式	权重分值
基础性绩效指标	安全行为和安全管理	遵守和执行公司安全管理制度	根据员工遵守和执行公司安全管理制度情况扣分、扣钱或一票否决（即当期绩效考核总分计 0 分）	20
	劳动纪律	遵守《鞍钢矿业爆破有限公司劳动纪律管理办法》中劳动纪律	违反《鞍钢矿业爆破有限公司劳动纪律管理办法》中劳动纪律规定条款按公司规定执行，并扣 2 分/次	8
	职业精神	包括工作态度、工作责任心、团队协作、诚信、积极主动性、刻苦性与实干性等方面	根据被考核人当期表现进行打分	7
	职业能力	包括业务能力、计划能力、组织能力、领导能力、沟通协调能力、控制能力、解决问题能力等	结合岗位能力需求，根据被考核人的职业能力进行打分	8
	执行力	执行上级指令	根据被考核人当期执行上级指令情况进行打分，不服从上级管理，扣 5 分/次	7
	成本意识与质量意识	成本意识是指节约成本与控制成本的观念；质量意识是质量理念在企业人员思想中的表现形式，包括对质量的认知、质量态度和相关质量知识	根据被考核人的节约成本与控制成本意识，以及对质量的认知、质量态度和相关质量知识进行打分	10

类别	考核指标	指标解释	考核方式	权重分值
奖励性绩效指标	工作量	完成（计划）任务的数量	根据同岗位人员工作量完成的相对量进行主观或客观打分（客观打分：个人该项得分=同岗位人数×该项权重分值×个人完成工作数量/∑同岗位所有人完成工作数量），打分可突破权重分值；另外，对同岗位所有人员未完成（或超额完成）公司计划工作量的，视情况共同扣（或奖励）1~5分	15
	工作质量	对其负责产品/服务的质量实现程度；对产品生产/服务提供的管理情况或是配合情况	根据被考核人所负责的产品/服务的质量实现程度以及相关管理工作/配合工作情况进行打分，对工作质量突出者可奖励1~2分	15
	成本效率	成本支出及效果的指标	根据被考核人工作的相关成本支出及效果进行打分，对于节约成本突出者可奖励1~5分	10
发展性绩效指标	培训及个人发展	培训参加情况及培训是否达到预期效果；取得技能证书/执业资格证书	根据被考核人参加培训的内容及培训效果进行打分，每次最高5分；获得岗位相关技能证书/职业资格证书（含以前取得）高级加15分，中级（一建等）加10分，初级（二建等）加5分	该部分指标分值不设上限
	员工使命意识；合理化建议、创新方法；专利等	员工对工作目标及承载使命有深刻理解和践行；专利；评定小组评估认定的能够为企业带来效益的合理化建议、创新方法；其他有利于公司声誉和发展的突出个人和事件	员工对工作目标及承载使命有深刻理解和践行的，考核组成员视情况给予10~50奖励；获得专利奖励50分；经评定小组评估认定的合理化建议奖励20分、创新方法奖励30分；其他经评定小组评估的有利于公司声誉和发展的突出个人给予一定的积分奖励，每项不低于5分	

表 14-2　一般管理人员绩效考核表

类别	考核指标	指标解释	考核方式	权重分值
基础性绩效指标	安全行为和安全管理	遵守和执行公司安全管理制度	根据员工遵守和执行公司安全管理制度情况扣分、扣钱或一票否决（即当期绩效考核总分计0分）	17
	劳动纪律	遵守《鞍钢矿业爆破有限公司劳动纪律管理办法》中劳动纪律	违反《鞍钢矿业爆破有限公司劳动纪律管理办法》中劳动纪律规定条款按公司规定执行，并扣2分/次	7
	职业精神	包括工作态度、工作责任心、团队协作、诚信、积极主动性、刻苦性与实干性等方面	根据被考核人当期表现进行打分	5
	专业能力	指从事某一职业的专业能力	结合岗位能力需求，由考核组成员根据被考核人的职业能力进行打分	5
	执行力	执行上级指令	根据被考核人当期执行上级指令情况进行打分，不服从上级管理，扣5分/次	8
	沟通能力	沟通能力包括表达能力、倾听能力等	由考核组成员根据被考核人当期表现进行打分	5
	成本意识与质量意识	成本意识是指节约成本与控制成本的观念；质量意识是质量理念在企业人员思想中的表现形式，包括对质量的认知、质量态度和相关质量知识	根据被考核人的节约成本与控制成本意识以及对质量的认知、质量态度和相关质量知识进行打分	8

类别	考核指标	指标解释	考核方式	权重分值
奖励性绩效指标	工作量	完成（计划）任务的数量	根据同岗位人员工作量完成的相对量进行主观或客观打分（客观打分：个人该项得分=同岗位人数×该项权重分值×个人完成工作数量/∑同岗位所有人完成工作数量），打分可突破权重分值；另外，对同岗位所有人员未完成（或超额完成）公司计划工作量的，视情况共同扣（或奖励）1~5分	12
	工作质量	对其负责的有特定质量要求的产品/服务的实现程度；对产品生产/服务提供的管理/配合情况	根据被考核人所负责的产品/服务的质量实现程度以及相关管理工作/配合工作情况进行打分，对工作质量突出者可奖励1~2分	20
	成本效率	成本支出及效果的指标	根据被考核人工作的相关成本支出及效果进行打分，对于节约成本突出者可奖励1~5分	13
发展性绩效指标	培训及个人发展	培训参加情况及培训是否达到预期效果；取得技能证书/执业资格证书	根据被考核人参加培训的内容及培训效果进行打分，每次最高5分；获得岗位相关技能证书/职业资格证书（不低于20分）	该部分指标分值不设上限

类别	考核指标	指标解释	考核方式	权重分值
发展性绩效指标	员工使命意识；合理化建议、创新方法；专利等	员工对工作目标及承载使命有深刻理解和践行；专利；评定小组评估认定的能够为企业带来效益的合理化建议、创新方法；其他有利于公司声誉和发展的突出个人和事件	员工对工作目标及承载使命有深刻理解和践行的，考核组成员视情况给予 10~50 分奖励；获得专利按照公司规定给予相应奖励，并计分不低于 50 分；经评定小组评估认定的合理化建议、创新方法，根据带来的效益给予相应奖励，并计分不低于 10 分；其他经评定小组评估有利于公司声誉和发展的突出个人给予一定的积分奖励，每项不低于 5 分	该部分指标分值不设上限

表 14-3　专业技术人员绩效考核表

类别	考核指标	指标解释	考核方式	权重分值
基础性绩效指标	安全行为和安全管理	遵守和执行公司安全管理制度	根据员工遵守和执行公司安全管理制度情况扣分、扣钱或一票否决（即当期绩效考核总分计 0 分）	20
	劳动纪律	遵守《鞍钢矿业爆破有限公司劳动纪律管理办法》中劳动纪律	违反《鞍钢矿业爆破有限公司劳动纪律管理办法》中劳动纪律规定条款按公司规定执行，并扣 2 分/次	9
	职业精神	包括工作态度、工作责任心、团队协作、诚信、积极主动性、刻苦性与实干性等方面	根据被考核人当期表现进行打分	5
	专业技术知识	所在岗位所需要的专业技术知识	结合岗位所需知识，由考核组成员根据被考核人的专业技术知识掌握情况进行打分	5

类别	考核指标	指标解释	考核方式	权重分值
基础性绩效指标	执行力	执行上级指令	根据被考核人当期执行上级指令情况进行打分，不服从上级管理，扣5分/次	5
	沟通能力	沟通能力包括表达能力、倾听能力等	由考核组成员根据被考核人当期表现进行打分	5
	成本意识与质量意识	成本意识是指节约成本与控制成本的观念；质量意识是质量理念在企业人员思想中的表现形式，包括对质量的认知、质量态度和相关质量知识	根据被考核人的节约成本与控制成本意识以及对质量的认知、质量态度和相关质量知识进行打分	6
奖励性绩效指标	工作量	完成（计划）任务的数量	根据同岗位人员工作量完成的相对量进行主观或客观打分（客观打分：个人该项得分=同岗位人数×该项权重分值×个人完成工作数量/Σ同岗位所有人完成工作数量），打分可突破权重分值；另外，对同岗位所有人员未完成（或超额完成）公司计划工作量的，视情况共同扣（或奖励）1~5分	15
	工作质量	对产品/服务质量生成发挥的作用情况	根据被考核人所负责的产品/服务的质量实现程度以及相关管理工作/配合工作情况进行打分，对工作质量突出者可奖励1~2分	15
	成本效率	成本支出及效果的指标	根据被考核人工作的相关成本支出及效果进行打分，对于节约成本突出者可奖励1~5分	15

类别	考核指标	指标解释	考核方式	权重分值
发展性 绩效指标	培训及个人发展	培训参加情况及培训是否达到预期效果；取得技能证书/执业资格证书	根据被考核人参加培训的内容及培训效果进行打分，每次最高5分；获得岗位相关技能证书/职业资格证书（不低于20分）	该部分指标分值不设上限
	员工使命意识；合理化建议、创新方法；专利等	员工对工作目标及承载使命有深刻理解和践行；专利；评定小组评估认定的能够为企业带来效益的合理化建议、创新方法；其他有利于公司声誉和发展的突出个人和事件	员工对工作目标及承载使命的有深刻理解和践行的，考核组成员视情况给予10~50分奖励；获得专利按照公司规定给予相应金钱奖励，并计分不低于50分；经评定小组评估认定的合理化建议、创新方法，根据带来的效益给予相应奖励，并计分不低于10分；其他经评定小组评估的有利于公司声誉和发展的突出个人给予一定的积分奖励，每项不低于5分	

表 14-4　关键生产人员绩效考核表（有设备管理项）

类别	考核指标	指标解释	考核方式	权重分值
基础性 绩效指标	安全行为和安全管理	遵守和执行公司安全管理制度	根据员工遵守和执行公司安全管理制度情况扣分、扣钱或一票否决（即当期绩效考核总分计0分）	13
	劳动纪律	遵守《鞍钢爆破劳动纪律管理办法》中劳动纪律	违反《鞍钢爆破劳动纪律管理办法》中劳动纪律规定条款按公司规定执行，并扣2分/次	8
	职业精神	包括工作态度、工作责任心、团队协作、诚信、积极主动性、刻苦性与实干性等方面	根据被考核人当期表现进行打分	6
	工作技能	完成工作所需具备的知识、技能、经验等	结合岗位所需技能，由考核组成员根据被考核人的工作技术情况进行打分	7

续表 14-4

类别	考核指标	指标解释	考核方式	权重分值
基础性绩效指标	执行力	执行上级指令	根据被考核人当期执行上级指令情况进行打分，不服从上级管理，扣5分/次	8
	设备管理	对设备的维修、维护、保养等	由考核组成员根据被考核人当期设备维修、维护、保养等情况进行打分	6
	成本意识与质量意识	成本意识是指节约成本与控制成本的观念；质量意识是质量理念在企业人员思想中的表现形式，包括对质量的认知、质量态度和相关质量知识	根据被考核人的节约成本与控制成本意识，以及对质量的认知、质量态度和相关质量知识进行打分	6
奖励性绩效指标	工作量	完成（计划）任务的数量，对关键生产人员的工作量用积分量化	根据同岗位人员工作量完成的相对量进行主观或客观打分（客观打分：个人该项得分＝同岗位人数×该项权重分值×个人完成工作数量/∑同岗位所有人完成工作数量），打分可突破权重分值；另外，对同岗位所有人员未完成（或超额完成）公司计划工作量的，视情况共同扣罚（或奖励）1~5分	22
	工作质量	对产品/服务质量要求的实现程度	根据被考核人所负责的产品/服务的质量实现程度以及相关管理工作/配合工作情况进行打分，对工作质量突出者可奖励1~2分	14
	成本效率	成本支出及效果的指标	根据被考核人工作的相关成本支出及效果进行打分，对于节约成本突出者可奖励1~5分	14

类别	考核指标	指标解释	考核方式	权重分值
发展性绩效指标	培训及个人发展	培训参加情况及培训是否达到预期效果；取得技能证书/执业资格证书	根据被考核人参加培训的内容及培训效果进行打分，每次最高 5 分；获得岗位相关技能证书/职业资格证书（不低于 20 分）	该部分指标分值不设上限
	员工使命意识；合理化建议、创新方法；专利等	员工对工作目标及承载使命有深刻理解和践行；专利；评定小组评估认定的能够为企业带来效益的合理化建议、创新方法；其他有利于公司声誉和发展的突出个人和事件	员工对工作目标及承载使命的有深刻理解和践行的，考核组成员视情况给予 10~50 分奖励；获得专利按照公司规定给予相应金钱奖励，并计分不低于 50 分；经评定小组评估认定的合理化建议、创新方法，根据带来的效益给予相应奖励，并计分不低于 10 分；其他经评定小组评估的有利于公司声誉和发展的突出个人给予一定的积分奖励，每项不低于 5 分	

表 14-5　关键生产人员绩效考核表（无设备管理项）

类别	考核指标	指标解释	考核方式	权重分值
基础性绩效指标	安全行为和安全管理	遵守公司安全管理制度、岗位操作规程	根据员工遵守公司安全管理制度情况扣分、扣钱或一票否决（当期绩效考核总分计 0 分）	14
	劳动纪律	遵守《鞍钢矿业爆破有限公司劳动纪律管理办法》中劳动纪律规定	违反《鞍钢矿业爆破有限公司劳动纪律管理办法》中劳动纪律规定条款扣2分/次	8
	职业精神	包括工作态度、工作责任心、团队协作、诚信、积极主动性、刻苦性与实干性等	由考核组成员根据被考核人当期表现进行打分	6
	工作技能	完成工作所需具备的知识、技能、经验等	结合岗位所需技能，由考核组成员根据被考核人的工作技术情况进行打分	7

类别	考核指标	指标解释	考核方式	权重分值
基础性绩效指标	执行力	执行上级指令	根据被考核人当期执行上级指令情况进行打分,不服从上级管理,扣5分/次	8
	成本意识与质量意识	成本意识是指节约成本与控制成本的观念;质量意识是质量理念在企业人员思想中的表现形式,包括对质量的认知、质量态度和相关质量知识	根据被考核人的节约成本与控制成本意识以及对质量的认知、质量态度和相关质量知识进行打分	7
奖励性绩效指标	工作量	完成(计划)任务的数量,对关键生产人员的工作量考核采用基于积分制的考核	根据同岗位人员工作量完成的相对量进行主观或客观打分(客观打分:个人该项得分=同岗位人数×该项权重分值×个人完成工作数量/Σ同岗位所有人完成工作数量),打分可突破权重分值;另外,对同岗位所有人员未完成(或超额完成)公司计划工作量的,视情况共同扣(或奖励)1~5分	22
	工作质量	对产品/服务质量要求的实现程度	根据被考核人所负责的产品/服务的质量实现程度以及相关管理工作/配合工作情况进行打分,对工作质量突出者可奖励1~2分	14
	成本效率	成本支出及效果的指标	根据被考核人工作的相关成本支出及效果进行打分,对于节约成本突出者可奖励1~5分	14

类别	考核指标	指标解释	考核方式	权重分值
发展性绩效指标	培训及个人发展	培训参加情况及培训是否达到预期效果；取得技能证书/执业资格证书	根据被考核人参加培训的内容及培训效果进行打分，每次最高 5 分；获得岗位相关技能证书/职业资格证书（不低于 20 分）	该部分指标分值不设上限
	员工使命意识；合理化建议、创新方法；专利等	员工对工作目标及承载使命有深刻理解和践行；专利；评定小组评估认定的能够为企业带来效益的合理化建议、创新方法；其他有利于公司声誉和发展的突出个人和事件	员工对工作目标及承载使命有深刻理解和践行的，考核组成员视情况给予 10~50 分奖励；获得专利按照公司规定给予相应金钱奖励，并计分不低于 50 分；经评定小组评估认定的合理化建议、创新方法，根据带来的效益给予相应奖励，并计分不低于 10 分；其他经评定小组评估的有利于公司声誉和发展的突出个人给予一定的积分奖励，每项不低于 5 分	

表 14-6　其他生产和辅助生产人员绩效考核表（有设备管理项）

类别	考核指标	指标解释	考核方式	权重分值
基础性绩效指标	安全行为和安全管理	遵守和执行公司安全管理制度	根据员工遵守公司安全管理制度情况扣分、扣钱或一票否决（即当期绩效考核总分计 0 分）	7
	劳动纪律	遵守《鞍钢矿业爆破有限公司劳动纪律管理办法》中劳动纪律	违反《鞍钢矿业爆破有限公司劳动纪律管理办法》中劳动纪律规定条款按公司规定执行，并扣 2 分/次	13
	职业精神	包括工作态度、工作责任心、团队协作、诚信、积极主动性、刻苦性与实干性等方面	根据被考核人当期表现进行打分	5
	工作技能	完成工作所需具备的知识、技能、经验等	结合岗位所需技能，由考核组成员根据被考核人的工作技术情况进行打分	5

类别	考核指标	指标解释	考核方式	权重分值
基础性绩效指标	执行力	执行上级指令	根据被考核人当期执行上级指令情况进行打分，不服从上级管理，扣 5 分/次	8
	设备管理	对设备的维修、维护、保养等	由考核组成员根据被考核人当期设备维修、维护、保养等情况进行打分	5
	成本意识与质量意识	成本意识是节约成本与控制成本的观念；质量意识是质量理念在企业人员思想中的表现形式，包括对质量的认知、质量态度和相关质量知识	根据被考核人的节约成本与控制成本意识以及对质量的认知、质量态度和相关质量知识进行打分	7
奖励性绩效指标	工作量	完成（计划）任务的数量	根据同岗位人员工作量完成的相对量进行主观或客观打分（客观打分：个人该项得分＝同岗位人数×该项权重分值×个人完成工作数量/Σ同岗位所有人完成工作数量），打分可突破权重分值；另外，对同岗位所有人员未完成（或超额完成）公司计划工作量的，视情况共同扣（或奖励）1~5 分	22
	工作质量	对产品/服务质量要求的实现程度，或是对产品生产/服务提供的配合情况	根据被考核人所负责的产品/服务的质量实现程度以及相关管理工作/配合工作情况进行打分，对工作质量突出者可奖励 1~2 分	14
	成本效率	成本支出及效果的指标	根据被考核人工作的相关成本支出及效果进行打分，对于节约成本突出者可奖励 1~5 分	14

类别	考核指标	指标解释	考核方式	权重分值
发展性绩效指标	培训及个人发展	培训参加情况及培训是否达到预期效果；取得技能证书/执业资格证书	根据被考核人参加培训的内容及培训效果进行打分，每次最高 5 分；获得岗位相关技能证书/职业资格证书（不低于 20 分）	该部分指标分值不设上限
	员工使命意识；合理化建议、创新方法；专利等	员工对工作目标及承载使命有深刻理解和践行；专利；评定小组评估认定的能够为企业带来效益的合理化建议、创新方法；其他有利于公司声誉和发展的突出个人和事件	员工对工作目标及承载使命有深刻理解和践行的，考核组成员视情况给予 10~50 分奖励；获得专利按照公司规定给予相应金钱奖励，并计分不低于 50 分；经评定小组评估认定的合理化建议、创新方法，根据带来的效益给予相应奖励，并计分不低于 10 分；其他经评定小组评估的有利于公司声誉和发展的突出个人给予一定的积分奖励，每项不低于 5 分	

表 14-7　其他生产和辅助生产人员绩效考核表（无设备管理项）

类别	考核指标	指标解释	考核方式	权重分值
基础性绩效指标	安全行为和安全管理	遵守和执行公司安全管理制度	根据员工遵守公司安全管理制度情况扣分、扣钱或一票否决（即当期绩效考核总计 0 分）	16
	劳动纪律	遵守《鞍钢矿业爆破有限公司劳动纪律管理办法》中劳动纪律	违反《鞍钢矿业爆破有限公司劳动纪律管理办法》中劳动纪律规定条款按公司规定执行，并扣 2 分/次	6
	职业精神	包括工作态度、工作责任心、团队协作、诚信、积极主动性、刻苦性与实干性等方面	根据被考核人当期表现进行打分	6
	工作技能	完成工作所需具备的知识、技能、经验等	结合岗位所需技能，由考核组成员根据被考核人的工作技术情况进行打分	6

类别	考核指标	指标解释	考核方式	权重分值
基础性绩效指标	执行力	执行上级指令	根据被考核人当期执行上级指令情况进行打分。不服从上级管理，扣5分/次	8
	成本意识与质量意识	成本意识是指节约成本与控制成本的观念；质量意识是质量理念在企业人员思想中的表现形式，包括对质量的认知、质量态度和相关质量知识	根据被考核人的节约成本与控制成本意识以及对质量的认知、质量态度和相关质量知识进行打分	8
奖励性绩效指标	工作量	完成（计划）任务的数量	根据同岗位人员工作量完成的相对量进行主观或客观打分（客观打分：个人该项得分=同岗位人数×该项权重分值×个人完成工作数量/Σ同岗位所有人完成工作数量），打分可突破权重分值；另外，对同岗位所有人员未完成（或超额完成）公司计划工作量的，视情况共同扣（或奖励）1~5分	22
	工作质量	对产品/服务质量要求的实现程度，或是对产品生产/服务提供的配合情况	根据被考核人所负责的产品/服务的质量实现程度以及相关管理工作/配合工作情况进行打分，对工作质量突出者可奖励1~2分	12
	成本效率	成本支出及效果的指标	根据被考核人工作的相关成本支出及效果进行打分，对于节约成本突出者可奖励1~5分	12

类别	考核指标	指标解释	考核方式	权重分值
发展性绩效指标	培训及个人发展	培训参加情况及培训是否达到预期效果；取得技能证书/执业资格证书	根据被考核人参加培训的内容及培训效果进行打分，每次最高5分；获得岗位相关技能证书/职业资格证书（不低于20分）	该部分指标分值不设上限
	员工使命意识；合理化建议、创新方法；专利等	员工对工作目标及承载使命有深刻理解和践行；专利；评定小组评估认定的能够为企业带来效益的合理化建议、创新方法；其他有利于公司声誉和发展的突出个人和事件	员工对工作目标及承载使命有深刻理解和践行的，考核组成员视情况给予10~50分奖励；获得专利按照公司规定给予相应金钱奖励，并计分不低于50分；经评定小组评估认定的合理化建议、创新方法，根据带来的效益给予相应奖励，并计分不低于10分；其他经评定小组评估的有利于公司声誉和发展的突出个人给予一定的积分奖励，每项不低于5分	

15　融入积分制理念的关键生产人员绩效评价

积分制作为一种本土化绩效管理新方法，利用"积分"模式把员工利益和企业目标捆绑在一起，并被广为关注。积分制绩效管理有利于组织公平，能够为管理者和员工提供及时信息，激发员工的工作积极性，不过积分制绩效管理适用范围存在局限性，不宜全面应用。原因之一在于人的有限理性导致积分指标项无法面面俱到，此外，从考核实施及成本方面考虑面面俱到的积分管理也不切实际。实践也显示，积分制过细将适得其反，如出现员工只关注积分任务，非积分任务无人做的情况。积分制理念比较适用于工作数量和结果易于量化的员工绩效管理，本章将在关键绩效指标法（KPI）、目标管理法（MBO）、平衡计分卡（BSC）、胜任力模型等方法的基础上融入积分制理念，用于爆破人员、行车班司机等关键生产人员的绩效考核。

15.1　应用积分制绩效管理思想评价关键生产人员绩效的适用性分析

因行业特殊性，爆破企业的发展受政府政策等其他外界因素的影响较大。随着国有企业深化改革的推进，爆破行业区域垄断市场的格局被打破，但是绝大多数爆破企业生产仍采用粗放式管理模式，尚未建立完善的绩效管理体系，"干多干少一个样"的观念和现象依然存在，员工忽视绩效工资。在人员混合的混合所有制企业，这种管理模式严重影响了工作积极性，导致了不公平感，不利于混合所有制改革目的的实现。利用积分考核工作效果，将绩效与薪酬等联系起来，能够有效解决公平问题，可以有效解决目前混合所有制爆破企业生产部门员工绩效管理问题。

具体而言，积分制理念融入混合所有制爆破企业生产员工绩效管理主要体现在以下五个方面：一是积分可以更加客观地确定员工工作绩效以及年终奖金。基于积分的绩效评价可以有效区分绩效差异，避免"大锅饭"现象，有助于推进混合所有制企业管理机制改革。二是积分提供了员工追求自身价值的途径。爆破企业生产部门的员工不再局限于物质需求的满足，尤其是年轻一代，还追求精神层面自身价值的肯定；有助于调动原国有企业员工的工作积极性；优秀的员工能够通过工作积分等获取绩效高分，从而得到年终奖、企业福利的倾斜和同行的认可，体会到自身价值实现的满足感。三是积分考核能够解决内部绩效公平问题和绩效管理接受度问题。混合所有制爆破企业生产部门员工人员混合，且文化水平普遍不高，不适合复杂考评方式，工作积分标准是管理人员与员工、员工之间多次协商认同后确定，后期推行反弹程度小。此外，员工分值可自行计算，部门明细随时可查，结果定期公示并可申诉，公开公平。四是积分能够选拔和淘汰员工。此外，以积分高低作为提拔和淘汰员工的依据，真正选拔有能力的员工，且容易使当事人和其他员工信服。五是积分能够优化引导员工行为，有利于创造企业文化。通过积分向混合所有制爆破员工传递信号，引导员工行为向有利于个人和企业的方向发展。营造爆破企业安全为重的企业文化。爆破企业生产部门第一关注点是安全，绩效管理融入积分理念后，员工将为企业部门着想，积极发挥主观能动性，发现工作中的安全隐患、提出合理化建议等，过去不愿管的问题得到了有效关注和解决。综上，融入积分制理念的绩效管理将使混合所有制爆破企业生产部门形成人人重视绩效得分的氛围，形成"干与不干不一样""干多干少不一样""干好干坏不一样"和"贡献大小不一样"的观念，激发员工活力。

在确定绩效指标基本积分时需要进行充分的相对重要性比较，体现积分赋值的合理性。在考核员工确定绩效积分时需要进行充分的员工间横向比较、与既定目标比较，体现公平性。对于混合所有制企业来说，员工间的横向比较不仅考虑工作量、工作难度、技术等特征，还要考虑员工的"身份"特征。一刀切的公平往往会引发原国有企业员工对绩效管理的抵制。需要在任务积分设置时考虑承担任务员工的身份特征，体现对原国有企业员工的照顾，体现出相对公平，而非绝对公平，这也是混合所有制企业初期阶段进行绩效管理的典型混合特征以及不同文化融合的必然选择。

下面在任务流程分析、关键绩效指标法等基础上确定相关关键生产岗位的绩效考核指标，并在相对重要性原则、考虑文化融合的公平原则、目标管理原则等基础上对相关绩效指标基本积分赋值，设计绩效考核积分。

15.2 基于积分制的爆破人员绩效评价体系

15.2.1 融入积分制理念的井下爆破人员绩效评价体系

井下爆破分中深孔爆破、装药车爆破、二次爆破大块、眉线爆破、溜井棚爆破、卡块爆破、开帮压顶根底爆破等爆破工作。根据作业性质和作业时间，爆破工作又分为（白班）装药车爆破、夜班爆破、白班爆破。爆破工作属于高危作业，夜间施工增加了危险系数，因此，在绩效考核时，爆破夜班以安全为主，主要考核爆破质量，不考核工作量。爆破相关人员考核先进行班组考核，在班组考核后进行个人考核。在实践过程中，先初步确定工作量计算办法，再试行，如发现问题，相关工作人员及公司领导共同协商修改方案，直至达成共识，确定最终的工作量计算办法。

15.2.1.1 对白班爆破班组、装药车班组绩效考核

小组每月工作量计算参考当月完成的各项爆破量总和，小组每日工作量计算参考当日完成的工作。工作量具体计算标准如下。

（1）中深孔爆破工作量计算：用装药器装药按实际爆破量100%归班组。

（2）装药车爆破工作量计算：金能乳化装药70%爆破量为小组工作量；诺尔曼特装药车装药80%爆破量为小组工作量；考虑切割爆破量较少，与工作量不相匹配，切割工作量定为1000吨/排；其他情况视实际情况而定。装药车班组依照本班组制定的绩效考核办法执行。

（3）二次爆破大块：按照浅孔凿岩爆破5吨/块，采场裸露药包爆破10吨/次计算。

（4）眉线爆破：每个眉线50吨/次工作量起，具体工作量根据现场实际情况确定。

（5）溜井棚、卡块爆破：处理溜井棚、卡块每次500吨/次工作量，其中，送药包爆破员350吨/次，放线爆破员150吨/次。

（6）开帮压顶根底爆破：开帮200吨/排，压顶根底100吨/孔。

（7）不具备爆破条件时，在井下等待中深孔爆破班组，等到规定时间时还不具备爆破条件的班组得到500吨工作量；井上等待中深孔爆破作业班组，视实际情况给予300~500吨工作量。

（8）公司及领导下达的外援爆破作业任务，视实际情况给予该班组适当工作量。

（9）临时工作或不可预见爆破作业，经绩效考核小组会议权衡后，给予作业班组适当工作量。

（10）进入作业区，必须规范作业，不得违章作业。如内部检查发现问题，则给予一定处罚，核减爆破工作量（500吨起），如上级部门发现问题，视实际情况进行处罚，核减一定爆破量。

当月的1号~月末最后一天为本月计算天数，每月的爆破工作量由技术员负责统计。

15.2.1.2 夜间爆破班组绩效考核

夜间爆破班组绩效考核以服务质量为主，出矿单位向项目部提出爆破效果差影响生产，项目部对夜班爆破组采用200元/次扣钱考核；矿建公司向项目部提出爆破效果差影响生产，项目部对夜班爆破组采用400元/次扣钱考核；井下分公司向项目部提出爆破效果差影响生产，项目部对夜班爆破组采用800元/次扣钱考核。上级部门现场班组检查出问题，项目部依据影响情况对班组给予工作量或经济处罚。

15.2.1.3　班组绩效内部分配

每组暂按 6 人配置，每天 100 分基数。根据个人绩效考核基础得分进行爆破班组绩效内部分配。爆破人员绩效考核按照第 14 章表 14-5 关键生产人员绩效考核表（无设备管理项）进行考核，工作量考核办法如下。

A　基于积分制的班组人员工作量计算

（1）举管手（1 人）18 分/排；

（2）协助举管手（1 人）、放线手（1 人）、打药操作手（1 人），3 人 48 分，每人各 16 分/排；

（3）顺管手（1 人）15 分/排；

（4）警戒员（1 人）13 分/排；

（5）验炮员（2 人）2 人 6 分，每人各 3 分/排。

B　基于多劳多得的工作量考核得分计算

个人的工作量考核得分=个人每日分值累加×工作量考核权重分值/∑个人每日分值累加

15.2.2　融入积分制理念的地面站爆破人员绩效考评体系

地面站爆破人员绩效考核主要从安全行为、工作质量和工作量等方面展开。

15.2.2.1　安全行为考核

安全行为与安全管理考核按以下标准执行。

（1）违反以下规定，每次扣 5 分：

1）进入作业现场须正确佩戴劳保用品。

2）爆破作业人员持证上岗。

3）严禁在易燃易爆岗位上吸烟。

4）班前进行重点部位安全交底，分工要明确。

5）工作中执行互保制、确认制、呼唤应答制。

6）爆破区外 50 米设警戒线、立标志牌，设专人监护。

7）导爆管与电缆保证足够的距离（15 米以上）。

8）进入爆区严禁携带火种、手机。

9）发放起爆弹必须轻拿轻放，不得随便抛掷。

10）发放火工品要严格履行出入库手续。

11）搬运火工品时不得随意拖拉、冲撞摔扔。

（2）违反以下规定，每次扣 4 分：

1）不得迟报（事故发生 0.5 小时后），隐瞒事故真相。

2）不得违反岗位安全操作技术规程及有关安全管理规章制度，不违章作业（操作）和违章指挥。

3）对上级公司下达安全隐患指令书完全执行，经复检不得存在同样问题。

4）各类爆破警戒安排管理不能有漏洞。

5）不得私自贮存爆材，要按规定退还未使用爆材。

6）保管员在工作中严格执行"五双制"。

（3）违反以下规定，每次扣 3 分：

1）在规定时间内对安全隐患指令书进行整改，采取临时防范措施。

2）项目部布置日常工作要按时完成。

3）作业间歇中，作业人员撤离现场时，安全防护措施要及时恢复。

4）现场警戒要规范。

5）爆区内残留炸药不得超 20 千克。

6）炮孔填塞不能使用超规格的填塞物（不能超过 30 毫米）。

7）防爆箱实行双人双锁。

8）不得从事与本岗位无关的工作。

9）上道工序不能给下道工序制造安全隐患。

10）安全防护装置要坚实可靠，个体防护要求标准。

11）危险处所设立安全警示标志。

12）安全帽佩戴规范。

13）班前安全交底安全措施要具体，分工明确。

14）不得违反岗位安全操作规程和习惯作业。

（4）违反以下规定，每次扣 2 分：

1）冬季爆区除冰等防滑措施要落实。

2）对临时安排的工作及时组织落实。

3）作业前须清楚现场存在的危险因素。

4）安全教育培训、考试、会议不得无故缺席，各类培训考试需及格。

5）班组安全教育、培训、检查、考核等安全基础工作执行轨迹无明显漏洞。

6）安全常识要熟练，清楚事故急救电话，止血、包扎等简单事故应急处理方法要会。

7）班组安全活动记录本填写要规范，不得撕页、乱画、丢失等。

8）班组、岗位防暑降温措施落实无漏洞。

9）休息室、更衣室、办公室等物品摆放规范，卫生不得脏、乱、差。

10）不得用铁锹接触炸药。

15.2.2.2　工作质量考核

工作质量考核从过程质量和结果质量两个角度进行考核。当结果出现质量问题，视情况扣 3~10 分，过程质量考核参照以下标准执行。

（1）违反以下规定，每次扣 5 分：

1）爆破作业前检查爆破使用工器具，保证齐全有效。

2）爆破作业前检查作业环境，并清理爆破区前方 100 米侧方 70 米后方 50 米以内的设备、车辆，告知及时撤离。

3）装药前要进行炮孔检查，准确测量孔深及有水炮孔的水深并做好记录。

4）检查炮孔孔口时，孔壁有松动石块及时清理，发现堵孔及时通知在场的技术人员。

5）爆破员用 IC 卡领取爆材，每人每次领取量不得超过限额，严禁代领代发。

6）爆材发放时，领取人员要对所领取爆材的数量进行核对做到准确无误，并在爆材现场记录上签字。

7）装药时必须按技术员审核药量及炮孔装药标签上的审核药量装药注药，未经许可不得随意更改药量。

8）装乳化铵油炸药时，输药管应插入距孔底 0.5~1 米处，匀速提升。

9）装药时测量余高，保证装药或填塞符合设计规定，测量余高人员发现异常要及时汇报，技术员、爆破班长现场确定处理方案。

10）填塞前要确认起爆具仍在药柱之内，装填乳化铵油炸药炮孔的填塞应在沉降和敏化后进行，间隔时间：夏季不小于 15 分钟、冬季不小于 25 分钟。

11）乳化炸药填塞前，应当正确放置隔渣器；填塞时禁止刮碰挤压导爆管，发现异常及时上报现场技术人员，没有特殊要求必须满填塞，水孔填塞后应观察其沉降与否，如有沉降应进行补填，确保填塞高度。

12）严格按爆破设计进行连线，连线过程中禁止无关人员进入连线区域。

13）警戒人员须佩戴袖标，手持红旗、携带对讲机保持必要的联系。

14）警戒人员到指定区域进行警戒，不得漏岗、串岗。

15）发现无关车辆、人员擅自闯入 300 米爆破警戒区域，必须进行禁止。

16）爆破班长要确认警戒人员负责区域警戒是否完成；不能准时响炮要及时上报相关人员。

17）爆破前 5 分钟要按要求拉响警报。

15.2.2.3　工作量考核

A　基于积分制的工作量计算

爆破工作包括炮孔检查、装药、测量余高、炮孔填塞、药管拖拽协助、验炮工作、根底处理等,爆破班组人员经过充分讨论确定各工作计分分值。当一项工作由多人承担时,根据贡献情况分别计分,见表15-1。

表15-1 爆破工作计分标准

工 作	工作计分分值
炮孔检查	6分
保管员现场发放爆材	10分
爆材领取和分发	9分
装药	9分
测量余高	8分
药管拖拽协助	10分
炮孔填塞	10分
警戒	12分
起爆网络连线	9分
起爆	8分
验炮工作	10分
根底处理	36分
处理堵孔	5分
处理爆破垃圾	2分

注:工作计分可以根据实际情况进行调整,直到相对合理,并被大部分被考核人接受。

个人月工作量积分 = $\sum$ 当月每日工作量积分

当月的1号~月末最后一天为本月计算天数,每月的工作量由技术员负责统计,当月绩效工资由综合管理员负责统计。

B 基于多劳多得的工作量考核计算

个人工作量考核基础得分公式:

个人工作量考核基础得分 = 爆破员人数×工作量权重分值×个人工作量积分/$\sum$ 所有人员工作量积分

C 基于计划与实际完成情况的奖惩考核

奖惩分根据计划完成情况和实际完成情况按照以下标准进行考核。

项目部根据生产任务下达班组每月爆破量计划:

班组月计划爆破量 = 月工作天数×班组每天计划爆破量

班组月实际爆破量 = $\sum$ 班组当月每天实际爆破量

爆破班组月实际爆破量与班组月计划爆破量进行比较,如未完成计划工作量,未完成计划在10%以内的,每低一个百分点,爆破班组每人扣1分;未完成计划超过10%的,爆破班组每人扣12分;如超额完成计划工作量,超额完成计划 5%以内的，每超一个百分点，加 1 分，超额完成计划 5%以上的，每超一个百分点，加 1.5 分。

个人工作量考核综合得分公式：

个人工作量考核综合得分＝个人工作量考核基础得分＋奖惩分

15.3　融入积分制理念的司机绩效评价体系

15.3.1　融入积分制理念的牙轮钻机司机绩效评价体系

牙轮钻机司机的考核主要从安全行为、工作量、工作质量和成本效率等方面进行考核。

15.3.1.1　安全行为和安全管理考核

（1）违反以下规定，每次扣 5 分：

1）进入作业现场正确戴安全帽。

2）高处作业正确系安全带。

3）停、送柱开关时按标准穿戴防护用品。

4）钻机作业人员持证上岗。

5）班前进行安全交底。

6）工作中执行互保制、确认制、呼唤应答制。

7）电气检查执行停电、验电或单人作业。

8）应停机进行的设备检查、注油、维护、调整时必须停机。

（2）违反以下规定，每次扣 4 分：

1）不得迟报（事故发生 0.5 小时后）、隐瞒事故真相。

2）现场安全管理要认真，在设备、设施和环境上不得有重大事故隐患。

3）不得违反岗位安全操作技术规程及有关安全管理规章制度，不进行违章作业（操作）和违章指挥。

4）对上级公司下达安全隐患指令书给予完全执行，经复检不得存在同样问题。

5）不能让非钻机作业人员操作钻机。

6）电源牌、操作牌与实际开停设备要相符。

7）不能随意动用非本岗位设备。

8）倒合闸操作要先验电。

（3）违反以下规定，每次扣 3 分：

1）在规定时间内对安全隐患指令书及时整改，并采取临时防范措施。

2）设备存在重大安全隐患要及时安排整改或设立明确临时性防范措施。

3）检修、点检、处理设备隐患、施工等执行换牌制度。

4) 检修作业应该采取安全措施，禁止冒险作业。

5) 不可用一线一地方式接照明及工具。

6) 电气作业在生产现场、高低压室及自行处理设备问题，须挂"有人作业，禁止合闸"标志牌。

7) 电源牌、操作牌、检修牌按定置摆放。

8) 项目部布置日常工作按时完成。

9) 作业间歇中，作业人员撤离现场时，安全防护措施及时恢复。

10) 不得用湿抹布擦抹电气设备。

11) 电线（缆）在水中不得有接头。

12) 移动高压带电电缆时，须使用电缆钩子，戴绝缘手套。

13) 作业时或设备移动时不得攀登、踩踏安全栏杆及跨越安全栏杆。

14) 检修后及时恢复安全装置、安全设施。

15) 不得从事与本岗位无关的工作。

16) 上道工序不能给下道工序制造安全隐患。

17) 特种设备安全装置要齐全或定期组织校验。

18) 安全带、安全绳等要规范。

19) 安全防护装置要坚实可靠，个体防护要求标准。

20) 危险处所设立安全警示标志。

21) 安全通道要时刻保持畅通。

22) 电缆外绝缘破损、断裂、腐蚀严重，要立即更换。

(4) 违反以下规定，每次扣 2 分：

1) 安全帽带佩戴规范。

2) 班前安全交底安全措施具体，分工明确。

3) 设备除尘设施及时开动、清灰要及时。

4) 钻机安全装置完好。

5) 检修作业换牌要标准。

6) 按要求传达项目部的安全信息、制度、文件等。

7) 事故安全信息及时传达、按规定要求组织事故案例讨论。

8) 带电高压电缆不得在水中浸泡。

9) 检修、清扫、维护电器设备、设施时采取安全防护措施。

10) 固定安全防护装置、设施损坏时要及时更换、及时修复。

11) 对临时安排的工作及时组织落实。

12) 安全防护装置要标准。

13) 高压电缆接头要包扎彻底，加套管，与机体采取隔离措施，雨雪天接头处须垫起。

14）电线（缆）及灯丝不得裸露。

15）电缆保护管不得腐蚀或开焊。

16）配电盘前要有绝缘胶皮，胶皮无积水。

17）使用人字梯子，梯子下端设固定绳，使用梯子有专人扶。

18）作业前应清楚现场存在的危险因素。

19）检修作业换牌记录填写要规范。

20）安全标志、警示牌无破损、牢固、不得涂抹、字迹要清晰。

21）备品、备件定置摆放，摆放牢固，新旧备件分类摆放，区域定置标识，定置牌统一、字迹清晰、整体清洁。

22）班组安全活动记录本填写规范，不得撕页、乱画、丢失。

23）班组、岗位、机台防暑降温措施落实无漏洞。

24）休息室、更衣室、办公室、仪表室、操作室等物品摆放规范，卫生不得脏、乱、差。

25）班组办公室、休息室、更衣室内各箱、柜、桌椅、开关等整洁，无灰尘，室内衣物按要求存放。

26）班组灭火器及灭火设施到期及时更换，摆放位置适当。

27）设备高压电缆防护规范，有防护装置。

28）公路故障钻机前后设警示牌。

29）各类电气开关箱内不得存放杂物。

30）开关箱操作开关按钮有操作功能标识。

31）班中不得脱岗、串岗。

32）爆破区装药前，设备必须及时转出。

15.3.1.2　工作量考核

A　基于积分制的工作量计算

钻机工作量赋分以钻孔按米作为计算基础，同时要考虑岩石性质及硬度的不同、钻孔作业条件进行系数调整，调整系数见表 15-2。

表 15-2　钻机工作量调整系数

作业条件	调整系数
普通岩石	1
矿石	1.2
极贫矿	1.5
掘沟钻孔	3

注：调整系数可根据实际情况进行调整，直到相对合理，并被大部分被考核人接受。

钻机班组人员工作量计算公式：

钻机班组人员钻孔工作量＝钻孔米数×调整系数

如果遇到特殊岩层、掘沟钻孔条件极差影响钻孔，可向考核小组申诉，经考核小组认定后调整系数。

B　基于多劳多得的工作量考核

钻机班组人员工作量考核基础得分计算公式：

班组人员工作量考核基础得分＝工作量权重分值×班组数×班组工作量积分/∑各班组工作量积分

C　基于计划与实际完成情况的奖惩考核

单机台需完成当月布置的穿孔量，如未能完成，实际穿孔量比计划穿孔量每少500米（不足500米按照500米计），该机台每人扣2分。当月单机台由于待作业场地或计划检修原因，视情况给予相应的工作量积分。如果因设备故障维修时间过长导致没有完成生产任务，该机台检修人员扣2分。

单机台超额完成当月布置的穿孔量，每超过一个百分点加1分。

钻机班组人员工作量考核综合得分计算公式：

钻机班组人员工作量考核综合得分＝班组人员工作量考核基础得分+奖惩分

15.3.1.3　工作质量考核

工作质量考核从过程质量和结果质量两个角度进行考核。当结果质量出现问题，视情况扣3~10分，过程质量考核参照以下标准执行。

如违反以下规定，扣3~10分：

1）扬尘污染：产尘设备在正常运转作业时，除尘设施必须正常运行。如除尘设施突发故障必须立即停车，并向工程事业部汇报。

2）噪声污染符合相关规定和要求。

3）钻孔验收：打好的炮孔要由钻机司机实测孔深，孔深要达到设计要求，并填写钻孔作业标签并压在孔口；孔距排距要达标。

4）钻孔维护：钻机司机负责对本班炮孔进行扒渣维护，雨季要按"蚁穴"扒渣法扒渣并留有泄水口，采用"护孔器"保护炮孔；钻机司机负责看护爆区炮孔不被碾压破坏。

5）爆破质量问题：爆破质量问题鉴定为爆破人员打孔原因导致。

15.3.1.4　成本效率考核

牙轮钻机成本效率考核主要包括定额备件费（包括钻头、钻杆、稳杆器）、限额材料费（包括材料油脂、备品备件）。

定额备件（包括钻头、钻杆、稳杆器）费，根据定额每超定额比例的 10%，按定额备件费超出部分的 50% 处罚，根据定额每节约定额比例的 5%，按照定额节约部分的 40% 比例进行奖励。

限额材料（包括材料油脂、备品备件）费，根据定额每超定额比例的 10%，按定额备件费超出部分的 50% 处罚，根据定额每节约定额比例的 5%，按照定额节约部分的 40% 比例进行奖励。

如遇到特殊地质条件，应及时汇报，并经考核组认定后可酌情修正定额。成本效率考核周期为半年。

15.3.2　融入积分制理念的行车班组绩效考核体系

行车班人员包括多功能车司机、制药工，铵油车司机、制药工，爆材车司机、押运，配送车司机、押运等，按照表 14-5 进行考核，安全行为、工作量、工作质量考核按照以下标准执行。

15.3.2.1　行车班安全行为绩效考核

（1）违反交规、发生交通事故，按照以下规定进行考核：

1）违反交规，扣 6 分/次。

2）由单机台人员原因导致轻伤及以上安全事故、交通事故、重大设备及火灾事故的，单机台相关人员当月绩效考核计零分，扣除全部绩效工资。

（2）违反以下规定，每发现一次，罚款 50 元，该项考核计零分：

1）上岗前穿戴好劳动保护用品。

2）出车前检查车辆六大安全装置（灯光、喇叭、雨刷器、刹车、转向、后视镜）及消防器材，确保完好有效方可出车。

3）车辆加原料时要注意瞭望、确认、鸣笛，并在检测工指挥下移动车辆。

4）车辆行驶过程中要严格遵循车辆道路运输相关法规规定，严格按公安部门批准的行车路线行驶，如遇特殊情况需改变行车路线必须报告公司调度室，公司调度室再报请相关部门批准方可改变行车路线。

5）严禁超员乘坐及非生产人员搭乘，严禁吸烟和接打手机。

6）中途不准无故停车，如遇特殊情况停车超 5 分钟时，必须第一时间通报作业区调度，作业区调度通报公司调度，并将该车停车时间及原因记录在图表上。

7）不准超速行驶，行驶速度：公路行驶时速不得超过 70 千米；高速行驶时速不得超过 80 千米；通过铁路道口、冰雪、泥泞的道路时，时速不得超过 30 千米；斜坡道上行驶时速不得超过 15 千米。

8）两车行车间距：在平坦的道路上不小于 50 米，上下坡时不小于 300 米。

9）冬季在冰雪路面行驶时，必须采取防滑措施方可行驶。

10）车到现场，执行爆破现场相关安全规定，进入警戒范围内必须将手机关闭，听从爆破人员指挥，确认周围环境安全。

11）作业过程中驾驶员集中注意力，多瞭望，多确认，与其他多功能车必须保持不小于15m的安全距离。不准在作业中擅自使用手机等通信设施，不准使用车载或者自带播放器听音乐等一切与工作毫无关联的事情。

12）炸药检测工在处理堵料过程中，必须与司机做好联系、确认，严禁移动车辆。

13）如果作业过程中设备出现状况，必须到警戒线以外联系调度。制药作业完毕后，车辆离开警戒区域后可以恢复外界通信。

14）制药过程中，密切关注各泵压力、转速情况，不许违规操作。

15）制药结束后，将残药打入炮孔内，冲洗系统，返回地面站。

16）严禁带故障出车，车辆安全装置必须安全可靠方可出车。

17）车辆运行期间不得关闭 GPS 系统。

15.3.2.2　多功能车相关人员工作量与工作质量绩效考核

A　工作量考核

a　基于积分制的工作量计算

多功能车单机台配司机和炸药制药工各一人，其工作量计分相同，每趟出车工作量计分包括运距分和产量分，运距分和产量赋分分别见表15-3和表15-4。

表 15-3　运距分值表

项目	A	B	C	D	E	F	G	K
化工厂								
A	—							
B	—	—						
C	—	—	—	—				
E	—	—	—	—	—			
F	—	—	—	—	—	—		
G	—	—	—	—	—	—	—	

注：1. 左列为出发地点，第一行为达到地点；

　　2. 运距赋分可以根据实际情况进行调整，直到相对合理，并被大部分被考核人接受。

表 15-4　产量赋分表

不同类型多功能车装药量	产量赋分
1 吨现场装药（有铅头）	
1 吨现场装药（无铅头）	
1 吨现场装药（细铅头）	

注：产量赋分可以根据实际情况进行调整，直到相对合理，并被大部分被考核人接受。

月工作量积分计算公式：

多功能车单机台相关人员月工作量积分 = ∑ 多功能车单机台日工作量积分

当月的 1 号~月末最后一天为本月计算天数，每月的单机台工作量由行车班班长负责统计，当月绩效工资由综合管理员负责统计。

b　基于多劳多得的工作量考核得分计算

多功能车单机台相关人员工作量考核得分 = 多功能车单机台数量×工作量权重分值×单机台月工作量积分/∑各单机台月工作量积分

B　工作质量考核

工作质量考核从过程质量和结果质量两个角度进行考核。结果质量主要根据客户反馈的爆破质量问题，如爆破质量问题鉴定为与制药有关，视情况扣 3~5 分，过程质量考核参照以下标准执行。

违反以下规定，扣 5 分/次：

（1）乳化铵油炸药车现场装药时要执行孔底装药，即将输药管放到孔底，再提升 200 毫米左右，打药 50 千克左右，再缓慢匀速提升输药管，确保输药管头在药面以下装药。

（2）乳化铵油炸药车司机在装药过程中要密切关注敏化剂的加入情况，即每装一个孔看一次司机室后侧的敏化剂流量计浮漂，确保敏化剂能够正常加入乳化基质中。

（3）严格按照单车生产 300 吨炸药进行一次校车和爆速检测，有炸药车单位要定期向民爆事业部上报校车和爆速检测计划，民爆事业部及时将计划上报安全保卫技术中心，校车合格后，严格禁止操作人员擅自调节各种涉及配比的开关阀门。未按要求提供校车和爆速检测计划、校车后擅自调节涉及配比的开关阀门考核 500 元/次。计划上报安全保卫技术中心没有及时组织校车和爆速检测由安全保卫技术中心内部考核。

（4）乳化铵油炸药车检测工在现场制药过程中应做三次密度检测，即初始制药、中间、快结束制药三次，并做好记录。

15.3.2.3 铵油车相关人员工作量与工作质量绩效考核

A 工作量考核

a 基于积分制的工作量计算

多功能车单机台配司机和炸药制药工各一人，其工作量计分相同，每趟出车工作量计分包括运距分和产量分，运距分和产量分分别见表 15-5 和表 15-6。

表 15-5 运距赋分表 (分)

名称	A 项目部	B 项目部	C 项目部	D 项目部	E 项目部	F 项目部	G 项目部	H 项目部
化工厂								

注：1. 左列为出发地点，第一行为达到地点；
    2. 运距赋分可以根据实际情况进行调整，直到相对合理，并被大部分被考核人接受。

表 15-6 产量赋分表

装药量	产量赋分
1 吨炸药现场装药	

注：产量赋分可以根据实际情况进行调整，直到相对合理，并被大部分被考核人接受。

b 基于多劳多得的工作量考核得分计算

铵油车单机台相关人员工作量考核得分＝铵油车单机台数量×工作量权重分值×单机台月工作量积分/∑各单机台月工作量积分

B 工作质量考核

工作质量考核从过程质量和结果质量两个角度进行考核。结果质量考核主要根据客户对现场装药质量的反馈，并结合爆破质量问题分析确定责任（注：化工原料制备厂分析结论允许与客户反馈不一致），视情况扣 3~5 分，过程质量考核参照以下标准执行。

违反以下规定，扣 5 分/次：

（1）严格按照单车生产 300 吨炸药进行一次校车和爆速检测，有炸药车单位要定期向民爆事业部上报校车和爆速检测计划，民爆事业部及时将计划上报安全保卫技术中心，校车合格后，严格禁止操作人员擅自调节各种涉及配比的开关阀门。

（2）每周检查清洗一次铵油炸药车喷油嘴，检查内容主要包括油嘴是否被杂质堵塞，密封胶垫是否老化，喷油嘴是否成雾状。

（3）铵油炸药车检测工在现场制药过程中应做不低于三次密度取样目测检查，即初始制药、中间、临结束制药三次，制药过程中要随时观测检查，发现异常查明原因并处理正常后再继续制药。

16 基于 Web 技术的绩效考核系统开发与应用

传统的绩效考核需要投入大量的人力、物力和财力。将信息化技术引入到绩效管理中可以大大节约考核投入的人力和时间，并且大幅提升绩效数据的管理效率。利用 Web 技术开发绩效考核系统用于部门/生产经营单位绩效考核和员工绩效考核。

16.1 绩效考核系统需求分析

绩效管理的目的是对员工行为进行激励和约束，调动员工工作积极性和创造性，提高工作效率，保证工作质量。根据鞍钢爆破绩效管理的需要，企业绩效考核主要分为部门级绩效考核和员工级绩效考核。为了改变传统纸质化绩效考核方式，提升绩效考核效率，公司决定开发绩效考核系统。通过绩效考核系统的使用能够及时、方便地进行绩效评价、绩效查询，便于绩效考评的优化和信息反馈，降低绩效考核成本。

16.1.1 系统需求概述

鞍钢爆破的绩效考核是在综合考虑部门业务、员工任务、组织架构、人员岗位等基础上进行分类考核。通过绩效考核，获取所有员工的绩效水平，为发放薪酬、评优、晋升、培训等获得基础数据，起到激励、约束和引导员工行为作用；通过绩效考核，获取部门/生产经营单位绩效水平，为年终奖发放提供依据。

通过绩效考核系统，全面实现鞍钢爆破部门/生产经营单位和员工绩效考核数字化、规范化管理。绩效考核系统管理员在进入系统后，可以上传最新的考核表同时保存旧的考核表，方便以后查看使用，也可以进行覆盖操作。考核人员登录系统，可以查看需要考核的对象及相应的评价指标体系，并根据评价标准进行绩效评价。被考核人员登录系统后可以查看基本信息的权限，查询具体绩效评价指标得分及绩效汇总。通常来说，管理人员既是考核人员，也是被考核人员，在实现 360 度考核时，所有员工既是考核人员，也是被考核人员。

在绩效考核系统开发过程中，通过实地调研，对企业各类职位考核、部门考核进行特征分析和分类，降低系统开发工作，减少系统开发过程中的工作重复。

16.1.2 可行性分析

鞍钢爆破绩效考核系统开发是为了满足绩效管理的需求，能够提升绩效考核的效率，应在技术上、经济上、操作使用上具有可行性。

（1）技术可行性。鞍钢爆破绩效考核系统开发基于 B/S 开发技术架构、SQL 数据库技术，这些技术已被国内外无数的系统开发商和研究学者进行了实践检验，技术成熟，因此，鞍钢爆破绩效考核系统开发具有技术可行性。

（2）经济可行性。鞍钢爆破绩效考核系统作为一个小型软件，相对来说系统开发比较简单，开发费用较低。但是，绩效考核系统的使用可以通过数字化、网络化的绩效评价，大大减少绩效考核的时间、人力成本，显著降低绩效考核成本，经济上具有可行性。

（3）操作使用可行性。绩效考核系统界面、功能清晰，系统操作使用简单，对使用者的计算机水平要求不高。并且，系统实现后，系统开发人员会提供详细的操作手册，还会对系统使用人员进行专门培训，可以保证系统的操作使用。此外，本绩效考核系统作为基于 Web 的系统，不需要安装，使用方便，综合来看，本绩效考核系统具有很好的操作使用性能。

16.1.3   系统开发目标

鞍钢爆破绩效考核系统开发目标包括：

（1）绩效考核系统中的绩效考核内容。绩效考核内容符合鞍钢爆破实际需求，符合公司长期发展需要。绩效考核指标是引导部门/生产经营单位、员工工作和努力的方向，因此在系统设计与实现过程中，要强化指标管理，从而与鞍钢爆破实际需求最大契合。只有合适的考核指标，系统才有应用的价值。

（2）绩效考核系统使用。系统操作便捷，访问方式灵活，不需安装程序，方便系统维护与更新；基于 B/S 架构的开发绩效考核系统，既可以实现系统远程操作，也能够提高绩效考核的工作效率。

绩效考核信息公开，可以更好地接受大家的监督，更好地实行绩效管理。绩效考核信息反馈，可以通过绩效考核系统反馈绩效信息及异议，方便沟通交流。

16.1.4   系统功能需求

鞍钢爆破绩效考核管理系统包括员工绩效考核系统和部门/生产经营单位绩效考核系统。

16.1.4.1   员工绩效考核系统功能需求

鞍钢爆破员工绩效考核系统的主要功能包括绩效考核管理、人员信息管理、年终奖分配。针对企业员工绩效考核管理及人员信息管理设置相应的功能模块，系统中具体包括了绩效管理、人员信息管理、年终奖分配模块。

公司总管理员、部门管理员、绩效考核人员和绩效被考核人员对系统有着不同的功能需求，通过系统用户进行角色分析和需求分析，对不同人员设置不同的功能权限。鞍钢爆破绩效考核系统设计是按照软件学中 UML 方式进行，绩效考核系统中的绩效考核管理、人员信息管理等功能如图 16-1 所示。总管理员、部门管理员、绩效考核人员和绩效被考核人员的权限不同，公司总管理员具备最高权限，能够设置、更新绩效评价指标体系，设置考评人员，查询绩效考核信息，还对人员信息、管理员信息进行管理。

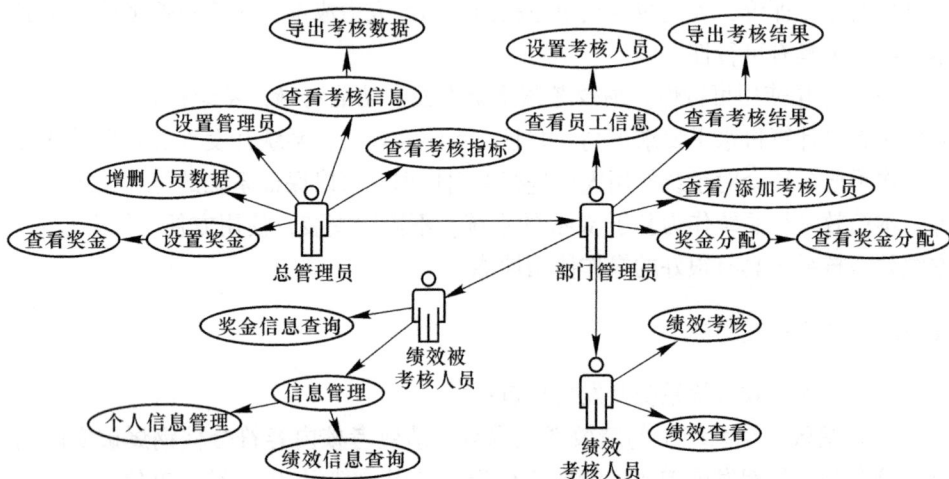

图 16-1　系统功能用例示意图

A　绩效考核功能需求分析

绩效考核系统的核心功能是对企业员工、部门绩效进行准确、合理性评价，是保证绩效管理有效性的关键。

员工绩效评价指标体系包括劳动纪律、职业精神、工作量、工作质量、成本效率、合理化建议等指标。在绩效管理实施过程中，绩效评价指标体系随着实际情况的变化、员工反馈不断完善，这要求绩效考核系统能够更新绩效评价指标体系。对于绩效考核系统用户来说，有管理员、考核人员和被考核人员三大类用户，管理员可以为相应的被考核对象设置考核人员，考核人员根据评价指标项及其标准进行评价，系统根据算法计算综合绩效水平。

绩效考核管理功能，该功能主要管理员能够对员工、部门绩效评价内容进行管理与更新，管理员为被考核对象设置考核人员，考核人员依据评价标准对相应的评价对象进行评价，被考核对象可以查询绩效情况，管理员可以查询和输出整个部门或公司的绩效情况。利用绩效考核系统进行企业员工绩效考核如图 16-2 所示。此外，绩效考核系统涉及较多用户，其用例描述说明见表 16-1。

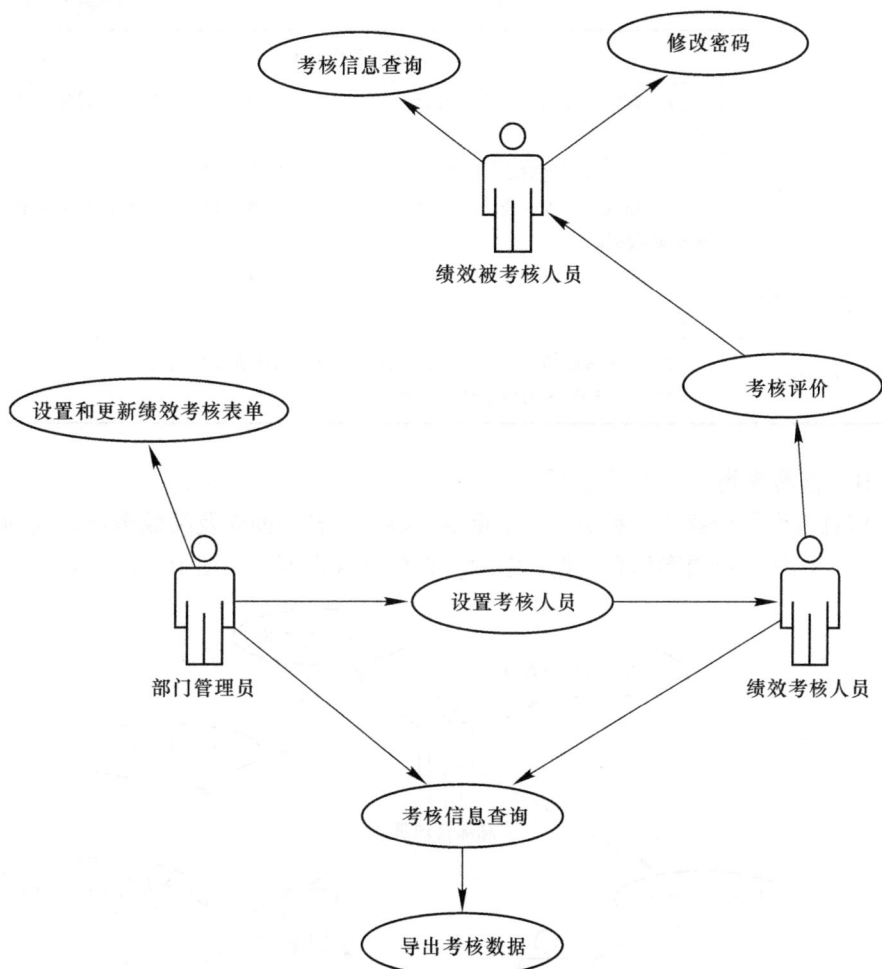

图 16-2 绩效考核用例示意图

表 16-1 "绩效考核" 用例的描述

描述项	绩效考核说明
绩效考核用例名称	绩效考核
绩效考核参与者	部门管理员、绩效考核人员、绩效被考核人员
简要说明	鞍钢爆破绩效管理系统中主要有绩效信息填写
前置条件	鞍钢爆破绩效考核系统用户已经登录到系统
后置条件	鞍钢爆破绩效考核系统给出相应的操作提示

描述项	绩效考核说明
基本事件流	(1) 鞍钢爆破绩效考核系统部门管理员登录系统，为被考核人员设置绩效考核表单 (2) 部门管理员给绩效考核人员指派需要考核的人员信息 (3) 绩效考核人员登录系统对考核对象进行绩效评价，后台自动计算考核结果更新数据库 (4) 企业员工（被考核人员）登录系统查看考核结果
其他事件流	无
异常事件流	(1) 鞍钢爆破绩效考核系统提示错误信息，系统管理员确认 (2) 返回到绩效考核系统主界面

B　信息查询功能需求分析

信息查询是绩效考核系统中一个重要功能。信息查询涉及绩效考核系统的方方面面，包括人员档案信息查询，绩效考核信息查询等，如图 16-3 所示。

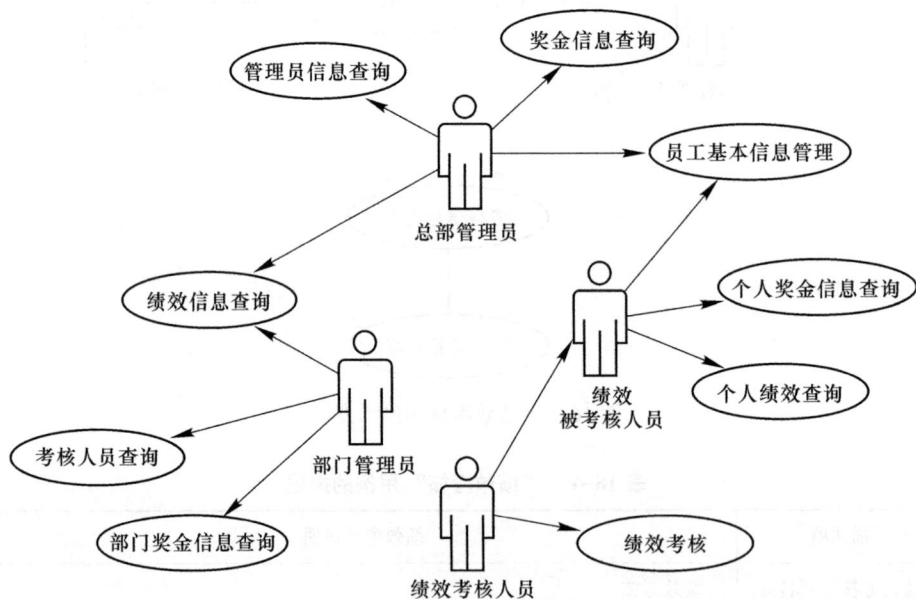

图 16-3　绩效考核系统查询功能用例示意图

鞍钢爆破绩效考核系统查询功能用例主要是反映用户对信息的查阅功能。查询的权限根据绩效考核系统用户角色的不同分为公司总管理员权限、部门管理员权限、绩效考核人员、绩效被考核人员权限。总公司管理员可以查看所有信息，被考核对象只能看到相应用户的信息。绩效考核系统查询主要功能比较多，其用例描述说明见表 16-2。

表 16-2　鞍钢爆破绩效考核系统"信息查询"的用例描述

描述项	说　明
用例名称	鞍钢爆破绩效考核系统信息查询
参与者	公司总管理员、部门管理员、绩效考核人员、绩效被考核对象
简要说明	(1) 鞍钢爆破绩效考核系统被考核人员可以组合查询自己绩效情况、个人基本信息、年终奖分配 (2) 鞍钢爆破绩效考核系统总管理员可以查看所有用户基本信息和绩效信息等 (3) 鞍钢爆破绩效考核系统部门管理员可以查看所在部门人员基本信息、绩效信息、年终奖分配等 (4) 考核人员可以查看其需要评价的被考核人员的基本信息、绩效信息、年终奖分配等
前置条件	鞍钢爆破绩效考核系统用户已经登录到系统
后置条件	鞍钢爆破绩效考核系统的用户所需信息显示在系统主窗口
基本事件流	(1) 鞍钢爆破绩效考核系统用户进入查询模块，进行相应信息的查询 (2) 鞍钢爆破绩效考核系统中出现相应的对话框 (3) 鞍钢爆破绩效考核系统用户在对话框内进行有关操作：选择查询条件并填写已知信息 (4) 鞍钢爆破绩效考核系统用户操作完毕，点击"查询"按钮 (5) 鞍钢爆破绩效考核系统将所需信息显示在系统主窗口中 (6) 用例完毕
其他事件流	在点击"查询"按钮之前，系统用户随时可以按"退出"键，鞍钢爆破绩效考核系统返回主界面，回到没有信息查询的状态
异常事件流	(1) 鞍钢爆破绩效考核系统提示错误信息，系统管理员确认 (2) 返回到绩效考核系统主界面

16.1.4.2　部门/生产经营单位绩效考核系统功能需求

根据鞍钢爆破下设的分公司、职能部门、项目部的业务特征，划分为十一个部门进行分析考核，具体为安全生产（保卫）部安全保卫单元、安全生产（保卫）部生产计划单元、分公司、化工原料制备厂、财务部、供销部物资采购单元、供销部营销单元、技术质量部科技质量单元、技术质量部设备单元、综合管理（党群）部党群单元和综合管理（党群）部综合单元。其中安全生产（保卫）部生产计划单元下又分井下项目部、鞍千二期项目部、齐矿二期项目部、关宝山项目部、金和项目部、本溪下马塘项目部、东矿项目部、大矿项目部、齐矿一期项目部、鞍千一期项目部。

部门/生产经营单位绩效评价指标体系涉及经营、职能任务、党风廉政建设和能力等指标。根据部门绩效考核指标项及其数据来源，由财务部、考核小组、综合管理（党群）部、公司纪委、技术质量部、综合管理（党群）部、安全生产（保卫）部安全保卫单元等考核责任部门进行评价。相关考核责任部门在系统中对其需要评价的二级部门绩效考核指标项进行评价，按照不同的权重对其进行绩效考核，各二级部门可以对考核结果进行查询。基本功能需求与员工绩效考核系统类似。除此之外，部门设置权重系数，结合部门考核结果，分配公司年终奖金。

16.1.5　系统非功能需求

绩效考核系统开发，不仅需要对其功能需求进行分析，还要考虑系统的非功能性需求，主要涉及以下几个方面：

绩效考核系统的运行需要多种操作系统支持，包括常用的 Windows7，Windows8和 Windows10 系统。

保证数据库安全。根据绩效考核时间节点，注意数据的及时备份；数据需要加密存储；非管理员用户不得进入机房操作数据库数据。

系统具有一定的可扩展性，便于后期的系统升级与维护。

16.2　绩效考核系统的设计

系统设计直接决定系统的最终性能及其功能实现水平。根据鞍钢爆破的绩效管理情况，确定绩效考核系统的功能需求，再结合数据库对系统进行整体设计。

16.2.1　系统总体设计

鞍钢爆破绩效考核系统的设计与开发，一方面要满足企业绩效考核的需求，另一方面还要具备绩效综合评价计算和绩效数据统计功能，同时还要保证系统操作界面简洁、运行高效。总体来说，绩效考核系统既要能够满足企业对绩效考核的要求，也要保证用户操作使用的方便性和友好性。

16.2.1.1　系统功能模块设计

系统构建首先要明确用户需求。通过对企业高层领导、员工等系统用户进行调研，识别用户对系统的功能性需求和非功能性需求，调查显示系统的主要功能定位在人员信息管理、员工绩效考核、部门绩效考核等。根据企业绩效管理的实际需要，明确鞍钢爆破绩效考核系统要具备强大统计和计算功能，同时能够为用户提供高效运行及操作界面简洁的绩效考核平台。该平台既要满足基本的现代办公需求，无缝对接各种主流办公软件，降低绩效管理的成本，提高绩效管理效率。

16.2.1.2　系统类图

设计鞍钢爆破绩效考核系统主要功能包括：（1）利用系统的网络化、信息化功能取代传统的纸质考核记录方式，既可以改变以往管理的不规范、数据查询困难、数据存储等问题，还增加了绩效考核的便捷性、公平性，大大降低了考核人员的考核时间与成本。（2）每个被考核人均可设置多个考核人员对其绩效水平进行评价，不同考核人员设置相应的考核评价权重值，根据相应的算法与各考核人员评价计算被考核人的绩效成绩。（3）设置用户权限，根据不同用户类型设计相应的权限，查询相关资料，可以有效保护企业信息，防止资料外泄。（4）不同类型的员工有着不同的绩效考核项目，在系统后台可以选择绩效考核项目以及相应的绩效综合评价算法。不同类型的员工对应不同的绩效考核项目及其算法，使得绩效考核更加有针对性和适用性，多人评价也使得绩效考核结果更加合理和准确。系统类示意图主要如图 16-4 所示。

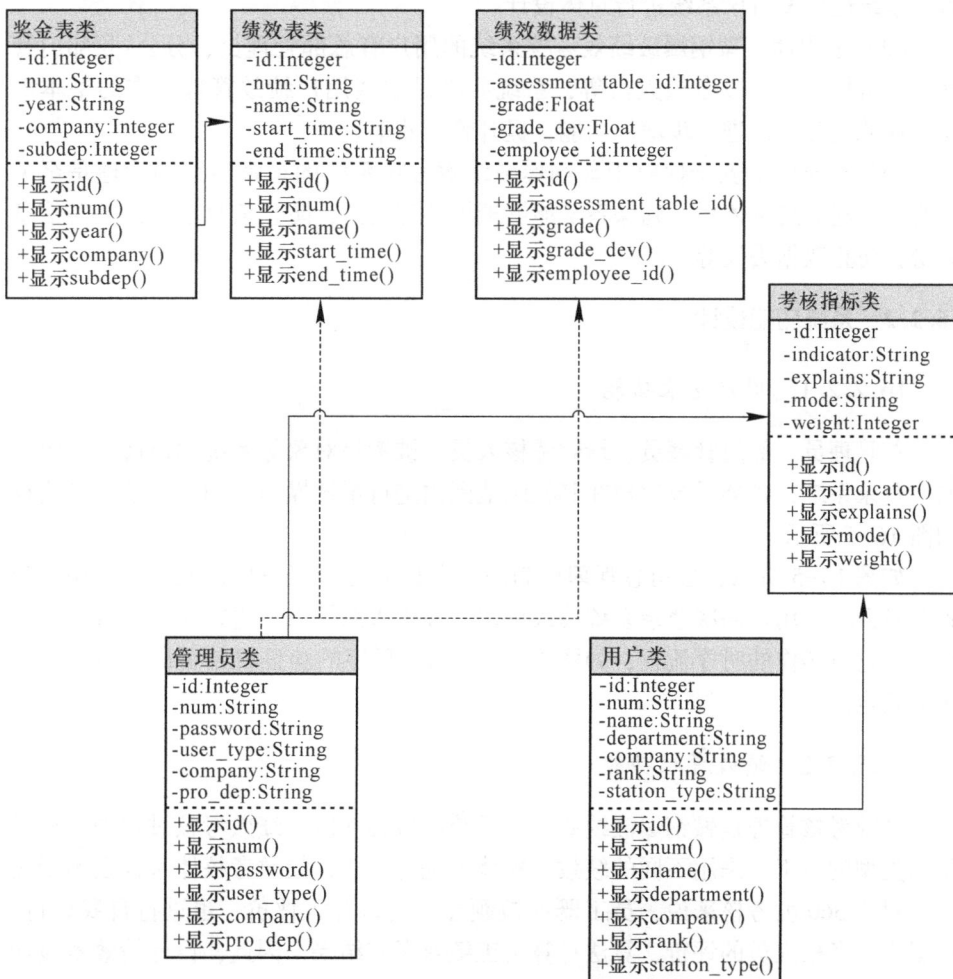

图 16-4　系统主要类示意图

系统主要类示意图中包括：绩效类、绩效数据类、考核指标类、用户类、管理员类等。本设计采用模块化方案，逐一分解实现绩效考核系统的各个功能，总结和分析各个子模块，然后做出详细的业务流程和功能用例说明；很多功能用例说明是采用类图、时序图形式呈现。

16.2.1.3　系统设计原则

鞍钢爆破绩效考核系统的设计遵循以下几个原则，确保系统设计过程有章可循，确保系统设计质量。

（1）系统性。鞍钢爆破绩效考核系统是作为一个专门为该公司绩效考核设计的信息系统，要注重系统构成要素及其要素关联，满足系统性原则。此外，也需要系统性出发对该系统进行总体设计。

（2）适用性。鞍钢爆破绩效考核系统的用户有总部管理员、分公司/部门管理员、考核人员、被考核人员等，系统要满足这些用户绩效管理工作的基本需要，在此基础上，进一步增加功能，提升管理效率。

（3）安全性。安全性对于鞍钢爆破绩效考核系统的正常运行和管理是至关重要的。建立防御体系，确保系统能够抵御外部攻击，防止信息泄露；及时信息备份，防止数据丢失等。

16.2.2　系统功能设计

16.2.2.1　用户登录功能

总管理员、部门管理员、绩效考核人员、被考核对象等系统用户通过密码和账户登录系统，各类系统用户在其权限范围内进行系统操作，用户登录系统流程如图16-5所示。

如图16-5所示，公司总管理员为用户开设账号，用户根据账号名和初始密码登录系统，用户初次登录系统修改密码，并进入系统界面进行操作。进入系统后能够进行操作的时序流程，如图16-6所示，程序的验证机制可以有效保护系统的安全。

16.2.2.2　绩效考核功能

绩效考核管理是鞍钢爆破绩效考核系统的核心功能。绩效考核过程中，针对不同类型的员工，采用不同的绩效考核体系进行考核，绩效考核体系也在不断完善。对于360度考核来说，员工既要被领导、同事等人评价，也进行自我评价。根据不同考核人员的评价、算法计算员工绩效考核结果。因此，设计绩效考核功能具体包括绩效考核表单、绩效评价、绩效考核结果输出三个部分，绩效考核表单可以进行维护，如图16-7所示。

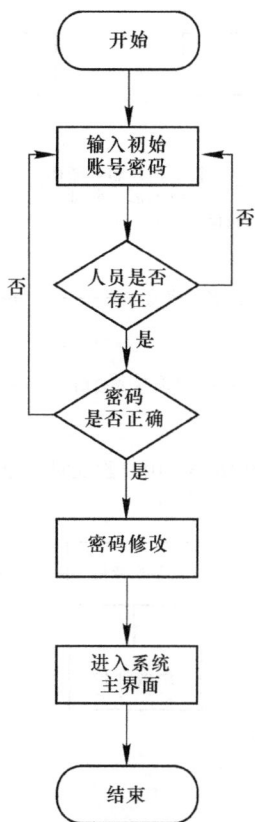

图 16-5　用户登录流程图

　　员工输入账号和密码登录绩效考核系统后，根据管理员设置需要进行自我评价，并进行提交操作，提交后管理员进行审核，考核人员对管理员设置的被考核人员绩效评价，当所有考核人员对被考核人员评价完成之后，系统根据算法自动计算员工绩效。绩效考核基本流程如图 16-8 所示，绩效考核表单信息的提交时序图如图 16-9 所示。

　　绩效考核最主要内容包括绩效考核表单的选择、绩效评价、绩效结果输出。管理员根据被考核人员的类型选择相对应的绩效考核表单。

　　整个系统在处理表单的过程需要经过审核和数据提交，绩效考核类包括了绩效类别信息类和绩效考核内容类以及对应的用户信息类，因此，在功能实现上要注意它们之间的衔接和关系类的处理。

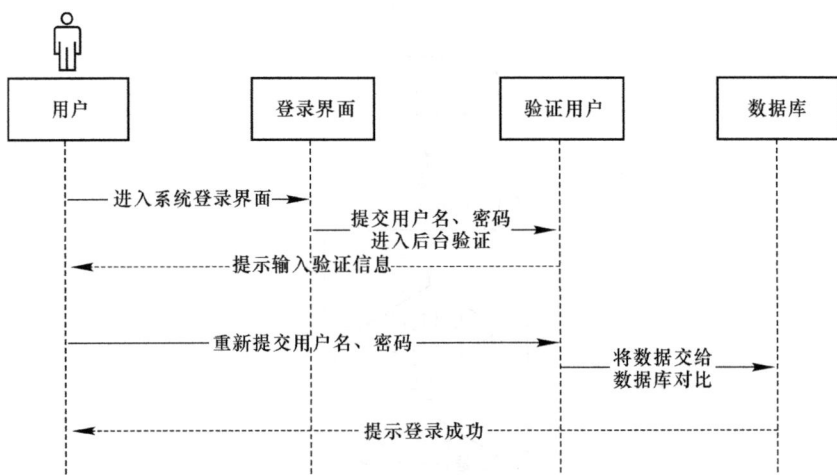

图 16-6　用户验证时序图

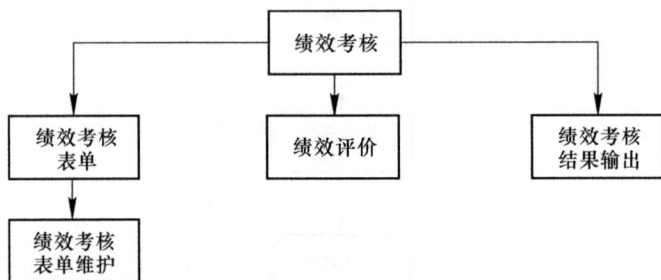

图 16-7　绩效考核结构图

16.2.2.3　信息查询与管理功能

信息查询功能分为员工对个人信息的查询、员工对绩效信息的查询、管理员对员工信息和绩效信息的查询等，信息管理功能是管理员对员工信息、绩效考核表单的更新维护。根据不同权限，用户有相应的信息查询和管理功能。如部门管理员的员工信息管理功能仅局限于本部门。总部管理员可以查询和输出全体员工的绩效信息。

用户信息查询功能的主要步骤：用户输入密码登录系统后，点击"绩效信息查询"对个人全部绩效信息查询，点击"个人信息查询"按钮对个人基本信息查询。如图 16-10 所示。

管理员信息查询功能主要步骤：登录系统后点击"员工信息查询"按钮对所有员工信息进行查询，并且可以根据不同部门进行筛选；点击"考核人员"对考核人员的基本信息进行查询。

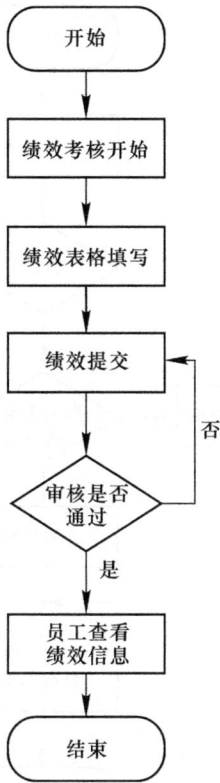

图 16-8　绩效考核基本流程

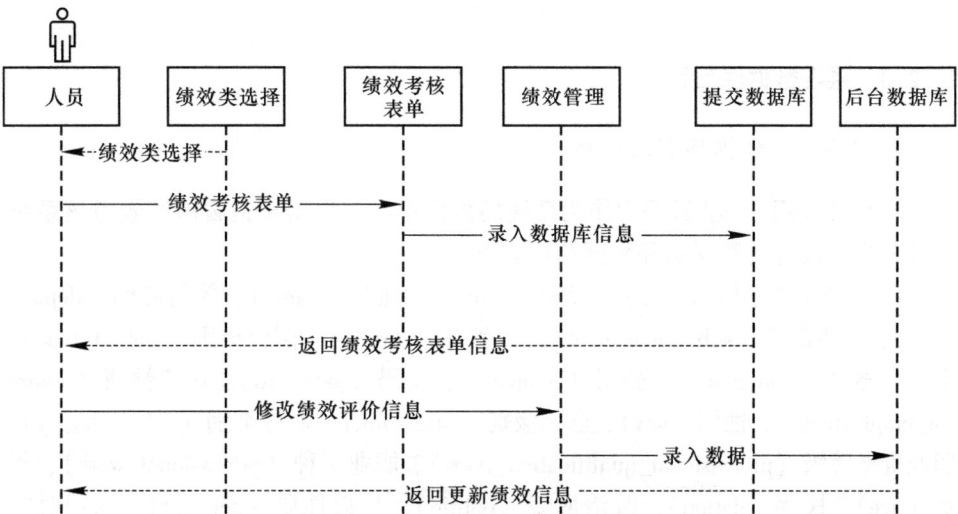

图 16-9　绩效考核表单提交时序图

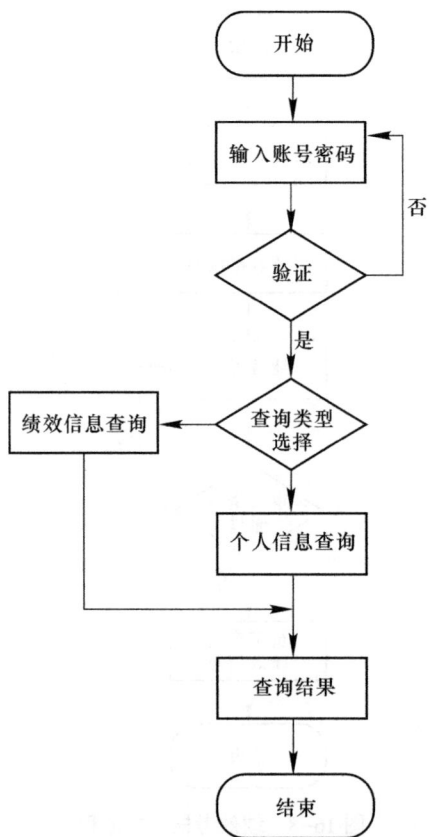

图 16-10　个人信息与绩效信息查询流程图

16.2.3　系统数据库设计

16.2.3.1　数据库需求分析

本系统采用 mysql 数据库作为系统的数据中心，根据鞍钢爆破绩效考核系统需求分析，设计的数据项和数据结构如下：

（1）员工基本信息包括员工编号（num）、姓名（name）、部门名称（department）、二级部门（sub_department）、管理级别（rank）、岗位类别（station_type）、岗位名称（station_name）、公司（company）、密码（password）、用工性质（nature_of_employment）、性别（sex）、职称级别（title_rank）、职称类别（title_category）、职业资格等级（professional_qualification_level）、职业工种（professional_work）、年龄（age）、民族（nation）、政治面貌（politic）、户口性质（account）、入司时间（join_time）、司龄（work_time）、权重值（weight）。

（2）绩效表基本信息包括编号（number）、公司名称（name）、开始时间（start_time）、结束时间（end_time）、公司（company）、二级部门（sub_department）。

（3）绩效详细信息包括绩效表 id（assessment_table_id）、绩效总得分（grade）、奖励绩效（grade_dev）、员工 id（employee_id）、公司（company）、二级部门（sub_department）。

（4）考核表基本信息包括编号（number）、名称（name）。

（5）考核表详细信息包括考核表 id（quota_id）、员工类别（employee_id）、考核指标（indicator）、解释（explains）、考核方式（mode）、权重值（weight）。

16.2.3.2　数据实体设计

根据上面的设计可知实体有：鞍钢爆破员工基本信息实体、绩效表信息实体、绩效详细信息实体、绩效考核表信息实体和考核表详细信息实体。

员工基本信息包括员工编号（number）、姓名（name）、部门名称（department）、二级部门（sub_department）、管理级别（rank）、岗位类别（station_type）、岗位名称（station_name）、公司（company）、密码（password）、用工性质（nature_of_employment）、性别（sex）、职称级别（title_rank）、职称类别（title_category）、职业资格等级（professional_qualification_level）、职业工种（professional_work）、年龄（age）、民族（nation）、政治面貌（politic）、户口性质（account）、入司时间（join_time）、司龄（work_time），如图 16-11 所示。

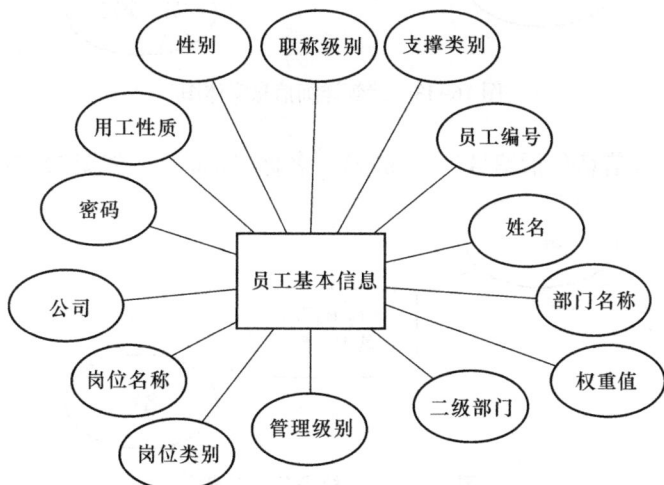

图 16-11　员工基本信息实体图

绩效表基本信息包括编号（number）、公司名称（name）、开始时间（start_time）、结束时间（end_time），如图 16-12 所示。

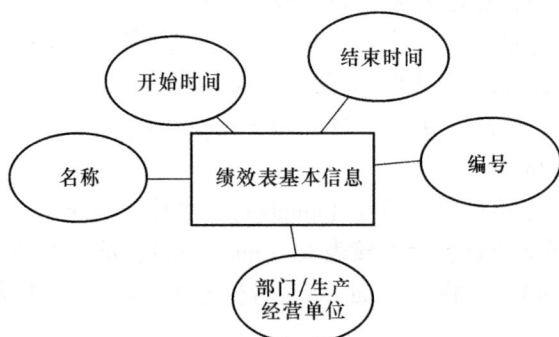

图 16-12　绩效表基本信息实体图

绩效详细信息包括绩效表 id（assessment_table_id）、绩效总得分（grade）、奖励绩效得分（grade_dev）、员工类别（employee_id），如图 16-13 所示。

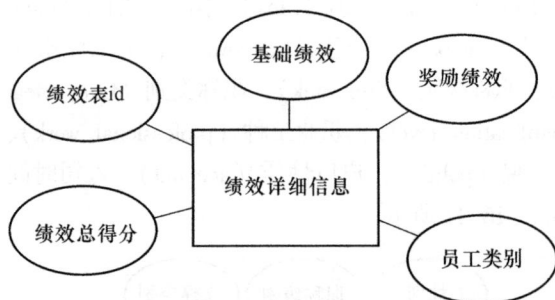

图 16-13　绩效详细信息实体图

考核表基本信息包括编号（number）、名称（name），如图 16-14 所示。

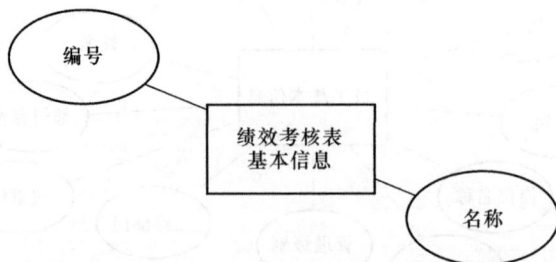

图 16-14　考核表基本信息

考核表详细信息包括考核表 id（quota_id）、员工类别（employee_id）、考核指标（indicator）、解释（explains）、考核方式（mode）、权重值（weight），详见表 16-15。

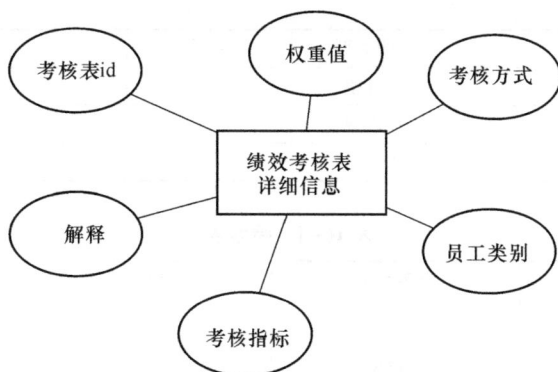

图 16-15　考核表详细信息实体图

16.2.3.3　数据库表设计

根据上面的设计可知数据库有：员工基本信息数据表、绩效表、绩效详细信息表、考核表、考核详细信息表。数据库表设计见表 16-3～表 16-7。

表 16-3　员工基本信息数据表

字段名称	字段类型	索引	字段描述
id	数值型	主键	id
number	字符型		员工编号
name	字符型		姓名
department	字符型		部门名称
company	数值型	外键	公司
sub_department	字符型		二级部门
rank	字符型		管理级别
station_type	字符型		岗位类别
station_name	字符型		岗位名称
nature_of_employment	字符型		用工性质
sex	字符型		性别
title_rank	字符型		职称级别
title_category	字符型		职称类别
professional_qualification_level	字符型		职业资格等级
professional_work	字符型		职业工种
age	数值型		年龄
nation	字符型		民族
politic	字符型		政治面貌
account	字符型		户口性质

字段名称	字段类型	索引	字段描述
join_time	字符型		入司时间
work_time	字符型		司龄
weight	数值型		权重值

表 16-4　绩效表

字段名称	字段类型	索引	字段描述
id	数值型	主键	id
number	字符型		编号
name	字符型		名称
start_time	字符型		开始时间
end_time	字符型		结束时间
company	数值型	外键	公司
sub_department	数值型	外键	二级部门

表 16-5　绩效详细信息表

字段名称	字段类型	索引	字段描述
id	数值型	主键	id
assessment_table_id	字符型		绩效表 id
grade	字符型		绩效总得分
grade_dev	字符型		奖励绩效得分
employee_id	字符型	外键	员工类别

表 16-6　考核表

字段名称	字段类型	索引	字段描述
id	数值型	主键	id
number	字符型		编号
name	字符型		名称

表 16-7　考核信息表

字段名称	字段类型	索引	字段描述
id	数值型	主键	id
quota_ id	数值型	外键	考核表 id
employee_ id	数值型	外键	员工类别

字段名称	字段类型	索引	字段描述
indicator	字符型		考核指标
explains	字符型		解释
mode	字符型		考核方式
weight	数值型		权重值

16.3 系统实现

16.3.1 系统核心功能实现

鞍钢爆破绩效考核系统是基于 B/S 架构下的 Java 平台开发实现的，具体编程语言为 Java 和 Vue，系统由员工绩效考核和二级部门绩效考核两大子系统组成，主要的核心功能有系统管理员管理、绩效考核管理、员工信息管理等，下文以两大子系统为分类进行功能实现的部分展示。

16.3.1.1 员工绩效考核系统

考核系统主要满足鞍钢爆破对员工绩效考核的需要，员工可以通过本系统对个人绩效信息和个人基本信息进行查询，管理员可以通过本系统对员工信息、管理员信息和绩效信息等进行管理，考核人员可以通过本系统完成考核任务。

A 系统管理员功能实现

具体包括：系统登录，考核信息查询，绩效指标查询，绩效指标查看，员工信息查询，管理员信息查询，管理员信息删除，管理员添加等。系统主页界面要求赏心悦目、功能简单，可操作性强。不同人员打开浏览器并输入网址，即可跳转到登录界面，如图 16-16 所示；选择管理员类别，输入账号和密码进行登录，系统各级管理员权限会自动判别，以总管理员为例，功能模块如图 16-17 所示。

图 16-16 系统登录界面

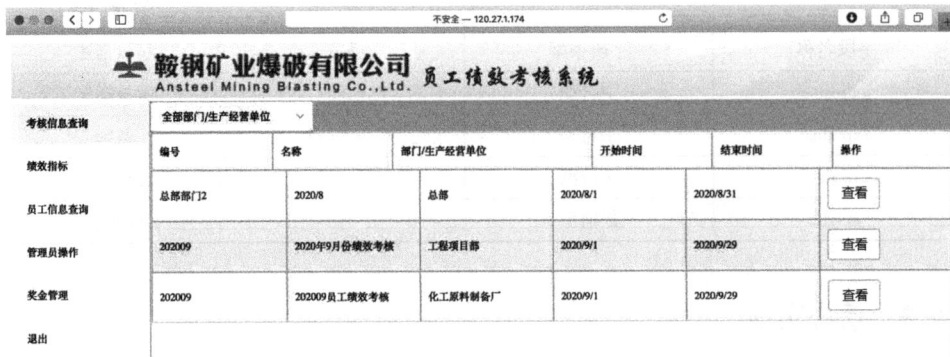

图 16-17　管理员系统功能选择界面

考核信息查询界面，可以查询所有分公司绩效考核信息；还可以根据下拉选择框来筛选出目标公司的绩效结果并查看。绩效指标界面，可以对所有员工设置不同类型的绩效考核项，还能够对其基础性、奖励性和发展性三类指标进行查询和修改。员工信息查询界面，可以查询并筛选员工的各项有关信息。管理员操作界面，可以实现管理员信息的查询、添加和删除等。

B　考核人员功能实现

具体包括：系统登录，考核信息查询，考核功能等。登录时选择"考核人员"，其余同上，之后出现如图 16-18 所示界面。考核人员信息查询界面，可以查询所有考核人员的信息，并且可以根据需要添加或删除人员。员工信息查询界面，可以查询需要被考核的员工相关信息，并通过"设置"操作来确定考核人员的权重分值，并下拉框选择哪些人作为考核人员。考核信息界面，即可查询各月考核信息，并通过"查看"按钮具体到个人，或是点击"导出"即可生成 excel 表格并下载。

同时，考核信息界面还可以添加绩效考核表，并且每一位权限的人还可对分配到的被考核人进行评价，具体通过如图 16-19 所示的"评价"按钮，转接到下一界面完成各绩效指标的考核。

C　员工功能实现

具体包括：系统登录，个人绩效信息查看，个人信息查看，密码修改等。登录时选择"员工"，其余同上，之后出现如图 16-20 所示界面。根据员工的需要，可以在对应按钮下查账户个人的基本信息，完成密码修改等系统基本操作。同时，在绩效信息查询界面下，员工可以查询到绩效总分、基础绩效、奖励绩效的得分情况，进一步可以通过"查看"按钮获得每一个绩效得分的详情。

图 16-18 考核人员系统功能选择界面

图 16-19 考核人员的评价选择界面

图 16-20 员工系统功能选择界面

16.3.1.2　部门/生产经营单位绩效考核系统

考核系统主要满足鞍钢爆破对部门/生产经营单位绩效考核的需要，被考核部门/生产经营单位可以通过本系统实现绩效信息查询以及奖励绩效分配，考核小组/人员可以通过本系统完成考核任务，管理员可以通过本系统实现绩效管理和奖励性绩效分配。

考核小组/人员和管理员输入账号和密码，后台自动判断跳转到相应的界面，部门/生产经营单位用户登录时需要勾选"部门/生产经营单位"，之后才可正确登录，跳转图16-21界面。

图 16-21　部门/生产经营单位系统登录界面

A　系统管理员的功能实现

登录成功后，管理人员出现如图16-22界面。绩效信息查询界面，可以通过点击"添加"和"删除"按钮实现部门/生产单位绩效信息表的增减；对于界面显示已有的相应"绩效考核表"，点击"查看"按钮，可查看所有部门/生产经营单位的绩效信息详情，对于特定部门也可查询详情。奖金分配界面，可根据绩效考核数据选择绩效分配的年份，在"金额"项中设置奖金金额；之后点击"查看"即可查看各部门/生产经营单位的奖励绩效分配情况。被考核部门查询和考核小组/人员查询的基本操作与员工考核系统大体相同，不再赘述。

B　考核人员与被考核部门/生产经营单位的功能实现

被考核部门/生产经营单位登录进入系统界面如图16-23所示，点击"查看绩效"按钮，即可查看本部门/生产经营单位的绩效信息，点击"查看"按钮，

图 16-22 部门/生产经营单位管理员的系统信息界面

可查看各项目指标绩效得分明细。点击"查看奖金"按钮,查看本部门/生产经营单位年度奖励绩效分配金额。

图 16-23 被考核部门/生产经营单位的系统信息界面

如果为部门/生产单位考核人员,登录成功后可以查看所有需要进行评价的部门/生产经营单位,并点击"查看与绩效评价"按钮即可查看相应的绩效评价指标项,进行评价,评价完成点击"提交按钮"。

16.3.2 系统测试

系统测试是软件开发的最后一步,检验系统是否可以投入使用。鞍钢爆破绩效考核系统测试分为功能测试和性能测试。系统主要模块完成开发后就可以展开相关测试,测试的主要目标是检验系统的功能完整性、实际使用效果和可靠性等,有利于系统完善、减少真正上线时故障率。

（1）模块功能测试。检查各个功能模块是否具备全部功能。然后测试各个功能是否能正常使用，测试系统在运行时是否按预定流程工作。测试运行时是否有重大的程序漏洞。及时记录下各种出现的问题，以供开发者修改。

（2）性能测试。准备好一个模拟实际使用情况的测试网络，并部署系统在此网络上。首先检查网页是否能正常进入，按预先准备好测试方案测试系统。除了测试系统服务器的承载能力，还要注意检查使用体验问题。

16.3.2.1　测试环境

（1）前台环境：Windows10 下的 IE 浏览器和 Windows7 下的 IE 浏览器；
（2）服务器：Windows Server 2013；
（3）测试网络：单位内网，智能手机移动网络；
（4）操作系统：Windows 7 专业版 64 位；
（5）开发工具：IDEA、WebStrom；
（6）开发语言：Java。

16.3.2.2　系统测试结果分析

系统采用的 B/S 结构，系统中所有用户名和密码均由系统管理员创建，对系统的用户登录、绩效考核、员工信息等每个模块进行链接测试，用户登录、绩效考核、员工信息等各模块的连接均有效，能够打开相应的用户登入系统、绩效考核、员工信息等网页，用户通过账号及密码登录系统后，按照流程对用户登录、绩效考核等各个功能进行测试，操作正常，所有用户登录、绩效考核等功能都能正常运行，通过功能测试。绩效考核系统的功能测试用例描述见表 16-8，权限管理功能测试见表 16-9。

表 16-8　管理员操作功能测试表

管理员登录		编号	Test1
目的	测试系统的登录与信息添加管理模块是否正确和完成		
对象	管理员用户		
测试项	测试内容	测试步骤	测试结果
1	录入内容输入不合规范字符	登录系统，输入账号时输入特殊字符	用户名检验格式不通过
2	不同用户录入相同用户名	登录系统，注册时，用户名中录入一条已存在的用户	注册失败，提示"用户名已存在"

表16-9 权限管理功能测试

权限管理	编号		Test2
测试目的	测试系统的权限管理功能是否正确和有效		
对象	总管理员、分公司管理员		
测试内容	测试步骤	测试结果	
对不同级别的管理人员设置数据权限及功能权限	分别各建立各个角色的人员信息，系统管理员分别进行权限设置	各个人员登录系统后可以操作相应的功能，且有相同的功能时，访问的数据权限是否与设置的一致	

17 绩效管理实施与绩效管理效果分析

17.1 绩效管理实施

17.1.1 部门、生产经营单位绩效管理

（1）组织机构与职责。为组织实施部门绩效管理，成立专门考核小组，连同财务部、综合管理（党群）部、公司纪委作为考核责任部门。责任部门根据考核指标项数据来源部门提供的数据及其考核标准进行部门考核。

（2）考核部门及考核指标体系。公司对各职能部门、项目部、生产经营单位根据职能分别进行绩效管理，部门绩效管理细分为项目部、安全保卫单元、化工原料制备厂、井下分公司、大连分公司、弓长岭分公司、供销部物资采购单元、供销部营销单元、技术质量部技术质量单元、技术质量部设备单元、财务部、综合管理（党群）部综合单元、综合管理（党群）部党群单元。分管领导与相关负责人签订目标责任书，目标责任书作为绩效评价、考核、激励的主要依据。具体考核指标体系见第 13 章。

（3）考核周期与原则。部门、生产经营单位考核为年度考核。各项指标考核应坚持公开、公平、公正原则，程序规范，过程透明，在客观公正采集有关数据基础之上，科学考评，真正起到激励与约束作用。为调动部门、生产经营单位及其负责人的工作积极性，将按照责任目标考核情况拿取奖金。被考核部门及有关责任人对年终考评结果有异议时，可以要求总经理办公会组织人员进行一次复核。

17.1.2 员工绩效管理

17.1.2.1 组织机构与职责

绩效管理的实施需要公司各部门的参与，综合管理部门负有统筹责任，各事业部需要在公司绩效管理制度框架下开展绩效管理。绩效管理组织结构主要职责如下：

（1）公司各部门绩效管理的职责。成立绩效考核小组，指定专人负责绩效考核相关数据、材料的收集、整理、存档；确定本单位参与绩效考核人员，并按照岗位进行分类；依据五类岗位划分，以及各类岗位考核指标体系（第 14 章），

制定绩效考核实施细则，明确具体考核方式；组织本部门员工分解落实上级下达的经营管理目标，分配工作任务、组织制订工作计划、确定考核指标及其衡量标准、组织签订考核量表；在考核周期内，考核者对被考核者的工作进行检查、指导并及时收集绩效数据；负责部门所属员工的绩效考核评分并对考核结果汇总，及时提交到综合管理部门；负责所属员工的绩效面谈，帮助员工制订绩效改进计划；负责对本部门考核工作中不规范行为进行纠正、处罚；配合综合管理部门协调、处理本部门关于考核工作的申诉与调查；提出关于绩效管理制度的修改建议。

单位绩效考核小组组织召开月度考核会议，以考核期相关基础数据、材料为依据，进行绩效考评。

（2）综合管理部门职责。负责绩效管理制度的科学性、合规性评审；负责公司经营指标、战略指标的分解；协助公司总经理对总经理助理以上人员进行绩效考核；拟定、完善公司绩效管理制度；组织公司各部门进行绩效管理培训；指导推动公司各部门开展绩效考核工作；建立绩效考核档案，负责绩效结果应用。

（3）各事业部管理职责。根据公司绩效管理制度进一步制定实施细则与流程；建立绩效考核档案，负责绩效结果应用；调查、跟进绩效考核申诉事宜。

17.1.2.2 考核员工及考核指标体系

公司员工绩效考核按照中层管理人员、一般管理人员、技术人员、关键生产人员、其他生产和辅助生产人员五类人员进行分别考核。考核内容涉及员工的素质能力、行为、工作结果等，考核标准依据该岗位的历史数据、相关的企业战略目标、企业关注点等确定，五类岗位人员的基本考核指标体系见第14章。在具体实施员工绩效评价时，各单位须根据各岗位人员具体情况制定相应考核细则。如第15章所述，井下项目部基于积分制等理念制定井下爆破人员的绩效考核细则，关宝山项目部基于积分制等理念制定地面站爆破人员、牙轮钻机司机的绩效考核细则，化工原料制备厂基于积分制等理念制定行车班司机绩效考核细则。

17.1.2.3 员工绩效考核周期及原则

员工绩效考核为月度考核，考核遵循公平、客观公正、反馈、与薪酬、晋升挂钩、激励等原则。公开原则，即明确规定绩效考核的标准、程序和责任，并在执行中严格遵守，按期公开考核结果。客观公正原则，即在尊重客观事实的基础上，将被考核者的工作实绩与既定标准比较，客观公正的进行评价。反馈原则即将考评结果直接反馈被考核人，通过沟通肯定成绩、指出不足。与薪酬、晋升挂钩原则，即考核结果与薪酬、职位晋升挂钩。实现能者上、能者多得、以能力说话的工作氛围。激励原则，即通过考核发现优秀与不足，激发员工的工作积极性，有效地挖掘潜能。

17.2　绩效考评结果应用

效考评的结果可以应用于劳动工资与报酬、岗位调动与晋升、人才培训与开发、管理基础的健全、人力资源管理专题研究以及员工、部门和企业绩效改进。绩效考评的结果与激励机制密切相关，从本质上讲，绩效考评是激励机制的一部分。绩效考评结果应用于部门间的奖励性绩效分配、员工奖金、工资等经济性薪酬发放以及员工带薪假期、培训机会等非经济激励。如果能够在正确评估部门、团队或员工的绩效结果的基础上，充分给予经济与非经济激励，可以有效地激发部门间的竞争意识，激励员工的工作积极性和热情，保持员工行为的良性循环，创造良好的竞争环境，进而保障绩效管理制度的深入推广和有效运行。根据企业应用重点阐述部门绩效考评结果应用、员工绩效考评结果以及融入积分制理念的爆破工绩效评价。

17.2.1　部门、生产经营单位绩效考评结果应用

部门、生产经营单位绩效考评主要目的是诊断部门与生产经营单位的绩效，确定价值链、业务流程及绩效的改进方向，分配奖励性绩效，并以此来创造良好的竞争环境。通过创造部门竞争环境，间接地提高了部门、生产经营单位的工作动机和能力，促使部门与生产经营单位及时调整工作重点，保持活力。业务流程质量评价和改进，能够提高部门与生产经营单位的工作质量和工作效率，降低劳动、能源的损耗。

为调动鞍钢矿业爆破公司所属的安全生产（保卫）单元、技术质量部、供销部、财务部、综合管理（党群）部等部门、生产经营单位的工作积极性，激发活力，根据绩效考核情况提取奖金，这些单位机构，为调动各自工作积极性，将按照责任目标考核情况提取奖金等情况，发放办法如下。

17.2.1.1　部门机关人员

部门奖金分配额=部门考核分数/考核总分数×年终奖金提取额（年终奖金提取额根据总经理目标责任考核年终经营业绩奖分配）。

17.2.1.2　乙方分管项目部

乙方分管项目部年度奖金主要包括：固定利润奖（或生产奖）、超额利润奖两部分。

A　固定利润奖（或生产奖）
若为固定利润奖，盈利项目部可从本项目年度效益中提取固定利润奖金。
提取金额=本项目当年利润×提取比例×某年主要指标考核总分%

各项目部提取比例见表 17-1。

表 17-1 盈利项目部提取比例

序号	单位	提取比例	备注
1	井下分公司	—	盈利项目
2	鞍千二期项目部	—	盈利项目
3	齐矿二期项目部	—	盈利项目
4	关宝山项目部	—	盈利项目
5	金和项目部	—	盈利项目
6	本溪下马塘项目部	—	盈利项目

若为生产奖，对于经公司批准认可的亏损项目部，可按项目部产量完成情况计发生产奖。

提取金额=产量 × 产量提取额度 × 年度主要指标考核总分%

各项目部提取额度见表 17-2。

表 17-2 亏损项目部提取比例

序号	单位	提取额度	备注
1	东矿项目部	—	亏损项目
2	大矿项目部	—	亏损项目
3	齐矿一期项目部	—	亏损项目
4	鞍千一期项目部	—	亏损项目

同时，固定利润奖（或生产奖）奖励对象为各项目部单位的全体员工。具体分配办法由乙方组织拟订分配方案，并经甲方审核、总经理审批后发放。

B 超额利润奖

项目部提取固定利润奖（或生产奖）后，若本项目利润率（或亏损率）仍超过公司下达的目标时，项目部可从中提取超额利润奖，提取比例及分配方式按照《鞍钢矿业爆破有限公司生产经营单位超额利润奖提取分配管理办法》执行，项目部减亏金额视为超额利润。

除此以外，对于年终奖金发放时，当固定利润奖（或生产奖）、超额利润奖合计金额计入当年成本后，提取上述两项奖励后本项目部单位利润率（或亏损率）不得低于考核目标。

17.2.1.3 额外年度综合绩效奖金

爆破公司每年根据当年度企业整体效益情况，额外拿出一定比例的利润作为年度综合绩效奖金，根据当年各二级单位年度绩效考核情况分配年度综合绩效奖金。

二级单位额外年度综合绩效奖金分配额＝二级单位年度绩效考核得分 × 所有二
级单位额外年度综合绩效奖金可分配
额/∑二级单位年度绩效考核得分

17.2.2　员工绩效考评结果应用

员工绩效考评的结果最主要的应用之一就是与岗位薪酬设计密切联系，具体
又分为员工基础工资确定的定薪考评、内部竞争时的薪酬水平定位、岗位基础工
资调整范围的确定以及浮动工资的调整比例。同时，公司的每一个岗位都需要具
备相应的能力要求，通过员工绩效考评的结果，首先能直观的确定员工绩效状
况，指导员工提高和改善绩效水平。其次是岗位的调动和晋升，公正的考评结果
是对员工过去努力的认可，能够实现"人尽其用"，为调动和晋升提供支撑的依
据。最后，有助于人才的培养和开发，帮助公司留住人才。培训的目的和内容具
有多样性，通过员工绩效考评对培训主体和目的进行规划，高素质人才继续深造
发展，低绩效水平惊醒问题和能力补充，提高工作能力。

对于鞍钢矿业爆破公司的中层管理人员、一般管理人员、技术人员、关键生
产人员、其他生产和辅助生产人员五类岗位人员，以月度和年度（12 个月）绩
效考评结果作为薪酬发放、岗位晋升和调整、评优评先的依据，具体如下：

（1）各单位参与绩效考核人员每人拿出当月绩效工资不低于 800 元（业务
外协人员从基本工资中拿出）作为考核期绩效考核奖励分配资金，根据上月绩效
考核结果进行分配。

（2）个人绩效考核奖励分配额计算如下：

个人月绩效考核得分可细分为个人月绩效考核基础得分和个人月绩效考核综
合总分。

个人月绩效考核基础得分＝个人月基础性绩效得分 + 个人月奖励性绩效得分 –
当月奖励得分

个人月绩效考核综合总分＝个人月基础性绩效得分 + 个人月奖励性绩效 +
个人月发展性绩效得分

17.2.2.1　个人月绩效考核奖励分配额计算

个人月绩效考核奖励分配额＝月绩效考核奖励可分配总额 × 个人月绩效考核基
础得分/∑同组考核人员月绩效考核基础得分

月绩效考核奖励可分配总额＝∑同组考核人员绩效工资 + 同组考核人员奖励
金额 – 同组考核人员罚扣金额

17.2.2.2　个人年绩效考核奖励分配

各二级单位参照个人年绩效考核综合总分以及各类人员的岗位制定个人年绩

效考核奖励分配细则。

个人年绩效考核综合总分=∑个人各月绩效考核综合总分

绩效考核奖励分配完成后，须经考核小组组长签字，报主管部门或单位审批。

17.2.3 融入积分制理念的爆破工绩效评价实例分析

爆破工是爆破企业生产部门主要岗位之一，须持证上岗。以公司某试点项目部随机选取的5位爆破工为例进行绩效考评。爆破工起爆作业的主要工作内容及积分量化见表17-3，再结合制定的其他积分制细则和考核小组打分情况计算爆破工的绩效评价结果。限于篇幅，以爆破工1的数据为例（见表17-4）演示具体积分计算过程。同理，计算其他4位爆破工月绩效积分，见表17-4。爆破工的绩效评价指标体系如图17-1所示。

表17-3　爆破工主要工作内容积分量化

内容	计分	内容	计分	内容	计分
炮孔检查	6	药管拖拽	10	验炮工作	10
保管员现场发放爆材	10	炮孔填塞	10	根底处理	36
爆材领取与分发	9	警戒	12	处理堵孔	5
装药	9	起爆网络连线	9	处理爆破垃圾	2
测量余高	8	起爆	8		

表17-4　爆破工月绩效指标评价

指标	工1	工2	工3	工4	工5
C_{11}	违反一次2分的规定：8-2=6	6	7	8	8
C_{12}	迟到2次，早退1次：14-2×2-2=8	14	13	12	14
C_{13}	0.65×6=3.9	4.44	4.2	5.1	4.8
C_{14}	0.82×6=4.92	4.2	4.62	5.22	4.38
C_{15}	0.75×8=6	6.72	5.36	7.28	6.88
C_{16}	0.83×8=6.64	6.72	6.24	7.2	6.8
C_{21}	5×22×534/(534+664+611+744+637)=18.41	22.90	21.07	25.65	21.97
C_{22}	0.86×14=12.04	11.48	12.6	13.3	11.76
C_{23}	0.87×14=12.18	10.08	11.2	12.88	10.5
C_{31}	3	4	3	5	4
$C_{32} \sim C_{35}$	3	5	7	5	—
综合总分	84.09	95.54	95.29	106.63	93.09

指标	工1	工2	工3	工4	工5
排名	5	2	3	1	4
月绩效薪酬分	78.09	86.54	85.29	96.63	89.09
排名	5	3	4	1	2

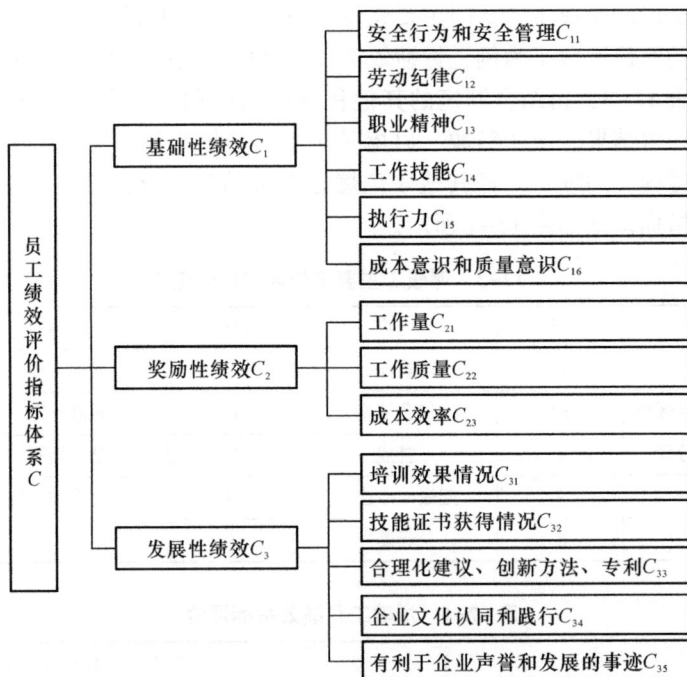

图 17-1　员工绩效评价指标体系

　　假设员工每月仅是薪酬中的 800 元化作绩效奖池，根据公式重新分配月绩效薪酬。爆破员 1：5×800×78.09/(78.09+86.54+85.29+96.63+89.09)= 717 元；爆破员 2：795 元；爆破员 3：783 元；爆破员 4：887 元；爆破员 5：818 元。同理，也可计算年度综合绩效奖金。

　　综上分析发现，绩效综合积分值排名：爆破员 4>爆破员 2>爆破员 3>爆破员 5>爆破员 1；月绩效薪酬分值排名：爆破员 4>爆破员 5>爆破员 2>爆破员 3>爆破员 1。从长远和短期看，本月绩效中爆破员 4 是最优秀的，但也应避免违反劳动纪律扣分，使自己绩效成绩更进一步；爆破员 2 和爆破员 5 的月绩效薪酬分值相差不大，但爆破员 2 被采纳 2 条合理化建议，因此在计算综合加分排名时，爆破员 2 反超爆破员 5，所以爆破员 5 如果想为了长远考虑就要关注发展性指标情况；月绩效薪酬中，最高与最低相差 170 元，如果绩效奖池中员工投入部分超过 800

元或者再流入部分扣罚金额，其差距会更大，适当地拉开了薪酬层次，达到激励员工目的。

17.3 绩效管理实施效果评价

17.3.1 绩效管理效果评价体系

企业实施绩效管理一段时间后，需要对绩效管理系统进行评价，来衡量一下绩效实施的效果。根据前文实践篇中的鞍钢矿业爆破企业的具体情况，依据构建绩效管理实施效果评价指标体系，对实施一个绩效周期后的系统进行数据收集和分析，目的是展现当前绩效管理的实际效果和寻找改进的不足点。

为评价绩效管理实施效果，制定绩效管理实施效果评价体系见表 17-5。从体系中来看，主要包括绩效管理体系构建评价和绩效管理实施评价两大部分的一级内容，其中绩效管理体系构建评价下主要涉及高层支持度、绩效管理实施目的恰当性、绩效管理层次及类型划分合理性、各层次及类型绩效评价指标体系合理性这四项有关体系自身的指标，绩效管理实施评价下主要涉及绩效管理实施效益成本比、绩效信息客观完整程度、绩效考评公平公开程度、绩效反馈面谈满意度、绩效改进的可操作性这五项有关绩效实际执行中的指标。

表 17-5 绩效管理实施效果评价指标体系

一级评价指标	二级评价指标
绩效管理体系构建	高层支持度
	绩效管理实施目的恰当性
	绩效管理层次及类型划分合理性
	各层次及类型绩效评价指标体系合理性
绩效管理实施	绩效管理实施效益成本比
	绩效信息客观完整程度
	绩效考评公平公开程度
	绩效反馈面谈满意度
	绩效改进的可操作性

鞍钢爆破绩效管理主要包括部门级绩效管理和员工级绩效管理，部门级绩效管理涉及安全生产（保卫）部、技术质量部、供销部、财务部、综合管理（党群）部、化工原料制备厂、分公司等；员工级绩效管理涉及中层管理人员、一般管理人员、技术人员、关键生产人员、其他生产和辅助生产人员五类人员。同时，每类部门和岗位人员对每个指标的重要性程度都是特定的，需要具体来考虑和分析。因此，对于公司内的绩效管理实施效果中的权重设计，可应用问卷调查

法、专家咨询法与层次分析法来结合完成。

　　具体分三步进行：第一步，组成权重设定专家组，组内成员包括鞍钢爆破的高层管理人员、项目部和职能部门的主管以及岗位员工代表，除此以外，还需要邀请几名相关领域的管理咨询专家。第二步，向专家组发放指标重要性调查表，进行各绩效指标的两两比较和重要性赋值。第三步，将结果进行汇总，然后计算指标权重。

17.3.2　绩效管理实施效果分析

17.3.2.1　绩效管理实施效果评价指标权重计算

　　层次分析法确定指标权重的具体步骤如下：

　　（1）建立层次结构。根据前文的分析，目标层为最高层，具体为鞍钢爆破绩效管理的实施效果，准则层为绩效管理体系构建评价和绩效管理实施两个方面，方案层（子准则）为高层支持度、绩效管理实施目的恰当性等九个绩效指标。

　　（2）构造判别矩阵。为了能够较为准确、科学合理的比较各绩效指标，鞍钢爆破选取公司总经理、部门主管、项目部经理、企业外聘专家以及人力资源专家，在熟悉鞍钢爆破具体情况人员和人力资源管理方面的条件下，组成了专家讨论小组。由他们按照准则相对重要性表格，将各级准则（即各层指标）进行打分，形成判断矩阵。其中，判断矩阵采用 1~9 级标度法进行判别矩阵赋值。

　　（3）计算元素相对权重值。运用矩阵的相关知识计算解决判别矩阵的最大特征值和其特征向量的问题。但这一步骤不需要追求特别高的精度，一般采用简便、实用的近似算法。限于篇幅，以绩效管理实施维度为例，具体计算，数据见表 17-6。借助计算机 MATLAB 软件，输入即可求解出最大特征值以及对应的特征向量，即为权重值。

表 17-6　绩效管理实施维度比较矩阵

项　　目	财务绩效管理实施效益成本比 C_1	绩效信息客观完整程度 C_2	绩效考评公平公开程度 C_3	绩效反馈面谈满意度 C_4	绩效改进的可操作性 C_5
财务绩效管理实施效益成本比 C_1	1	1	1/3	3	1
绩效信息客观完整程度 C_2	—	1	1	1	1
绩效考评公平公开程度 C_3	—	—	1	3	1

项 目	财务绩效管理实施效益成本比 C_1	绩效信息客观完整程度 C_2	绩效考评公平公开程度 C_3	绩效反馈面谈满意度 C_4	绩效改进的可操作性 C_5
绩效反馈面谈满意度 C_4	—	—	—	1	1/3
绩效改进的可操作性 C_5	—	—	—	—	1

计算权重为 $W_2=(0.1887,0.1887,0.2973,0.0991,0.2261)$，$\lambda_{max}=5.2991$。

（4）一致性检验。在解决实际问题时，构造的判别矩阵不一定具有一致性，可能出现相互矛盾的结果，因此，需要进行一致性检验。

度量判别矩阵偏离一致性的指标，用 CI 表示，CI 值越大，表示偏离完全一致性的越大；越小（趋向零），表示一致性越好。

$$CI=\frac{\lambda_{max}-n}{n-1}=0.0748$$

引入平均随机一致性指标 RI，可查表获得，见表 17-7。

表 17-7 平均随机一致性指标

矩阵阶数	1	2	3	4	5	6	7	8	9
RI	0.00	0.00	0.58	0.96	1.12	1.24	1.32	1.41	1.45

一致性率 $CR=\dfrac{CI}{RI}=0.0668<0.1$，认为矩阵具有满意的一致性。

（5）确定各层最终权重。只有矩阵通过一致性检验，求得的最大特征向量所代表的相对权重值才认为是有效和可接受的。即 $W_2=(0.1887,0.1887,0.2973,0.0991,0.2261)$。

同理，重复上述过程，各维度下的权重即可计算获得：

$$W=(0.4600,0.5400)$$
$$W_1=(0.6250,0.1250,0.1250,0.1250)$$

17.3.2.2 绩效管理实施效果评价

在实际数据收集的过程中，采用发放调查问卷的形式进行，涉及公司各个部门的中层管理人员、一般管理人员、技术人员、关键生产人员、其他生产和辅助生产人员五类岗位员工，总共收到问卷103份，其中男女比例为77：26，五类岗位人员分布状况为9：38：16：20：20，年龄段涉及21~59岁，以中青年居多，员工各类岗位员工对于目前绩效考核制度的清楚情况如图 17-2 所示。

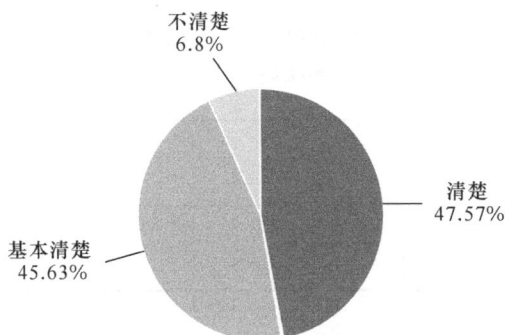

图 17-2　目前绩效考核制度的清楚情况

　　从问卷反馈意见来看，大多数的员工十分支持公司实行的绩效管理体系，希望领导继续高度关注和加大奖励的力度，合理地制定考核政策，并能够公平公正的严格执行和落实。当然，实施过程中也存在一些较为严重的问题，比如个别部门或小组的规则朝令夕改，管理者认识不足或执行不到位，导致员工困惑；部分项目工作任务重，岗位多，熟悉所有业务的专业性人才较少，导致实际落实中未安排专项绩效工作人员。

　　除此以外，问卷针对当前绩效管理的实施情况，要求各岗位员工对目前绩效管理实施效果的各指标进行打分，求得的各指标分数总体算术平均值见表 17-8。

表 17-8　各指标分数总体算术平均值

指　标　名　称	算术平均值
高层支持度	89.58
绩效管理实施目的恰当性	88.45
绩效管理层次及类型划分合理性	87.98
各层次及类型绩效评价指标体系合理性	87.03
绩效管理实施效益成本比	86.57
绩效信息客观完整程度	86.25
绩效考评公平公开程度	87.40
绩效反馈面谈满意度	85.18
绩效改进的可操作性	87.31

中层管理者对各指标打分的算术平均值见表 17-9。

表 17-9 中层管理者各指标分数算术平均值

指 标 名 称	算术平均值
高层支持度	86.88
绩效管理实施目的恰当性	85.63
绩效管理层次及类型划分合理性	83.13
各层次及类型绩效评价指标体系合理性	90.00
绩效管理实施效益成本比	81.25
绩效信息客观完整程度	80.00
绩效考评公平公开程度	83.75
绩效反馈面谈满意度	82.50
绩效改进的可操作性	88.13

一般管理人员对各指标打分的算术平均值见表 17-10。

表 17-10 一般管理者各指标分数算术平均值

指 标 名 称	算术平均值
高层支持度	87.50
绩效管理实施目的恰当性	86.68
绩效管理层次及类型划分合理性	85.20
各层次及类型绩效评价指标体系合理性	84.00
绩效管理实施效益成本比	83.70
绩效信息客观完整程度	84.00
绩效考评公平公开程度	84.45
绩效反馈面谈满意度	81.23
绩效改进的可操作性	84.10

专业技术人员对各指标打分的算术平均值见表 17-11。

表 17-11 专业技术人员各指标分数算术平均值

指 标 名 称	算术平均值
高层支持度	88.75
绩效管理实施目的恰当性	89.75
绩效管理层次及类型划分合理性	90.00

续表 17-11

指　标　名　称	算术平均值
各层次及类型绩效评价指标体系合理性	86.56
绩效管理实施效益成本比	89.13
绩效信息客观完整程度	86.63
绩效考评公平公开程度	88.94
绩效反馈面谈满意度	85.44
绩效改进的可操作性	88.19

关键技术人员对各指标打分的算术平均值见表 17-12。

表 17-12　关键技术人员各指标分数算术平均值

指　标　名　称	算术平均值
高层支持度	92.50
绩效管理实施目的恰当性	89.00
绩效管理层次及类型划分合理性	88.80
各层次及类型绩效评价指标体系合理性	88.80
绩效管理实施效益成本比	88.42
绩效信息客观完整程度	89.00
绩效考评公平公开程度	89.15
绩效反馈面谈满意度	88.50
绩效改进的可操作性	88.50

由表 17-8、表 17-10、表 17-11 可知，各岗位员工尤其一般管理人员和专业技术人员对绩效反馈面谈满意度不高，因此应提高反馈效率，对反馈结果充分负责；由表 17-9 可知，中层管理者对绩效信息客观完整程度指标打分不高，因此应对绩效信息进行广泛搜集，保证客观完整；由表 17-12 可知，关键技术人员对绩效管理的实施效益成本比打分不高，因此应该在生产环节及生产技术方面尽量降低成本，提高效益。

算术平均值仅能反映总体的分值水平，对于各区间的分值分布无法体现。因此，针对数据进一步地进行频率统计，设置打分情况小于 60、60~70、70~80、80~90、90~100 这五个区间，最终分析得到高层支持度指标的打分情况如图 17-3 所示，绩效管理实施目的恰当性指标打分情况如图 17-4 所示，绩效管理层次及类型划分合理性指标的打分情况如图 17-5 所示，各层次及类型绩效评价指标体系合理性指标的打分情况如图 17-6 所示，绩效管理实施效益成本比指标的打分情况如图 17-7 所示，绩效信息客观完整程度的打分情况如图 17-8 所示，绩效考评公平公开程度的打分情况如图 17-9 所示，绩效反馈面谈满意度的打分情况如图 17-10 所示，绩效改进的可操作性的打分情况如图 17-11 所示。

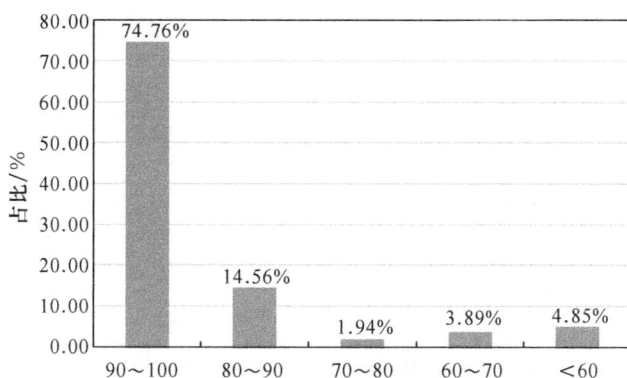

图 17-3　高层支持度打分情况

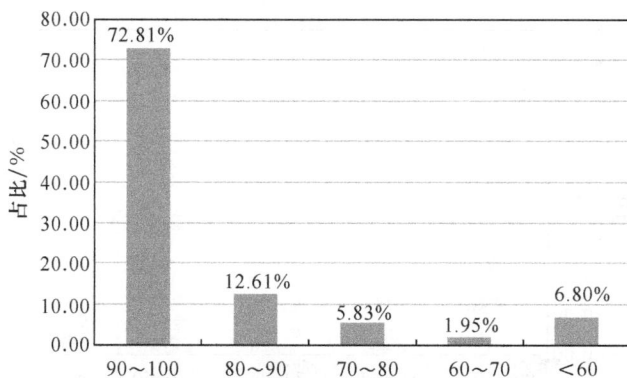

图 17-4　绩效管理实施目的恰当性打分情况

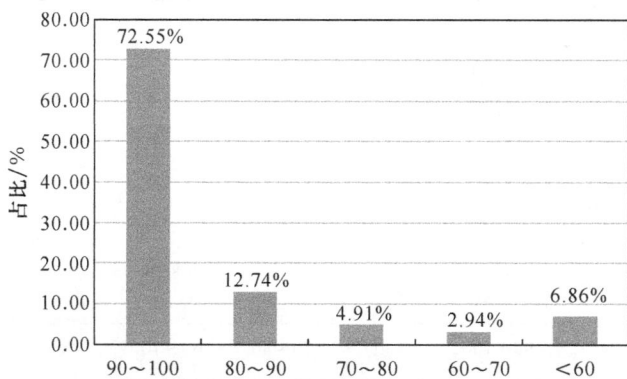

图 17-5　绩效管理层次及类型划分合理性打分情况

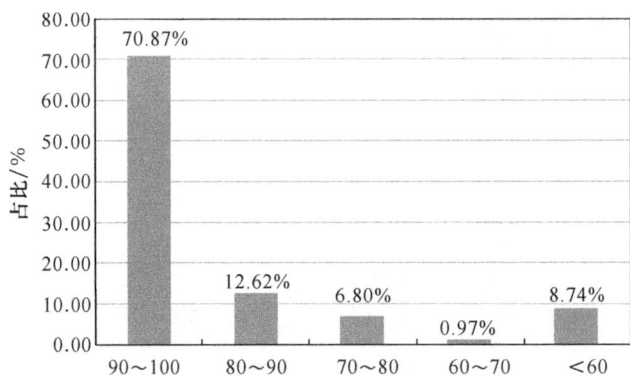

图 17-6　各层次及类型绩效评价指标体系合理性打分情况

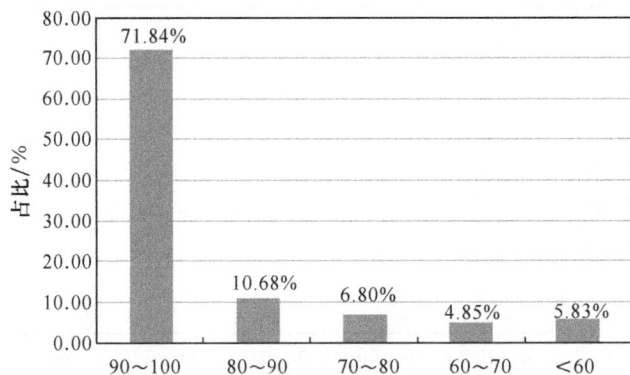

图 17-7　绩效管理实施效益成本比打分情况

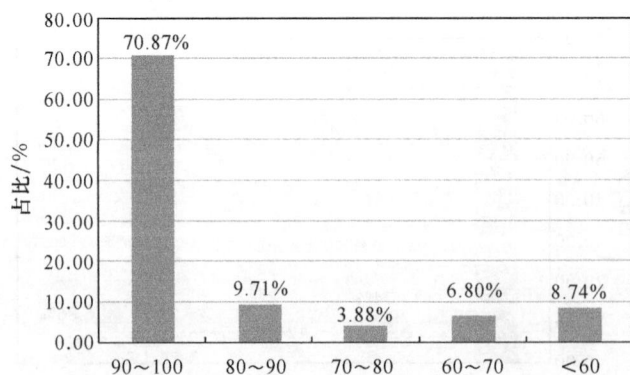

图 17-8　绩效信息客观完整程度打分情况

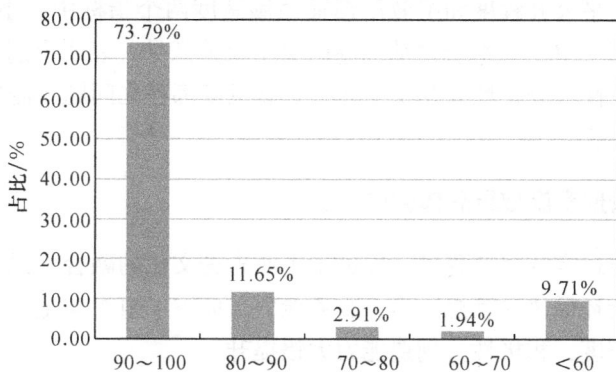

图 17-9　绩效考评公平公开程度打分情况

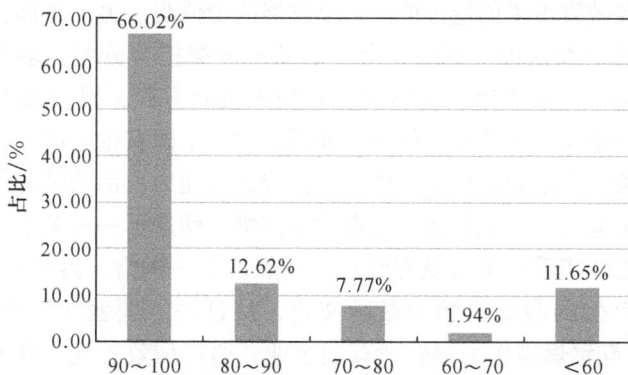

图 17-10　绩效反馈面谈满意度打分情况

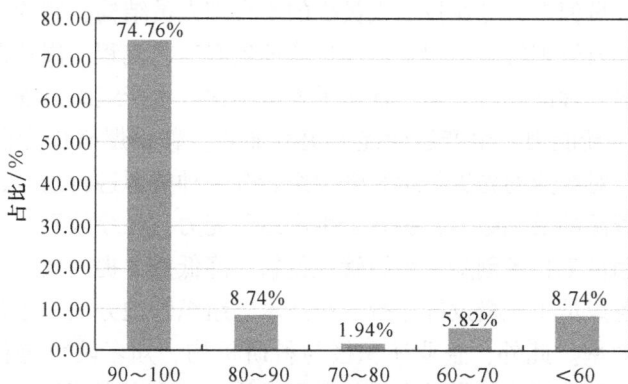

图 17-11　绩效改进的可操作性打分情况

　　由图发现，各绩效管理实施效果的指标评价值大体上处于 60 分以上，且占比在 90% 左右，一定程度上反映当前绩效管理实施是较为满意的。进一步观察发现，绩效考评公平公开程度和绩效反馈面谈满意度两个指标中，小于 60 分的比重相比较而言高于 10%，结合之前问卷的文字反馈意见，表明个别员工对于绩效管理实施的公平性、公正性以及反馈环节的满意度都存在问题，需要下一步工作中认真解决和改善。

17.3.3　绩效管理实施效果总体评价

鞍钢爆破通过实施绩效管理，促进了企业先进文化的融合，提升了企业生产运营能力、安全环保风险管控能力、服务能力，促进了组织与生产的优化，改变了员工的工作态度，积极性、创造能力大幅提升。

（1）先进文化融合。经过绩效管理的实施，以及多年理念、观念、体制及模式的磨合运营，逐渐形成了具有鞍钢爆破特色的企业文化。一方面，在理念和行动上，鞍钢爆破秉承了创造价值、共享发展的价值观。另一方面，鞍钢爆破改变了国有企业的"大锅饭"现象，员工的薪酬分配按劳分配，多劳多得、少劳少得、不劳不得，完成了市场化转变；在用人机制方面，岗位选人以能力为基础，改变了国有企业用人能上不能下的局面，改变了国有企业岗位晋升中常存在的论资排辈现象。薪酬发放按劳分配、岗位晋升以能力说话的绩效管理制度，将企业目标、员工努力、员工利益进行有效的捆绑，塑造了一种公平、良性竞争的文化氛围，员工切实看到努力就有收获、发展前景，懒惰、落后就要受到惩罚，从而形成一种有效的激励机制和激励文化，从过去"要我干"转变为"我要干"。可以说，鞍钢爆破作为混合所有制企业，通过绩效管理，有效解决了企业文化冲突问题，融合了先进文化。

（2）组织与生产优化。由于多种原因，鞍钢爆破在组织人员结构上存在一般管理、服务人员偏多，专业技术人员少的不合理人员结构，制约了公司技术创新的能力。在绩效管理实施过程中，通过梳理生产工艺流程、岗位及其职责，进一步调减了一般管理岗、服务岗，优化了人员结构、生产组织流程。

（3）企业创新能力、生产运营能力提升显著。鞍钢爆破作为混合所有制企业，资本混合，对企业的先进技术和管理经验等各种资源进行组合，通过绩效管理促进了各项资源的最优组合，提升了生产运营能力。在绩效管理过程中，鞍钢爆破鼓励和激励员工技术创新、组织管理创新、降低成本提高效率，营造了科技创新新环境，各级员工积极发挥才智，在技术、组织管理方面勇于创新，降低成本，提高生产效率。此外，企业还积极与科研机构、知名院校进行合作。近年来，取得了一批具有国内外先进水平的科研成果，其中有多项研究成果填补国内行业空白，发明专利技术 14 项，企业核心竞争力提升显著，促进了企业创新与发展，提升了超值服务水平，提升了营销能力、安全环保风险管控能力。

通过绩效管理，企业生产效率、设备作业效率、利润率提升显著，2018 年利润率达到了12%。其中，化工原料制备厂2019年产量较上年增幅12.8%，而行车主要材料消耗柴油和轮胎下降，行车用油下降11.9%，轮胎用量下降8.5%；关宝山项目部2019年爆破生产率较上年提高了13%，牙轮钻机生产率提高了5%，利润率提升了6.9%。通过绩效管理，企业稳步发展，由先进企业向优秀企业迈进。

（4）员工积极性大大提高。绩效管理实施前，优秀得不到肯定，懒惰得不到惩罚，员工参加额外劳动的动力不足。通过绩效管理，将员工利益直接与绩效挂钩，大大提升了员工的工作积极性，彻底转变了"要我干"的状态，变成了"我要干"。此外，经过一段实践绩效管理的实施，混合所有制企业原国有企业员工慢慢接受了身份变化，在绩效考核时，与非国有企业员工一样，多劳多得，不劳不得，形成了按劳分配、以能力说话的岗位晋升机制，形成了干得多薪酬就多、只要有能力就有晋升空间的公平公正的氛围，当员工绩效差、能力不适合当前岗位时，调岗、降级、降低薪酬，公平公正的绩效管理进一步凝聚了人心，同时，绩效管理还鼓励大家不局限于自己的那"一亩三分地"，支持员工在做好本职工作的基础上精益求精、技术创新、组织管理创新，形成了员工的创新意识，时刻为企业发展着想，积极发挥才智为企业降低成本、增加效益献计献策的良好氛围。此外，在绩效管理的引导下，员工逐步形成了安全第一、生命至上、注重环保的理念和行为模式。

（5）绩效管理需在实践过程中不断调整和完善。鞍钢爆破的绩效管理取得了良好的效果，不过在绩效考核指标设计、绩效反馈和绩效改进指导等方面还需要不断完善和加强。为了更好地体现绩效管理的实施效果，鞍钢爆破应该在各级领导的支持下，针对绩效指标划分合理性不够高等问题，结合任务流程、岗位职责等对岗位人员绩效考核指标、分值、工作量积分等设计，并根据技术、组织管理的变化，及时调整绩效考核指标。同时，在绩效实施过程中，充分发挥各级领导推行绩效管理的强大力量，公平公正的开展考评、绩效反馈、绩效改进指导，促使全公司各级人员树立正确的绩效观，对绩效管理系统不断进行完善。

参 考 文 献

[1] 何伟. 大力发展混合经济 [J]. 理论视野, 2004 (4): 19~22.

[2] 晓亮. 论混合所有制与股份制 [J]. 现代经济探讨, 2003 (10): 3~5.

[3] 朱光华. 大力发展混合所有制: 新定位、新亮点 [J]. 南开学报, 2004 (1): 3~5.

[4] 田广, 刘瑜. 中国的混合所有制如何不同于西方——理论、实践与制度创新 [J]. 人民论坛·学术前沿, 2014 (6): 24~35.

[5] 王永年. 广义混合所有制概念辨析 [J]. 江淮论坛, 2004 (6): 21~24.

[6] 范帅邦, 郭琪, 贺灿飞. 西方经济地理学的政策研究综述——基于 CiteSpace 的知识图谱分析 [J]. 经济地理, 2015 (5): 15~24.

[7] 王竹泉, 权锡鉴. 混合所有制改革是每一个企业均可以享受的政策红利——兼论中国特色企业理论与政企关系话语体系构建 [J]. 财会月刊, 2018 (23): 3~9.

[8] 李亚光. 试论发展混合所有制经济 [J]. 财经研究, 1999 (8): 3~5.

[9] 常修泽. 发展混合所有制经济: 完善市场经济体制新课题 [J]. 浙江经济, 2003 (21): 12~13.

[10] 黄速建. 中国国有企业混合所有制改革研究 [J]. 经济管理, 2014, 36 (7): 1~10.

[11] 马连福, 王丽丽, 张琦. 混合所有制的优序选择: 市场的逻辑 [J]. 中国工业经济, 2015 (7): 5~20.

[12] 李跃平. 回归企业本质: 国企混合所有制改革的路径选择 [J]. 经济理论与经济管理, 2015 (1): 22~25.

[13] 季开胜. 关于推进混合所有制经济发展的思考 [J]. 经济问题探索, 2000 (2): 12~14.

[14] 李中义, 李月. 发展混合所有制经济的路径 [J]. 经济研究参考, 2016 (24): 33~34.

[15] 吴广津. 混合所有制经济与国有企业改革 [J]. 行政与法 (吉林省行政学院学报), 2002 (6): 54~55.

[16] 姜凌, 许君如. 新时代国企混合所有制改革路径探究 [J]. 全球商业经典, 2019 (11): 24~29.

[17] 吴爱存. 国有企业混合所有制改革的路径选择 [J]. 当代经济管理, 2014, 36 (10): 37~39.

[18] 陈晓珊. 国有企业混合所有制改革的方式选择——基于社会福利最大化视角 [J]. 首都经济贸易大学学报, 2017, 19 (4): 78~86.

[19] 阿布都合力力·阿布拉. 浅析国有企业混合所有制改革中人力资源管理变革 [J]. 人才资源开发, 2017 (11): 60~61.

[20] 李佳. 对国企混合所有制改革后人力资源管理工作的几点思考 [J]. 人力资源管理, 2016 (3): 59~61.

[21] 廖圣, 李剑科. 浅析国企混合所有制改革下人力资源管理工作的建议 [J]. 人才资源开发, 2018 (24): 79~80.

[22] 沈明达. 混合所有制集团文化的整合与落地 [J]. 企业文明, 2015 (4): 53~55.

[23] 童有好. 略论混合所有制企业的文化融合 [J]. 理论导刊, 2015 (6): 106~108.

[24] 刘惟佳. 混合所有制改革中的企业文化整合研究 [J]. 企业改革与管理, 2019 (10):

190~191.

[25] 李开海，赵坤，林楠. 班组"工作积分制"考核方法研究 [J]. 商场现代化，2008 (5)：89~91.

[26] 党光远，杨涛. 混合所有制下的国有煤炭企业人力资源管理 [J]. 煤炭经济研究，2014，34 (5)：36~39.

[27] 仲理峰，时勘. 绩效管理的几个基本问题 [J]. 南开管理评论，2002：15~19.

[28] 秦尊文，徐志宽，彭雪莲. 一种新的绩效管理模式——对企业积分制管理的研究与思考 [J]. 湖北社会科学，2017 (2)：70~76.

[29] 孟祥林. "工作积分制"绩效考核制度的喜与忧 [J]. 中国人力资源开发，2013 (21)：63~68.

[30] 蔡艳萍，朱红. 基于 EVA 的中小企业绩效评价研究 [J]. 求索，2013 (4)：45~47.

[31] 许金叶，杨翌，许玉琴. 基于企业战略的绩效评价体系研究——以 F 公司为例 [J]. 会计之友，2018 (6)：95~100.

[32] 王竹. 房地产企业绩效管理体系构建 [J]. 财会通讯，2016 (20)：55~57.

[33] 孙艳兵. 平衡计分卡在高新技术企业绩效管理中的应用 [J]. 财会月刊，2019 (1)：33~39.

[34] 刘建岭. 基于平衡计分卡的出版企业绩效评估体系构建研究 [J]. 科技与出版，2017 (7)：39~43.

[35] 李升泽. 双视角下成长型企业绩效棱柱评价 [J]. 统计与决策，2015 (19)：182~185.

[36] 杨依如，蒋婷婷. 低碳经济视角下物流企业绩效评价体系设计——基于绩效棱柱及层次分析的综合方法 [J]. 会计之友，2013 (24)：31~34.

[37] 刘国斌，冀晶焱. 基于 BSC 和 KPI 的高校绩效预算评价体系构建 [J]. 会计之友，2015 (8)：126~129.

[38] 修海涛. EVA 与 BSC 结合下的国有企业绩效评价——基于 G 盐业集团的案例分析 [J]. 财会通讯，2015 (1)：11~14.

[39] 彭蓉，冯俊，覃娴静，等. 基于德尔菲法的乡镇卫生院精神卫生服务绩效评价指标体系研究 [J]. 现代预防医学，2019，46 (20)：3745~3748，3767.

[40] 梁永康，杨水利. 制造企业服务化绩效评价指标体系研究 [J]. 运筹与管理，2018，27 (9)：176~180.

[41] 秦捷，周博文. 从生态视角展开的企业绩效评价研究 [J]. 生态经济，2017，33 (10)：76~79.

[42] 颜冠鹏，冉启英. 供给侧改革背景下国有混合制企业绩效评价体系构建 [J]. 商业经济研究，2017 (13)：91~94.

[43] 晁坤，蒋苓. 基于拓展平衡计分卡的国有煤炭企业绩效评价指标体系 [J]. 中国煤炭，2013，39 (11)：22~25.

[44] 刘伯恩. 中国矿业企业社会责任绩效体系与推进措施 [J]. 中国人口·资源与环境，2017 (27)：177~180.

[45] 汪榜江，徐慧娥，郑巨坤. 基于 CSR 与 BSC 整合的制造企业绩效评价指标体系构建 [J]. 财会月刊，2016 (33)：104~108.

[46] 张琦，刘克. 基于利益相关者理论的企业绩效评价指标体系 [J]. 系统工程，2016，34
　　　（6）：155~158.

[47] 张茹清. 基于利益相关者协同理论的石油石化企业绩效评价研究 [J]. 财会通讯，2014
　　　（8）：58~60.

[48] 刘振华，张长江. 可持续视角下重污染企业绩效评价研究——基于 COWA 算子和云模型
　　　[J]. 科技管理研究，2019，39（1）：235~241.

[49] 王爱国，刘洋，隋敏. 企业绿色发展绩效评价指标体系的构建与应用——以山东钢铁股
　　　份有限公司为例 [J]. 财会月刊，2019（10）：61~68.

[50] 高丹秋，李月娥. 资源企业绩效评价指标体系重构及实证分析 [J]. 财会月刊，2010
　　　（15）：49~51.

[51] 欧阳峰，曾靖. 基于主成分——粗糙集方法的战略性新兴产业创新驱动绩效评价——以
　　　战略性新兴产业上市公司为样本 [J]. 工业技术经济，2015，34（12）：30~39.

[52] 董昕. 基于 PSR 模型的水环境绩效审计评价体系构建及应用 [J]. 财会通讯，2018
　　　（13）：73~77.

[53] 沈小庆. 浅析 EVA 在工程设计企业部门绩效考核中的应用 [J]. 人力资源管理，2015
　　　（7）：146.

[54] 郑德枢. 融入传统管理模式的企业部门 KPI 考核体系的建立 [J]. 科技创业家，2013
　　　（21）：228~231.

[55] 张颖. 企业集团子公司部门绩效评价体系研究——基于浙江物产集团下属 ZJ 公司构建实
　　　例 [J]. 企业经济，2010（10）：36~38.

[56] 林琳. 国有企业职能部门绩效考核机制的探索——基于平衡计分卡的角度 [J]. 科技与
　　　创新，2017（15）：101~102.

[57] 崔健，罗新远，杨柳青. 科技型民营企业绩效管理体系设计与优化——基于 BSC 的视角
　　　[J]. 会计之友，2019（9）：78~81.

[58] 徐晴，杨跃锋. 企业职能部门绩效量化考核的难点及其突破 [J]. 中国人力资源开发，
　　　2013（7）：53~58.

[59] 衡文睿. 基于七步法的大型物流运输企业部门考评指标设计 [J]. 物流技术，2015，34
　　　（6）：155~157.

[60] 孙田江，范明，周云隆. 高新技术企业研发部门关键绩效指标制定的实证研究——以医
　　　药企业为例 [J]. 科技管理研究，2012，32（12）：93~95，113.

[61] 王晋霞. 煤炭企业机关部门绩效考核 [J]. 现代经济信息，2012（2）：33.

[62] 李鑫，孙千洲. 基于工作流程的企业职能部门精细化考核 [J]. 中国人力资源开发，
　　　2013（19）：54~60，68.

[63] 郑二维，李雪梅，曲松涛，等. 基于决定型利益相关者的临床科室绩效评价模型构建研
　　　究 [J]. 中国卫生经济，2018，37（11）：73~75.

[64] 张升飞，陈沛然. AHP 法在团队绩效评估中的应用研究——以 K 公司为例 [J]. 学理
　　　论，2011（16）：79~81.

[65] 何辉，肖慧芹，齐彦. 基于岗位一体化的团队绩效考评体系构建：以某国有供热公司为
　　　例 [J]. 中国人力资源开发，2017（2）：105~112.

[66] 胡泽民, 刘杰, 莫秋云, 等. 基于 DEA-FCA 模型的科技创新团队绩效评价研究 [J]. 科技管理研究, 2017, 37 (14): 64~69.

[67] 涂振洲, 陈昌权. 基于系统动力学的企业研发团队绩效管理研究 [J]. 科技进步与对策, 2010, 27 (21): 140~145.

[68] 赵曙明. 员工素质、协作性、积极性与绩效的关系: 三种资本整合的视角 [J]. 管理世界, 2012 (10): 178~179.

[69] 郭名, 叶龙. 高速铁路司机胜任素质和工作经验对安全绩效影响研究 [J]. 北京交通大学学报 (社会科学版), 2012, 11 (2): 52~58, 85.

[70] 朋震. 员工胜任力、组织支持感与客户服务绩效关系研究 [J]. 山东社会科学, 2017 (7): 134~139.

[71] 张丽, 王艳平. 基于层次回归模型的员工创造力、创新绩效与创新氛围关系研究 [J]. 哈尔滨商业大学学报 (社会科学版), 2018 (2): 65~73.

[72] 马海燕, 沈明. 员工特质、营销能力与营销绩效的实证研究 [J]. 现代管理科学, 2012 (7): 108~110.

[73] 宋靖, 张勇, 贾铖, 等. 越多主动、越高绩效: 组织社会化与组织认同的作用 [J]. 中国人力资源开发, 2019, 36 (10): 19~31.

[74] 刘金波, 王兰云. 绩效评估公平感与员工敬业度的关系研究 [J]. 科技管理研究, 2012, 32 (6): 136~138, 142.

[75] 马述杰. 基于工作绩效的员工敬业度提升有效性研究 [J]. 东岳论丛, 2017, 38 (12): 132~139.

[76] 黄泽群, 颜爱民, 陈世格, 等. 资质过高感对员工敬业度的影响: 组织自尊和高绩效工作系统的作用 [J]. 中国人力资源开发, 2019, 36 (9): 18~31.

[77] 周小曼, 温碧燕, 陈小芳, 等. 酒店员工正面心理资本、敬业度与工作绩效的关系研究——基于师徒制的视角 [J]. 旅游学刊, 2019, 34 (9): 57~69.

[78] 戚玉觉, 杨东涛. 高绩效工作系统与员工建言的关系: 价值观匹配的中介作用与领导成员交换的调节作用 [J]. 商业经济与管理, 2018 (8): 36~46.

[79] 李伟, 梅继霞. 内在动机、工作投入与员工绩效: 基于核心自我评价的调节效应 [J]. 经济管理, 2012, 34 (9): 77~90.

[80] 张兰霞, 张靓婷, 付竞瑶, 等. 员工建言行为在目标导向与工作绩效间的传导作用研究 [J]. 管理学报, 2018, 15 (6): 827~836.

[81] 彭小玲, 付景涛. 绩效工资强度对员工绩效结构的影响 [J]. 湖南师范大学社会科学学报, 2016, 45 (4): 77~82.

[82] 王淑红, 王玉同, 马佳意. 关系实践对员工绩效改进动机的影响研究 [J]. 科研管理, 2018, 39 (5): 147~155.

[83] 王小予, 赵曙明, 李智. 员工绩效对人际伤害行为的研究评述与展望 [J]. 管理学报, 2019, 16 (9): 1415~1422.

[84] 付博, 于桂兰, 梁潇杰. 上下级关系实践对员工工作绩效的 "双刃剑" 效应: 一项跨层次分析 [J]. 科研管理, 2019, 40 (8): 273~283.

[85] 邓益民, 沈虹. 组织公平与员工绩效: 基于商业银行的实证分析 [J]. 江海学刊, 2012

(5)：103~108.

[86] 马君, 王雎, 杨灿. 差序格局下绩效评价公平与员工绩效关系研究 [J]. 管理科学, 2012, 25 (4)：56~68.

[87] 何会涛, 袁勇志, 彭纪生. 绩效评价导向对员工创造性的影响——绩效评价公平性的调节作用 [J]. 科学学研究, 2012, 30 (5)：739~747.

[88] 朱仁崎, 孙多勇, 彭黎明. 组织公平与工作绩效的关系：组织支持感的中介作用 [J]. 系统工程, 2013, 31 (6)：30~36.

[89] 张永军. 绩效考核公平感对反生产行为的影响：交换意识的调节作用 [J]. 管理评论, 2014, 26 (8)：158~167, 180.

[90] 高俊山, 姜泽许, 张黎明. 绩效考核公平感对员工组织认同的影响路径——基于需求满足感的中介模型检验 [J]. 河北大学学报 (哲学社会科学版), 2014, 39 (3)：110~115.

[91] 余璇, 陈维政. 公平标准认知差异对员工分配公平感及绩效的影响研究 [J]. 当代经济管理, 2017, 39 (4)：58~65.

[92] 刘涛, 杨慧瀛. 组织公平、劳动关系氛围与倦怠感对员工工作绩效的影响——一个有调节的中介模型 [J]. 贵州财经大学学报, 2019 (5)：44~53.

[93] 高俊山, 姜泽许, 张黎明. 发展性绩效考核如何影响员工组织认同——考核公平感中介效应的检验与分析 [J]. 河北经贸大学学报, 2014, 35 (1)：122~125.

[94] 吴婷, 刘宁. 企业奖励与员工创新绩效关系的元分析研究 [J]. 华南师范大学学报 (社会科学版), 2016 (1)：143~151, 192.

[95] 杨涛, 马君, 冯雪. 绩效薪酬与员工创造力关系研究述评与展望 [J]. 科技进步与对策, 2017, 34 (15)：154~160.

[96] 陈胜军, 王宇迪, 郑清萍. 团队薪酬差距与工作绩效的关系研究——以企业文化为调节变量 [J]. 经济与管理研究, 2017, 38 (10)：54~60.

[97] 张山虎, 杨俊青. 总体报酬、人力资本投资与员工创新绩效——有中介的调节模型 [J]. 广东社会科学, 2018 (2)：40~50.

[98] 王红芳, 杨俊青, 刘伟鹏. 总体报酬对员工绩效的影响机制研究——基于社会交换理论视角 [J]. 软科学, 2019, 33 (10)：76~81.

[99] 胡新平, 廖冰, 徐家运. 员工中庸思维、组织和谐与员工绩效的关系研究 [J]. 西南大学学报 (社会科学版), 2012, 38 (5)：166~172, 176.

[100] 王晨曦, 范雪灵, 周禹. 调节定向对员工绩效的影响研究——基于目标导向的中介效应 [J]. 软科学, 2018, 32 (7)：61~64.

[101] 詹小慧, 李群. 组织支持感与员工创新绩效：一个跨层次的调节模型 [J]. 当代经济管理, 2020, 42 (1)：71~77.

[102] 李敏, 蔡惠如. 工会承诺、组织承诺和员工绩效——被企业所有制类型跨层次调节的中介模型 [J]. 商业经济与管理, 2015 (5)：42~49, 67.

[103] 张倩, 何姝霖, 时小贺. 企业社会责任对员工态度和绩效的影响探析 [J]. 现代管理科学, 2014 (9)：108~110.

[104] 颜爱民, 李歌. 企业社会责任对员工行为的跨层分析——外部荣誉感和组织支持感的

中介作用 [J]. 管理评论, 2016, 28 (1): 121~129.

[105] 刘俊, 秦传燕. 企业社会责任与员工绩效的关系: 一项元分析 [J]. 心理科学进展, 2018, 26 (7): 1152~1164.

[106] 张若勇, 闫石, 邵琪. 同事建言对员工任务绩效影响机制的研究 [J]. 兰州大学学报 (社会科学版), 2019, 47 (4): 73~82.

[107] 苏晓艳, 汤璇, 苏俊. 进言动机归因的一致性对员工绩效评估的影响——基于管理者 他评与员工自评的比较 [J]. 软科学, 2019, 33 (10): 64~69, 75.

[108] 郭云, 廖建桥. 上级发展性反馈对员工工作绩效的作用机理研究 [J]. 管理科学, 2014, 27 (1): 99~108.

[109] 陈卫旗. 任务特征对人—组织匹配与员工绩效关系的调节作用 [J]. 广州大学学报 (社会科学版), 2012, 11 (9): 52~58.

[110] 张宗贺, 刘帮成. 人—职位匹配、组织支持感与个体绩效关系研究——以公共部门员 工为实证对象 [J]. 管理学刊, 2017, 30 (6): 42~51.

[111] 柳文轩, 倪得兵, 唐小我. 组织员工认同度与组织绩效间的关系 [J]. 中国管理科学, 2014, 22 (S1): 574~580.

[112] 刘宗华, 李燕萍, 郑馨怡. 企业社会责任、员工—企业认同和员工绩效的关系 [J]. 浙 江工商大学学报, 2017 (1): 103~113.

[113] 王虹. 高绩效工作系统的结构维度及其对企业绩效影响研究 [J]. 软科学, 2011, 25 (1): 140~144.

[114] 金星彤. 高绩效工作系统对员工行为影响研究 [J]. 大连理工大学学报 (社会科学 版), 2012, 33 (3): 39~44.

[115] 阎亮, 白少君. 高绩效工作系统与员工创新行为——个人感知视角的影响机制 [J]. 科 技进步与对策, 2016, 33 (20): 134~139.

[116] 王宏蕾, 孙健敏. 高绩效工作系统与创新行为的关系研究: 一个有调节的中介模型 [J]. 科学学与科学技术管理, 2017, 38 (12): 61~73.

[117] 曹曼, 席猛, 赵曙明. 高绩效工作系统对员工幸福感的影响——基于自我决定理论的 跨层次模型 [J]. 南开管理评论, 2019, 22 (2): 176~185.

[118] 郭朝晖, 李永周, 马金平. 高绩效工作系统、战略柔性与企业成长——基于恒大集团 的案例研究 [J]. 管理案例研究与评论, 2019, 12 (4): 349~364.

[119] 葛江徽. 基于模糊多属性模型的企业员工绩效评价 [J]. 重庆理工大学学报 (自然科 学版), 2016, 12 (30): 147~153.

[120] 余顺坤, 周黎莎, 李晨. ANP-Fuzzy 方法在电力企业绩效考核中的应用研究 [J]. 中国 管理科学, 2013, (21): 165~173.

[121] 尹来华. 基于层次分析法的石油企业员工绩效评价 [J]. 油气田地面工程, 2014, 33 (8): 5~6.

[122] 许敏, 宋亚欣. 基于层次分析法的知识型员工绩效考核体系设计 [J]. 河北科技大学学 报, 2009, 30 (4): 365~369.

[123] 李博. 基于 KPI 和因子分析法的物流企业员工绩效考核指标体系研究 [J]. 物流技术, 2013, 32 (13): 266~268.

[124] 刘太良，沈博，王瑜，等. 基于 AHP 的××烟草公司基层员工关键绩效指标考核体系构建 [J]. 中国市场，2020（13）：82~84.

[125] 段磊. 员工个人绩效评价维度研究 [J]. 企业管理，2014（4）：118~120.

[126] 项利华. 基于平衡计分卡的 M 集团营销员工绩效考核指标体系研究 [J]. 中国市场，2017（35）：120~121.

[127] 陈佳庆. 基于平衡计分卡的员工绩效考核体系设计 [J]. 价值工程，2017，36（22）：7~9.

[128] 李飞霞，王婧. 不同部门员工绩效评价结果的协调和比较 [J]. 中国人力资源开发，2008（6）：46~48.

[129] 蔡红，李树贤. 建筑师事务所绩效考核管理体系设计 [J]. 科技管理研究，2013，33（13）：181~184.

[130] 张倩颖，马路. 高校图书馆员工绩效考核指标体系的构建 [J]. 中华医学图书情报杂志，2014，23（2）：11~15.

[131] 乔凤珠. 基于主成分分析法的中小型民营企业员工绩效考核研究——以 KY 轴承制造公司为例 [J]. 中国人力资源开发，2011（3）：44~48.

[132] 吴钢. 知识型员工绩效考核指标体系研究——基于因子分析和 AHP 法 [J]. 科技管理研究，2009，29（12）：421~422.

[133] 周黎莎，李晨，余顺坤. 基于粗糙集的电网企业低碳管理型员工绩效评价研究 [J]. 水电能源科学，2011，29（12）：184~187，215.

[134] 黄绍平. 基于粗集遗传支持向量机的旅游企业员工绩效评价 [J]. 湖北农业科学，2015，54（17）：4370~4375.

[135] 张勇，张玉忠，马跃峰. 基于灰关联分析的雇员绩效评价模型及应用研究 [J]. 数学的实践与认识，2007（19）：46~52.

[136] 王斌. 企业员工绩效评价处理器的构建 [J]. 统计与决策，2013（24）：74~76.

[137] 徐建中，李荣生，喻登科. 知识型员工绩效产生的钻石模型及评价研究 [J]. 图书情报工作，2009，53（10）：71~74，78.

[138] 熊正德，张健. 基于三维结构模型的企业员工绩效评价研究 [J]. 财经理论与实践，2010，31（2）：107~110.

[139] 李磊，丁浩国，高凤伟，等. 公共事业单位高知识型员工绩效评价体系研究——以高校教师为例 [J]. 科学技术哲学研究，2011，28（6）：107~112.

[140] 喻汇. 基于价值链协同的知识型员工绩效评估体系构建——以服装企业为例 [J]. 江西社会科学，2013，33（2）：215~219.

[141] 谭静. 基于知识型员工绩效集成评价指标体系构建 [J]. 企业家天地（理论版），2011（7）：225~226.

[142] 范丽君，郭淑红. 制造业员工绿色绩效评价指标体系的构建 [J]. 北方经贸，2013（7）：136~137，140.

[143] 行金玲，闫文艳. 功效系数法与模糊评价法相结合的研发人员绩效考核研究 [J]. 科技管理研究，2012，32（18）：54~58.

[144] 吴际，矫贺明，石春生. 基于模糊理论的 R&D 员工创新绩效评价模型 [J]. 管理学报，

2011，8（5）：734~738.

[145] 胡海梅，蒋才芳. 基于胜任力的保险职业经理人绩效评价体系构建 [J]. 商业经济，2013（6）：67~69.

[146] 刘晓英. 基于胜任力的企业高层管理人员绩效评价体系研究 [J]. 企业经济，2011（1）：80~82.

[147] 刘荣，关芳灵，冀永进. 三级医院临床医师胜任力绩效评价体系构建 [J]. 临床医药实践，2020，29（4）：318~320.

[148] 刘琳，余顺坤，吴轶群. 基于熵值法的电力企业二元绩效积分制考核模型研究 [J]. 华北电力大学学报（自然科学版），2012，39（2）：74~78.

[149] 吴春鸿. 积分制管理在港口企业运用的初探 [J]. 现代工业经济和信息化，2014，4（15）：38~39.

[150] 李长军，尹涛. 浅析积分制管理与企业实践 [J]. 企业管理，2016（S2）：414~415.

[151] 李琳琳. 图书馆员绩效评价体系的多角度应用研究——基于积分制管理的量化分析 [J]. 新世纪图书馆，2017（4）：64~67.

[152] 熊海韬，阳秋林，曾志刚，等. 烟草公司积分制管理模式的设计与实践 [J]. 企业改革与管理，2019（20）：72~74.

[153] 陈利宁，杨昌明. 基于熵值法的我国煤炭行业上市公司财务绩效评价 [J]. 中国矿业，2010，19（1）：25~28.

[154] 李云梅，宋乃蕊. 基于强制分布法的国有企业员工绩效考核研究 [J]. 财会通讯，2014（6）：109~112.

[155] 罗晰. 基于直觉模糊层次模型的知识型员工绩效评价 [J]. 统计与决策，2019，35（19）：176~179.

[156] 王娟. 员工绩效 Fuzzy 综合评判方法与运用 [J]. 统计与决策，2014（21）：186~188.

[157] 戴江华. 基于灰色评估法的知识型员工绩效评价研究 [J]. 中国商贸，2010（29）：52~53.

[158] 赵秀丽，郭梅. 基于熵权的供应链物流能力综合评价 [J]. 科技管理研究，2013，33（2）：200~202.

[159] 邓雪琳. 基于模糊综合评价法的现代企业知识型员工绩效考核 [J]. 商业时代，2010（16）：98~99.

[160] 陈婉蓉，吴清烈. 基于模糊信息的两级员工绩效评价方法研究 [J]. 工业技术经济，2007（4）：111~113.

[161] 柴玮，申万，毛亚林. 基于 DEA 的我国资源型企业科技创新绩效评价研究 [J]. 科研管理，2015，36（10）：28~34.

[162] 李世辉，许蒙蒙，周志方. 基于物元可拓模型的热电企业碳绩效评价 [J]. 科技管理研究，2017，37（20）：236~244.

[163] 樊树海，凌宁. 基于 AHP-TOPSIS 模型的企业财务绩效评价 [J]. 会计之友，2018（6）：78~80.

[164] 朱伟，安景文，赵嘉丽，等. 基于 SEM 的煤炭企业绩效评价研究 [J]. 中国煤炭，2018，44（4）：30~34.

[165] 夏红云. 基于 ELECTRE 改进模型的知识型员工绩效评价 [J]. 统计与决策, 2016 (14): 182~185.

[166] 卢郡, 周礼刚, 陈华友. 基于 C-POWA 算子的银行员工绩效评价方法 [J]. 运筹与管理, 2016, 25 (4): 227~233.

[167] 侯芳. 面向知识员工的预置群体二元式绩效评价方法 [J]. 系统管理学报, 2018, 27 (6): 1133~1141.

[168] 刘东飞. 基于 AHP 与云模型的软件过程绩效评价方法 [J]. 计算机工程与设计, 2013, 34 (3): 893~898.

[169] 景琦. 基于 AHP-DEA 的传媒业上市公司财务绩效评价研究 [J]. 统计与信息论坛, 2017, 32 (3): 92~100.

[170] 任敏. 基于模糊联系数多属性决策方法的高校图书馆员工绩效评价 [J]. 图书情报工作, 2009, 53 (9): 54~56, 28.

[171] 吕锋, 田琳琳, 贾现召. 基于熵权可拓模型的轴承企业经营绩效评价 [J]. 轴承, 2015 (10): 58~61.

[172] 李守林, 赵瑞, 陈丽华. 基于灰色关联分析和 TOPSIS 的物流企业创新绩效评价 [J]. 工业技术经济, 2018, 37 (4): 12~21.

[173] 孙兴全. 混合所有制的绩效从何而来 [J]. 财政监督, 2014 (12): 44~45.

[174] 王洪鑫, 吴航. 中国联通混改背景下 X 分公司人效提升策略研究 [D]. 西安: 西北大学, 2019.

[175] 夏申. 国有企业混合所有制改革的战略绩效评价 [D]. 开封: 河南大学, 2019.